新旧动能转换：理论与实践

杨威 著

WUHAN UNIVERSITY PRESS
武汉大学出版社

图书在版编目(CIP)数据

新旧动能转换:理论与实践/杨威著.—武汉:武汉大学出版社,2019.1
ISBN 978-7-307-20704-2

Ⅰ.新…　Ⅱ.杨…　Ⅲ.产业经济学　Ⅳ.F260

中国版本图书馆 CIP 数据核字(2019)第 017263 号

责任编辑:唐　伟　　责任校对:李孟潇　　整体设计:马　佳

出版发行:**武汉大学出版社**　(430072　武昌　珞珈山)
(电子邮箱:cbs22@ whu.edu.cn　网址:www.wdp. com.cn)
印刷:北京虎彩文化传播有限公司
开本:720×1000　1/16　印张:17　字数:243 千字　插页:1
版次:2019 年 1 月第 1 版　2019 年 1 月第 1 次印刷
ISBN 978-7-307-20704-2　定价:50.00 元

序
深入认识和有效推进新旧动能转换

新旧动能转换是建设现代化经济体系，推动我国经济高质量发展的根本性举措。应当进一步提高认识、优化思路，切实加快这一进程。

推动新旧动能转换是适应我国社会主要矛盾变化的必然要求。党的十九大指出，新时代我国社会主要矛盾是“人民日益增长的美好生活需要和不平衡不充分的发展之间的矛盾”。这一矛盾的具体表现是多方面的，包括：产业核心竞争力不强，在国际产业链中尚处于技术含量和附加值较低的“加工-组装”环节，研发、设计等环节缺乏竞争力，80%的关键技术、多数高端装备以及核心零部件和元器件仍依赖进口；城乡区域发展协调性不高，区域板块间实质性的发展差距没有明显缩小，地区间的分化加快，城乡发展差距依然较大；公共产品和公共服务供给不足，教育、医疗、养老等诸多领域公共服务供给与人民群众的期待还有较大差距。解决这些问题除了贯彻新的发展理念，推动新旧动能转换、优化经济结构、丰富和提升供给水平外，别无他途。

推动新旧动能转换是保持经济持续健康发展的必然要求。当前中国经济发展的环境并不宽松，受到外部环境复杂多变、经济脱实向虚、关键核心技术短缺等诸多因素的制约。就经济运行本身看，尽管保持了总体平稳、稳中有进、稳中向好的发展态势，支撑经济向高质量迈进的有利条件不断积累，但也存在着一些值得重视的问题，包括传统动能增长放缓，新兴动能“势强力弱”，无法完全弥补旧动能衰退导致的增长缺口。实践表明，由高增长向高质量转变过程中转型升级所遇到的困难和矛盾比预想的要大，解决它们需要抓住关键、综合施策。其核心举措之一就是要加快新旧动能转换，通过壮大新的经济能量、构建现代化的经济体系，形成我国经济持续快速健康发展的坚实支撑。

推动新旧动能转换是遵循经济规律发展的必然要求。一般来说，经济发展是一个螺旋式上升的过程，上升不是线性的，量积累到一定阶段，必须转向质的提高，否则会陷入停滞。我国经济发展也要顺应这一规律的要求，积极主动作为。从国际经验看，成功由中等收入经济体变为高收入经济体的国家，普遍是在经历高速增长阶段后实现了经济发展从量的扩张转向质的提高。当前我国正处在从要素驱动、投资驱动向创新驱动转变的关键时期，我们可以充分利用世界新一轮科技革命和产业变革快速进行、多点突破的机遇，以科技、管理、体制创新为支撑，克服劳动力成本上升、资源环境约束增大的制约，实现新旧动能转换，努力形成多样化、高质量的产品和服务供给，推动供求在新的水平上实现均衡。

有鉴于此，我们应当花更大的气力，以更扎实的努力推进新旧动能转换，尽快使新动能形成优势、占据主体、成为支撑。在推进思路上，应该把握好如下一些重要方面。

一是树立整体思维。新旧动能转换是一项系统工程，从某种意义上说，是推进我国经济社会整体发展，使之更具质量、更有效率、更加公平、更可持续的整体发展战略。要完成这个转变，绝不能仅靠某一个方面单独动作，需要各个方面的系统行动和协同配合，需要在方式、结构、动力、支撑等各个方面实现全面的转变，尤其是需要进一步深化改革，在整体上破除制约发展的体制机制障碍，促进生产要素的合理流动和优化配置。其包括：深化“放管服”改革，大力简政减税减费，全面实施市场准入负面清单制度，完善公平竞争审查制度，创新完善市场监管制度；加快完善现代产权制度，配套推进国有企业混合所有制、完善产权保护制度、激发企业家精神等关键改革；深化财税、金融、投融资、要素、户籍制度等方面改革，促进生产要素的合理流动和优化重组，全面提高经济的投入产出效率；创新和完善宏观调控，更好地发挥财政、货币、消费、投资、产业、区域等政策工具的支撑作用，完善宏观经济政策协调机制，增强宏观调控的针对性、前瞻性、灵活性和协同性；等等。推进新旧动能转换，一定要在综合性、系统性和联动性上下工夫。

二是用好叠加红利。这些年来，特别是党的十八大以来，国家提出和实施了一系列重大战略，党的十九大又明确了未来要坚定实施的一些重要战略，如科教兴国、人才强国、创新驱动发展、乡村振兴、区域协调发展、可持续发展、军民融合发展、“一带一路”建设、京津冀协同发展、长江经济带发展、粤港澳大湾区发展等。这些战略涉及面宽广、内容丰富、含金量高，不仅有利于国家整体发展，也给各地区带来了发展机遇。只要找到合适的切入点和连接点，各地就能通过运用这些国家战略获得丰厚的政策红利，带来巨大潜能的释放。这些战略虽然各有侧重，但都直接或间接地联系着新旧动能转换。在实施新旧动能转换的过程中，要认真梳理这些战略，创造性地运用好这些战略举措，通过形成合适的接点、载体或路径，把这些战略的实施与新旧动能转换有机结合起来。并举一反三，不断丰富完善与拓展延伸，使各个方面的战略形成加倍的红利，带动新旧动能转换和其他方面的发展。

三是坚持双轨并行。动能转换一定要明确一点——不能脱离现有的基础。从操作上讲，我们要双轮并行、双轮驱动，一手提升传统产业，一手构造新的产业，把发挥传统产业优势与构筑新型产业优势结合起来，全面推进经济结构优化升级，加快构建战略性新兴产业和既有制造业并驾齐驱、现代服务业和传统服务业相互促进、信息化和工业化深度融合的产业发展新格局。为此，各地要立足自身的实际基础，不断提升传统产业优势，使之真正成为区域的领先优势、竞争优势；要创新生产经营体系，推进第一、二、三产业融合，健全城乡融合发展体制机制和政策体系，加快推进农业农村现代化；要运用和创新科学技术，加强互联网、大数据、人工智能等与传统工业经济的深度融合，延伸产业链条，提高科技含量和附加值；要把绿色、共享、智慧等理念和技术融入传统服务业，瞄准国际国内先进标准，提高水平；要加快精密制造、绿色制造、智能制造等先进制造业和综合养老、智能教育、创意文化、立体旅游等现代服务业的发展。在这个过程中，各地要借鉴国内外成功经验，通过开放合作、“移花接木”、“无中生有”等手段，借势新经济、新科技、新模式，实现新型经济因素和体系的培育构造，切实打造新的竞争优势。

四是立足创用结合。结构优化、动能转换、高质量发展都需要关键核心技术做支撑。推进新旧动能转换要把创新放在第一位，特别是要把核心技术的创新放在第一位。就当前情况看，我国基础科学短板突出、重大原创性成果缺乏、基础工艺能力不足，关键核心技术受制于人的局面没有得到根本性改变。为此，要把创造和利用有机结合起来，支撑新旧动能转换。一方面，要深入实施创新驱动发展战略，强化科技创新的引领作用。强化基础研究、应用基础研究和战略科技研究，进一步完善国家创新体系；建立以企业为主体、市场为导向、产学研深度融合的技术创新体系，深入实施军民融合发展战略；完善鼓励创业投资发展的政策支持体系，持续深入推进全面创新改革试验；强化创新人才的支撑作用，培养造就一大批具有国际水平的战略科技人才、科技领军人才、青年科技人才和高水平创新团队，加快形成以创新为主要引领和支撑的经济体系和发展模式。另一方面，要有效利用外部资源和技术，为建立新的动能服务。借力“一带一路”倡议，坚持引进来和走出去并举，促进国际国内两个市场、两种资源有效对接，全面开展项目、产能、技术、标准、园区等合作，提升创新创造能力。

五是优选实现路径。要实现新旧动能的尽快转换，就必须实现相关路径的优化选择，而这种优选的基本方向就是，从各个地方的实际出发，因地制宜、分类指导，不搞一刀切，不拘泥于一个模式。只有因地制宜，才能真正切中要害、解决关键问题；只有分类指导，才能充分发挥各个地区的比较优势，进而增强区域的核心竞争力。从国家层面看，应继续立足于各大区域的基本情况和实际需要，更加有针对性地制定各区域的新旧动能转换的政策措施。从地方层面看，则应努力在挖掘有效潜力、做强做大比较优势上做文章。需注重错位发展，利用好时间差别，善于抢抓机遇。切忌照搬仿效，防止在别人后面亦步亦趋。

六是强化引领示范。这些年来，全国性的结构调整、创新驱动工作一直在持续推进，积累了不少成功的经验，推进动能转换要用好这些经验。同时，新的时代、新的形势赋予了动能转换新的内涵和要求，需要开展新的探索。为此，我们要把典型引领示范与全面推广运用有机结合起来。这些年，围绕推进改革开放和促进开发发展，国家打造了一系列重要功能平台，应充分利用这些功能平台，做好相关试验与推进动能转换的结合。与此同时，也可围绕动能转换新打造一些试验平台，进行有差别、有重点的探索试验，为全国的动能转换开辟道路、积累经验。目前，山东省已被批准成为全国第一个“新旧动能转换综合试验区”。应及时地将功能平台形成的可复制、有效果的举措加以推广，以引领推动全国新旧动能转换迈上新高度。

杨威同志所撰《新旧动能转换：理论与实践》一书，基于国内外理论研讨和实践探索的观点、案例的解读分析，对推进新旧动能转换所要秉持的基本认识、所要把握的基本方法等阐述了较为系统的看法，并对下一步工作提出了具体建议，其中不乏亮点。作为一个直接从事新旧动能转换工作的同志，他在书中所做的许多论述具有较强针对性和可操作性。借此机会推荐给大家，希望能对关心和从事这方面研究和实践的人带来补益。

著名经济学家、国家发改委原副秘书长

2018 年 11 月

目　　录

第一章 理论基础

一、新旧动能转换的文献综述

目前，国内关于新旧动能转换的研究渐渐增多，但新旧动能作为政府及媒体热词，学术界并没有给出统一、确切的定义。为更好地挖掘新旧动能转换的概念起源，界定新旧动能的内涵、外延，系统梳理新旧动能转换的背景、本质、理论分析框架，本章进行了文献研究综述，以期为学界、政界进一步深入研究新旧动能转换提供有益铺垫。

（一）新旧动能转换的概念起源

1. 新旧动能转换的背景

新旧动能转换是适应我国经济发展阶段转变而产生的，是我国经济社会发展的必然结果。党的十八大以来，党中央作出了我国经济发展进入新常态的基本判断；习近平新时代中国特色社会主义经济思想进一步指出中国经济新常态的基本特征包括：增长速度换挡、发展方式转变、经济结构优化和增长动力转换。杨蕙馨、焦勇（2018）从世界经济演进的客观规律、新技术革命的必然要求、价值链攀升的基本前提、新时代中国经济发展的根本出路四个方面论述了新旧动能转换的逻辑根源和原因。刘世锦（2018）认为，新旧动能转换期间的表现就是经济增速下滑，而经济增速的回落、增长阶段的转换，是中国和东亚成功追赶型经济体特有的经济现象，其原因包括：房地产、基础设施等终端需求和重要的工业产品已出现了历史需求峰值，人口和劳动力总量与结构发生了重要变化（刘易斯拐点出现），资源环境约束边界的临近，使得经济不可能一直高速增长，中国开始进入中速稳定增长平台。中国经济新常态的一个重要表现就是每年10%左右的增长速度放缓到更适度的6%或7%，通过VAR模型测算放缓，主要是供给驱动方面的因素(Anping Chen和Nicolaas Groenewold，2018)。① 但是，经济结构的多元化和转型对提升经济体面临外部冲击时的弹性意义重大，有利于避免经济增长放缓(Shekhar Aiyar等，2018)。② 实证研究也发现，在人口中等和高等教育水平相对较高、高技术产品在出口中所占比例相对较大的国家，放缓的可能性较小，"技术梯子"(technology ladder)有利于跨越中等收入陷阱(Barry Eichengreen等，2013)。③ 因而，推动新旧动能转换是把握和引领新常态的要求、是落实新发展理念的要求、是中国实现跨越中等收入陷阱的内在要求(隆国强，2017)。

2. 新旧动能转换的概念起源及演变

查阅《物理学词典》，我们发现动能(kinetic energy)，属机械能的一种，是指物体由于运动而具有的能量。它的大小定义为物体质量与速度平方乘积的二分之一，即当质量为 m 的质点以速度 v 运动时，相应的动能为 $E_k = mv^2/2$。④ 因此，质量相同的物体，运动速度越大，动能越大；运动速度相同的物体，质量越大，具有的动能就越大。

经过文献检索发现，习近平总书记在2014年11月9日的亚太经合组织工商领导人峰会开幕式上的演讲中，指出"新旧增长点转换任务艰巨"，需要"不断发掘经济增长新动力"。早期表述多为

① Anping Chen, Nicolaas Groenewold. China's 'New Normal': Is the growth slowdown demand- or supply-driven[J]. China Economic Review, 2018(7).

② Shekhar Aiyar, Romain Duval, Damien Puy, Yiqun Wu, Longmei Zhang. Growth Slowdowns and the Middle-Income Trap[J]. Japan & The World Economy, 2018(7).

③ Barry Eichengreen, Donghyun Park, Kwanho Shin. Growth Slowdowns Redux: New Evidence on the Middle-Income Trap[J]. NBER Working Paper, 2013(1).

④ 徐龙道，等. 物理学词典[M]. 北京：科学出版社，2004.

“增长点”、“增长新动力”、“新增长点和驱动力”，2015 年后“动能”、“新动能”、“新旧动能转换”开始出现在中央和地方政府主要领导讲话和文件中，2016 年以来“新旧动能转换”更是频繁出现在政府相关文件中。特别是 2017 年 1 月 20 日，国务院办公厅发布《关于创新管理优化服务、培育壮大经济发展新动能、加快新旧动能接续转换的意见》(国办发〔2017〕4 号)，是我国首次以“新旧动能转换”为主题的文件。2018 年 1 月 3 日印发《国务院关于山东新旧动能转换综合试验区建设总体方案的批复》，该试验区是我国首个批复的新旧动能转换试验区。至此，“新旧动能转换”逐渐成为中央和地方推动经济转型发展的政策主抓手(见表 1.1)。

表 1.1　**政府文件及领导讲话中涉及新旧动能转换的表述**

时间	文件或会议	表述方式	领导人或政府部门
2014 年 11 月 9 日	在亚太经合组织工商领导人峰会开幕式上的演讲	“新旧增长点转换任务艰巨”，“我们要不断发掘经济增长新动力。我们致力于发挥创新驱动的原动力作用，更多支持创新型企业、充满活力的中小企业，促进传统产业改造升级，尽快形成新增长点和驱动力”	习近平
2015 年 3 月 5 日	2015 年政府工作报告	2 处涉及“动能”，必须以经济体制改革为重点全面深化改革，统筹兼顾，真抓实干，在牵动全局的改革上取得新突破，增强发展新动能	李克强
2015 年 3 月 28 日	博鳌亚洲论坛 2015 年年会	我们看中国经济，不能只看增长率，中国经济体量不断增大，现在增长 7%左右的经济增量已相当可观，聚集的动能是过去两位数的增长都达不到的	习近平

续表

时间	文件或会议	表述方式	领导人或政府部门
2015年7月	《关于积极推进“互联网+”行动的指导意见》	通过实施“互联网+”行动，提升实体经济创新力和生产力，形成经济发展新动能，实现中国经济提质增效升级	国务院
2015年10月18日	接受路透社采访时的讲话	中国经济发展进入新常态，正经历新旧动能转化的阵痛，但中国经济稳定发展的基本面没有改变	习近平
2016年1月18日	在省部级主要领导干部学习贯彻党的十八届五中全会精神专题研讨班上的讲话	劳动人口增长率持续下降，社会成本和生产成本上升较快，传统产业和增长动力不断衰减，新兴产业体量和增长动能尚未积聚	习近平
2016年3月17日	《国民经济和社会发展第十三个五年规划纲要》	拓展发展动力新空间，增强发展新动能	全国人大财经委、国家发展改革委
2016年3月17日	2016年政府工作报告	16处提及“动能”，强调要加快新旧发展动能接续转换；指出经济发展过程必然伴随着“新旧动能迭代更替”的过程，实现新旧动能转换，推动发展转向更多依靠人力人才资源和创新。城镇化是我国最大的内需潜力和发展动能所在；在开放中增强发展新动能	李克强
2017年1月17日	达沃斯世界经济论坛年会	“全球增长动能不足，难以支撑世界经济持续稳定增长”，用“换挡期”来描述当前世界经济处于新旧动能转换的关键时期	习近平

续表

时间	文件或会议	表述方式	领导人或政府部门
2017年1月20日	《关于创新管理优化服务培育壮大经济发展新动能加快新旧动能接续转换的意见》	我国培育新动能、加速新旧动能接续转换的第一份文件	国务院
2017年3月5日	2017年政府工作报告	有两处“新旧动能转换”，并提出要“依靠创新推动新旧动能转换和结构优化升级”，“双创”是推动新旧动能转换和经济结构升级的重要力量	李克强
2017年4月18日	贯彻新发展理念培育发展新动能座谈会	实现经济结构转型升级，须加快新旧动能转换。这种转换既来自“无中生有”的新技术、新业态、新模式，也来自“有中出新”的传统产业改造升级	李克强
2017年11月	党的十九大报告	我国经济“正处在转变发展方式、优化经济结构、转换增长动力的攻关期”，要“在中高端消费、创新引领、绿色低碳、共享经济、现代供应链、人力资本服务等领域培育新增长点、形成新动能”	习近平
2018年1月3日	《国务院关于山东新旧动能转换综合试验区建设总体方案的批复》	国务院批复的以新旧动能转换为主题的第一个省级方案	国务院

续表

时间	文件或会议	表述方式	领导人或政府部门
2018年3月12日	参加两会解放军和武警部队代表团参加审议	创新驱动是国策，只有新旧动能真正实现历史性转换，中国才能真正强大起来	习近平
2018年7月25日	金砖国家工商论坛	未来10年，将是世界经济新旧动能转换的关键10年；金砖国家要加大创新投入，实现新旧动能转换，全力推进结构性改革	习近平

资料来源：作者归纳整理。

（二）新旧动能转换的内涵外延研究进展

1. 对新动能的内涵研究

动能就是驱动经济增长的动力和能量（凌捷，2018），① 但学术界对新动能的来源定义并不统一，基本上可以概括为：单因素说，如创新、产业、供给改革等。技术革新是从内部改变经济的被动适应的循环过程中的变革性力量（熊彼特，1912），② 新动能的形成主要依赖体制创新、技术创新、服务创新，核心是创新（孙立文等，2018）。③ 产业是经济增长的动力之源，新动能包括新兴产业和利用新技术改造提升传统产业（赵丽娜，2017；张立群，2017）。洪银兴（2018）认为，培育新动能是供给侧结构性改革的升级版，包括供给侧改革方面培育中高端消费、人力资本服务，在创新引领方

① 凌捷．国家高新区与中国经济发展新动能转换研究［J］．改革与战略，2018（2）：53-57.

② ［美］约瑟夫·熊彼特．经济发展理论［M］．王永胜，译．上海：立信会计出版社，2017.

③ 孙丽文，米慧欣，李少帅．创新驱动新旧动能转换的作用机制研究［J］．河北工业大学学报，2018（7）：1-15.

面形成新经济业态、共享经济和发展绿色低碳经济，在现代供应链方面攀升价值链中高端和在纵向一体化上企业重组。① 双因素说包括产业结构和生产方式双因素、供需双因素、动力和能力双因素等。李含琳(2018)认为旧动能指依靠传统生产要素和传统产业发展的动能，新动能指依靠知识、创新等新生产要素及新业态、新模式发展的动能。② 李大虎、秦长岭(2018)认为，新动能包括供需两端新的增长动力和空间，以及旧动能的提质增效。③ 徐林(2018)认为，未来中国经济增长的新动能更多可能来自“创新形成”和“消费形成”两大领域。宋小佳(2018)认为“动能”包括动力和能力，“新动力”为新主体、新制度，“新能力”为新要素、新产业形态。④ 多因素说，包括创新、改革、开放、城乡协调、区域协调、消费、产业升级等多种因素。党的十九大报告指出“在中高端消费、创新引领、绿色低碳、共享经济、现代供应链、人力资本服务等领域培育新增长点、形成新动能”。李克强总理在“贯彻新发展理念　培育发展新动能”座谈会上指出了新动能来源：“增量崛起”与“存量变革”并举，有效投资和消费升级互促共进，不仅立足国内市场，也要积极培育对外开放新优势。黄少安(2017)将改革开放和体制创新、技术创新、产业的结构转换和产业升级概括为新动能。⑤ 樊纲(2018)指出当前有制度供给、融资创新、中国制造的“外部效应”、消费增长等四大“新动能”。乔宝华、秦海林(2018)认为新供给、新需求和新制度是新动能的源泉，并从供给、需求、产业和区域方

① 洪银兴．培育新动能：供给侧结构性改革的升级版[J]．经济科学，2018(3)：5-13.

② 李含琳．论新动能的四个层次及其实践对策[J]．生产力研究，2018(2)：1-4.

③ 李大虎，秦长岭．新旧动能转换背景下的县域跨境电商平台建设[J]．时代经贸，2018(14)：79-81.

④ 宋小佳．加快新旧动能转换推动我省经济高质量发展[N]．福建日报，2018-07-09.

⑤ 黄少安．新旧动能转换与山东经济发展[J]．山东社会科学，2017(9)：101-108.

面提出了新旧动能转化的对策。① 王一鸣(2017)认为中国经济新动能来源于消费升级和大消费产业、城市群及大型都市圈的建设、对外开放特别是服务业的开发。王小广(2015)认为，新动能主要包括服务业及新产业、新业态的产业拉动、消费结构升级对需求的拉动、中西部增长空间及国外发展空间的扩展。② 刘世锦(2018)认为，新的增长动能包括6个方面：行政性垄断的基础产业领域的改革、开放和竞争，大都市圈发展及相关改革(土地制度改革等)，企业转型升级，服务业的对内对外开放，互联网等新技术带来实体经济效率提升，前沿性创新带来增长潜能(如人工智能、新能源等)。干春晖(2017)认为，区域产业升级、高质量要素投入、市场对内对外开放、改革、新模式及新技术对于经济的融合渗透、企业创新组织方式6大变量孕育着大量新动能。

新动能的来源众说纷纭，但是显然缺乏一种划分的标准来进行归纳。考虑到动能主要解决的是经济增长的问题，借鉴黄泰岩(2014)将经济增长动力分为供给侧、需求侧，郑江淮(2018)将动能划分为供给侧、需求侧和结构转换3类，③ 本章尝试用三种维度④来进行新动能的归纳概括。

(1)供给侧分类。GDP=第一产业增加值+第二产业增加值+第三产业增加值。因而，学者们提到的新动能如服务业开放发展、高质

---

① 乔宝华，秦海林．我国工业新旧动能转换研究[J]．工业经济论坛，2018(1)：27-35.

② 王小广，新旧动能转换：挑战与应对[J]．人民论坛，2015(12)：16-18.

③ 郑江淮，等．中国经济增长新旧动能转换的进展评估[J]．中国工业经济，2018(6)：24-42.

④ 经济学核算经济体的GDP(国内生产总值)可以用生产法、支出法和收入法，分别从不同的方面反映国内生产总值及其构成，从理论上讲计算结果是一致的。由生产法(或部门法)对各产业部门的增加值进行核算，GDP=第一产业增加值+第二产业增加值+第三产业增加值；当按支出法来计算时，GDP=最终消费支出+资本形成总额+货物与服务净出口(即传统的投资、消费、出口“三驾马车”)；收入法计算的公式就是：GDP=工资+利息+利润+租金+间接税和企业转移支付+折旧。

量要素投入、共享经济和绿色低碳经济(党的十九大报告，2017；洪银兴，2018)、制度供给(樊纲，2018)、第一、二、三产业融合、四新经济(新产业、新技术、新业态、新模式)、产业的结构转换和产业升级(黄少安，2017)、“增量崛起”与“存量变革”(李克强，2017)、区域产业升级(干春晖，2017)、新兴产业和利用新技术改造提升传统产业(赵丽娜，2017；张立群，2017)等可归此类。

(2)需求侧分类。GDP=最终消费支出+资本形成总额+货物与服务净出口(即传统的投资、消费、出口“三驾马车”)。因而，新动能如中高端消费(党的十九大报告，2017；洪银兴，2018)、城镇化(王一鸣，2017)、中西部增长空间扩展(王小广，2015)、消费升级(李克强，2017；等)、国内市场与对外开放(李克强，2017；刘世锦，2018)等可归此类。

(3)创新侧分类。党的十九大报告指出“创新是引领发展的第一动力，是建设现代化经济体系的战略支撑”；2014年11月9日，习近平总书记在亚太经合组织工商领导人峰会开幕式上指出，“我们要不断发掘经济增长新动力，致力于发挥创新驱动的原动力作用，更多支持创新型企业、充满活力的中小企业”，“尽快形成新增长点和驱动力”；2015年11月15日，习近平总书记在二十国集团领导人第十次峰会上进一步指出，“世界经济长远发展的动力源自创新。总结历史经验，我们会发现，体制机制变革释放出的活力和创造力，科技进步造就的新产业和新产品，是历次重大危机后世界经济走出困境、实现复苏的根本”；2018年3月7日，习近平总书记在参加十三届全国人大一次会议广东代表团审议时强调，“中国如果不走创新驱动发展道路，新旧动能不能顺利转换，就不能真正强大起来”。经济学家熊彼特(1934)认为，创新是经济发展的根本动力，技术创新引起的“创造性破坏”会导致新产业涌现、旧产业衰退。① 因而，从狭义来讲，企业技术创新及其带来的产业创新，创造了新动能，如新动能来源于“创新形成”(徐林，2018)、

① [美]约瑟夫·熊彼特. 经济发展理论[M]. 王永胜，译. 上海：立信会计出版社，2017.

技术创新(黄少安，2017)、前沿性创新带来增长潜能(刘世锦，2018)、创新引领(党的十九大报告，2017)等可归于此类。

从广义创新概念讲，新动能都来源于创新。如习近平总书记(2015)在华东七省市党委主要负责同志座谈会上明确了创新驱动发展战略的主要内容，包括“科技创新、产业创新、企业创新、市场创新、产品创新、业态创新、管理创新等，加快形成以创新为主要引领和支撑的经济体系和发展模式”。李克强总理在第八届达沃斯夏季论坛上也指出，“中国经济每一回破茧成蝶，靠的都是创新。创新不单是技术创新，更包括体制机制创新、管理创新、模式创新”。创新本质上是“建立一种新的生产函数”，即“生产要素的重新组合”：采用一种新的产品、采用一种新的生产方法、开辟一个新的市场、掠取或控制原材料或半制成品的一种新的供应来源、实现任何一种工业的新的组织(熊彼特，1934)。新动能的形成主要依赖体制创新、技术创新、服务创新，核心是创新(孙立文等，2018)。因此，我们发现，如果用习近平新时代中国特色社会主义市场经济思想中的创新来分类，特别是广义创新概念，学者们提出的消费升级、对外开放、垄断行业开放、区域增长(中西部地区或者区域协调)、城镇化、要素供给改革、管理创新或者体制机制创新等不同观点，都可以纳入这个“创新分类框架”(见表1.2)。

表1.2　**广义创新概念分类框架下的新动能来源**

新动能来源	包含内容
科学技术创新	新模式及新技术对于经济的融合渗透(干春晖，2017)、前沿性创新带来增长潜能(刘世锦，2018)、技术创新(黄少安，2017)、创新引领(党的十九大报告，2017)、创新形成(徐林，2018)、技术创新(孙立文等，2018)
产品模式创新	互联网等新技术带来实体经济效率提升(刘世锦，2018)、共享经济(党的十九大报告，2017)、新业态的产业拉动(王小广，2015)、新供给(乔宝华等，2018)、服务创新(孙立文等，2018)

续表

新动能来源	包含内容
市场需求创新	消费类：消费升级(李克强，2017)、消费增长(樊纲，2018)、消费结构升级对需求的拉动(王小广，2015)、消费形成(徐林，2018)、培育中高端消费(党的十九大报告，2017；洪银兴，2018)；投资类：有效投资(李克强，2017)；开放类：市场对内对外开放(干春晖，2017)、服务业的对内对外开放及行政性垄断的基础产业领域的改革(刘世锦，2018)、对外开放特别是服务业的开发及消费升级和大消费产业(王小广，2015)、人力资本服务(党的十九大报告，2017；洪银兴，2018)、改革开放(黄少安，2017)；区域类：中西部增长空间及国外发展空间的扩展(王小广，2015)；城镇化类：城市群及大型都市圈的建设(王一鸣，2017)
资源配置创新	高质量要素投入(干春晖，2017)、融资创新(樊纲，2018)、大都市圈发展及土地等相关改革(刘世锦，2018)、高层次人才及职业人才(唐洲雁等，2017)、环保督察倒逼产业升级(薛世君，2017)、区域合作与产业扶贫(朱新华，2017)
管理制度创新	制度供给(樊纲，2018)、改革及企业创新组织方式(干春晖，2017)、新制度(乔宝华等，2018)、体制创新(孙立文等，2018)、在纵向一体化上企业重组(洪银兴，2018)、企业转型升级(刘世锦，2018；余典范，2017)、新体制(常修泽，2018)

根据以上文献梳理，我们可以发现：

(1)从外延看，广义创新侧分类含义更广。供给侧分类和需求侧分类未能将所有的新动能囊括在内，许多文件或学者提出的新动能不能完全兼容纳入，正如李佐军(2018)的观点，新动能包括质量效益型目标导向、创新型主体支撑、可持续制度引领、新兴高端产业发展、高级要素配置等内容，包括新制度、新要素、新市场、新产业业态、新主体等表现形式。无论是从供给侧还是需求侧都是无法完全纳入的，如果从广义创新侧则基本可以全部囊括。

(2)从相关性看，供给侧及需求侧类新动能多属间接新动能，它们不能直接形成增长，形成GDP增加值。即便是新的要素投入、新的市场需求，虽然是新动能的来源，但它们并不是直接的新动能，它们也需要通过企业来组织形成产品、服务并销售出去，表现在产业规模扩大、新产业诞生、传统产业效益改善来体现，新动能一定是“经济增长”范畴。只有企业创新以及所形成的产业升级，才可以表现为新的产业增长、产业效益提升，因而属于直接新动能。

(3)从趋势看，创新形成新动能、驱动经济发展是未来发展趋势。国际著名管理学家迈克尔·波特认为国家经济发展会经历四个阶段：生产要素驱动阶段、投资驱动阶段、创新驱动阶段和财富驱动阶段。2014年6月9日，习近平总书记在中国科学院第十七次院士大会、中国工程院第十二次院士大会明确指出，“老路走不通，新路在哪里？就在科技创新上，就在加快从要素驱动、投资规模驱动发展为主向以创新驱动发展为主的转变上。”可见培育创新侧新动能也是未来的发展趋势。

所以，我们必须厘清一个观点：新动能一定是增长概念，新动能主要是创新形成的新增长动能。至于学者们提出的产业升级形成新增长动能，本章认为，产业升级是企业创新的客观结果、也是新动能的外在表现形式，从本质上讲，新动能只有一个来源，那就是创新。多种类型的创新，才推动了新旧产业更替、产业价值链提升、产业结构升级，最终汇聚成了新的发展动能、促进了经济发展。

2. 对新旧动能转换的本质理解

魏杰、汪浩(2018)认为，新旧动能转换的内涵是产业结构优化升级、经济增长方式转变和经济体制改革。[①] 潘家栋(2017)认为不论是企业层面、产业层面还是空间层面，新旧动能转换的根本落

① 魏杰，汪浩．转型之路：新旧动能转换与高质量发展[J]．国家治理，2018(1)：31-38.

脚点在于创新驱动。① 美国通过增长动力转换实现对英国的赶超，主要来源于美国国内生产结构与前沿技术的一致性，以及国内市场扩大带来的规模效应(Moses A，2001)。② 赵丽娜(2017)认为产业转型升级是经济增长新旧动能转换的外在表现、强大支撑。③ 王健和王立鹏(2018)研究指出，新旧动能转换的核心是以质量强国建设现代化经济体系。徐建伟(2018)认为，新旧动能转换包括传统产业转型升级、新兴产业培育壮大、产业发展方式转变和增长质量效益提升。④ 李增刚(2018)认为，新旧动能转换本质是经济增长动力的提升，要以技术创新为基础，同时强化制度创新的保障作用。⑤ 费洪平(2018)认为新旧动能转换核心是产业转型升级，新旧动能的转换方向是发展方式转变、经济结构转型、增长动力转向、科技成果转化和体制转轨。

总的来说，概括各位学者的观点，我们发现新旧动能转换至少有以下三层目的：一是通过新动能增量来对冲旧动能存量，保持经济稳定增长，如经济结构的多元化和转型有利于避免经济增长放缓(Shekhar Aiyar 等，2018)；二是通过新技术、新业态、新模式等改造提升传统动能，赋予传统产业更高的价值和效率；三是通过新动能对旧动能的有序替代，实现整个经济体产业结构迭代升级、社会总生产方式转型、经济效益提升。

3. 对新旧动能转换的理论框架研究

黄泰岩(2014)认为经济增长动力源只有需求拉动系统(投资、

① 潘家栋，肖文．深化创新驱动战略，促进新旧动能转换[J]．浙江经济，2017(20)：42-43.

② Moses A，Paul D. Two Centuries of American Macroeconomic Growth，from Explication of Resource Abundance to Knowledge-driven Development [J]. Stanford Institute for Economic Policy Research Working Paper，2001.

③ 赵丽娜．产业转型升级与新旧动能有序转换研究[J]．理论学刊，2017(2)：68-74.

④ 徐建伟，中部地区产业转型升级和新旧动能转换研究[J]．宏观经济管理，2018(3)：67-71.

⑤ 李增刚．新旧动能转换需要技术和制度双重创新[J]．国家治理，2018(1)：10-15.

消费和出口)、供给推动系统(要素供给推动、结构供给推动、制度供给推动)两种，经济转型最本质的要求就是更换经济增长的发动机，提出了动力转型的理论假说，认为我国改革开放40年先后经历了供给推动型、需求拉动型动力转型。① 周小亮(2015)回顾了中国经济增长动力转换的相关理论研究，构建了完善资本市场(资本市场)、完善技术创新体系(技术)和协调利益关系(制度)的新旧动力转换系统。② 中国经济增长前沿课题组(2013)认为，人口结构转型、生产率的产业再分布、收入分配调整、城市化率提高、资本效率递减、全要素生产率改进空间狭窄等因素导致我国经济增长减速，为此需要提高资本效率、建立企业出清机制和强化社会保障。③ 陈德金等(2017)研究了科技创新促进新旧动能转换的机制。④

按照传统经济增长理论，经济增长是劳动力、资本、技术的函数，技术决定了劳动力和资本推动经济增长的能力，这些都属于供给侧的改变。但是由于“需求创造供给”的凯恩斯定律，不可否认在需求侧发力(投资、出口、消费，以及背后的收入分配、城镇化、区域发展、开放)，也会创造显著的经济增量。因而，我们可以认为，新旧动能转换既是一个供给侧深化改革的话题，也是一个需求侧创新的话题。新旧动能转换在理论框架研究上，基本处于供给、需求以及对供给及需求产生重大影响的技术、制度等因素的影响下。

4. 对新旧动能转换的路径研究

有学者从社会发展转型视角下研究经济发展新动能的培育路

---

① 黄泰岩．中国经济的第三次动力转型[J]．经济学动态，2014(2)：4-14.

② 周小亮．新常态下中国经济增长动力转换：理论回溯与框架设计[J]．学术月刊，2015(9)：15-25.

③ 中国经济增长前沿课题组．中国经济转型的结构性特征、风险与效率提升路径[J]．经济研究，2013(10)：4-28.

④ 陈德金等．以科技创新促进新旧动能转换的机制研究[J]．中国培训，2017(10)：31-32.

径，如杨蕙馨、焦勇(2018)认为新旧动能转换要以要素为基，以企业为本，以产业为核，以社会为根，在实现路径上，要从政府主导走向政府引导，从经济领域走向社会领域，从重点示范走向全面推进，从要素驱动走向创新驱动。① 有学者从创新视角切入分析新旧动能转换的路径，如常修泽(2018)认为，新旧动能转换不仅要关注“小四新”(新产业、新业态、新技术、新模式)，也要关注“大四新”(新体制、新供给、新组合、新主体)。② 李伟(2018)认为，加快新旧动能转换要牢牢把握全球技术革命和生产方式变革带来的新机遇，新技术将催生新需求，增强经济增长的需求拉动力，新技术将拓展产业发展空间，形成经济增长的新支柱，新技术将改进生产流程，形成新的生产组织模式。③ 伍茜溪(2018)认为要营造公平市场竞争环境、加强体制机制创新、增强企业创新能力。④ 有学者认为需要强化制度改革，如张德宽(2018)认为，新旧动能转换中要注意：传统产业改造提升的基础作用、一流政务环境的关键作用、中长期规划的引领作用、补齐短板的支撑作用。⑤ 陈文玲(2017)认为，新旧动能转换需不断扬弃，不是消灭传统产业、搞产业替代，要发挥市场的决定性作用，关注需求侧，需要用新的制度供给、管理方式、管理流程替代传统的不适应新动能、新业态、新商业模式发展的制度约束，需要通过生产关系的调整来适应生产力的进一步解放。⑥

---

① 杨蕙馨，焦勇．新旧动能转化的理论探索与实践研判[J]．经济与管理研究，2018(7)：16-28.

② 常修泽．在更宏观的视角推进新旧动能转换[N]．人民日报，2018-05-07.

③ 李伟．动能转换与转型升级[J]．新经济导刊，2018(1)：6-9.

④ 伍茜溪．供给侧视角下经济发展新动能培育探析[J]．云南财经大学学报，2018(4)：11-19.

⑤ 张德宽．新旧动能转换过程中需要注意的几个问题[J]．山东经济战略研究，2018(4)：30-31.

⑥ 陈文玲．专家热议动力变革：主动拉高发展标杆，加速新旧动能转换[N]．人民网，2017-10-25.

至此，经过以上文献研究，我们可以尝试给出新旧动能转换的内涵定义：新旧动能转换是以创新为根本动力、以产业升级为外在表现，在供给侧和需求侧发生显著变化的，经济增长结构与效益动态优化的一个长期过程。

具体从以下方面进行理解：

(1)新旧动能转换是一个经济增长问题。习近平总书记2015年3月28日在博鳌亚洲论坛2015年年会上致辞，明确指出“我们看中国经济，不能只看增长率，中国经济体量不断增大，现在增长7%左右的经济增量已相当可观，聚集的动能是过去两位数的增长都达不到的”。新动能是驱动经济增长新的动力和能量(凌捷，2018)，新旧动能转换本质上是经济增长动力的提升(李增刚，2018)，新旧动能转换最主要解决的是经济增长问题。

(2)新旧动能转换最根本的动力是创新。李克强总理在2017年政府工作报告明确指出要依靠“依靠创新推动新旧动能转换和结构优化升级”。2015年3月5日，习近平在参加十二届全国人大三次会议上海代表团审议时指出，“适应和引领我国经济发展新常态，关键是要依靠科技创新转换发展动力”。2015年11月15日，习近平在二十国集团领导人第十次峰会上强调，“世界经济长远发展的动力源自创新”，“科技进步造就的新产业和新产品，是历次重大危机后世界经济走出困境、实现复苏的根本”。2018年3月7日，习近平总书记在参加十三届全国人大一次会议广东代表团审议时进一步强调，“中国如果不走创新驱动发展道路，新旧动能不能顺利转换，就不能真正强大起来”，将创新作为新旧动能转换能否实现的关键因素。许多学者也持这种观点，如新动能的形成主要依赖体制创新、技术创新、服务创新，核心是创新(孙立文等，2018)，不论是企业层面、产业层面还是空间层面，新旧动能转换的根本落脚点在于创新驱动(潘家栋，2017)。

(3)新旧动能转换最显著的外在表现是产业升级。李克强总理2017年4月18日在贯彻新发展理念培育发展新动能座谈会上指出，新旧动能转换既来自“无中生有”的新技术、新业态、新模式，也来自“有中出新”的传统产业改造升级。新动能包括新兴产业和利用新技术改造提升传统产业（张立群，2017），新旧动能转换包括传统产业转型升级、新兴产业培育壮大（徐建伟，2018），新旧动能转换的外在表现就是产业升级（赵丽娜，2017）。新旧动能转换一定是一个经济增长问题，表现为产业转型升级。

（4）新旧动能转换过程伴随着需求侧和供给侧的显著变化，需求侧和供给侧改变是新旧动能转换的必要条件。李克强总理在2016年政府工作报告中指出实现新旧动能转换，推动发展转向更多依靠人力人才资源和创新；城镇化是我国最大的内需潜力和发展动能所在；在开放中增强发展新动能。人才人力资源均属于供给侧的要素，城镇化属于需求侧，开放则涉及外需、外部生产要素供给等，可见供给侧改革、需求侧释放均有助于新旧动能转换。新动能包括供需两端新的增长动力和空间，以及旧动能的提质增效（李大虎、秦长岭，2018），新旧动能转换包括了供给侧改革、需求侧拓展（乔宝华、秦海林，2018；王一鸣，2017；樊纲，2018；刘世锦，2018等）。

（5）新旧动能转换是经济增长结构和效益动态优化的一个长期过程，包括结构转换、效益转换。李克强总理在2016年政府工作报告中指出，经济发展过程必然伴随着“新旧动能迭代更替”的过程。2015年7月，国务院《关于积极推进“互联网+”行动的指导意见》指出，经济发展新动能，有助于“实现中国经济提质增效升级”。习近平总书记2018年7月25日在金砖国家工商论坛上发表主题演讲时强调，“未来10年将是世界经济新旧动能转换的关键10年”，“需要全力推进结构性改革”。可见，新旧动能转换是一个过程，是经济提质增效的长期过程。杨蕙馨、焦勇（2018）认为新旧动能转换是一个动态调整过程，宏观看是整个社会由高速增长向高质量发展转变的动态过程，包括了产业发展方式转变和增长质量效益提升（徐建伟，2018）。由此可见，新旧动能转换是一个结构转换（如产业结构等）和效益转换（如产业素质、产业附加值等）的长期过程，不可能一蹴而就。

(三)我国新旧动能转换的实践研究进展

1. 对新旧动能转换的分类研究

一些学者研究了福建、山东、广东、浙江、深圳等地方新旧动能转换经验做法(罗婧,2017;赵丽娜,2017;广东省政府发展研究中心课题组,2017;王怡川,2017;高中东,2017)。也有学者研究工业企业、具体企业、中小企业的新旧动能转换(吕铁、刘丹,2018;董志强,2017;王本东、朱晓静,2018)。部分学者研究了工业领域(乔宝华、秦海林,2018)、电子商务行业(中共济南市委政研室等,2018)、证券业(张鑫,2017)、半导体产业(李晋闽,2018)、汽车产业(黄宏生,2018)的新旧动能转换。部分学者研究了新旧动能转换背景下县域经济发展(中共成武县委,2017),高新区新旧动能转换(王梅,2017)等。

2. 对新旧动能转换的量化研究

学术界对经济发展动能的研究较早,如方志耕(2006)利用区域GDP(或行业增加值)作为质量、GDP(或行业增加值)增速作为速度构建了区域(行业)经济发展动能测度模型。① 游小珺和韦索琼(2012)对闽台经济发展动能进行了测算比较。② 蔡文龙(2015)基于14个新兴国家1960—2012年发展数据测算了经济增长动力转型发现,随着一个国家经济增长,投资率拉动经济增长的效应在长期将持续下降,最终导致经济增长的动力不可避免从投资主导向消费主导转型。③ 近年来,学术界也开展了对新旧动能转换的测度研究。如杨景祥、田艳(2018)通过集中度、绿色度、先行度三个维

① 方志耕.产业经济发展动能及其测度模型研究[C].“资源环境与区域发展中的计算问题”研讨会论文集,2006.

② 游小珺,韦索琼.闽台经济发展动能测算比较[J].人文地理,2012(5):110-114.

③ 蔡文龙.经济增长动力转型研究——基于14个新兴国家的发展经验分析[J].宏观经济研究,2015(7):3-10.

度来测度新旧动能转换。① 郑江淮等(2018)从需求侧、供给侧及结构转换视角，构建了由常规动能(金融发展动能、资源再配置动能、资本深化动能、鲍莫尔效应、基于比较优势的外需动能、出口产品空间攀升动能)，新动能(内需动能、人力资本偏向性技术进步的动能、创新动能、全球价值链攀升动能)构成的中国经济增长动能指数体系，② 并指出在2004年、2013年先后发生了常规动能指数超过新动能指数、新动能指数超过常规动能指数的动能转换。

3. 对新旧动能转换的对策研究

新旧动能转换不仅是经济增长速度的调整，也包括产业结构、区域布局的调整，经济发展方式的转变，经济体制与机制的完善，需要长期与短期相结合、供给侧与需求侧相结合，在内生动力方面推动由要素驱动向创新驱动转变，在外生动力方面实现制度新供给、结构新供给和政策新供给(马海涛、高珂，2018)。③ 有研究要求优化政府与市场关系，如郑江淮等(2018)认为，中国经济增长的动能增长在结构上已经转换到要素、企业和居民等微观主体上，需要顺应资源再配置动能变化趋势和要求，切实遵循市场规律刺激微观主体动能持续增长。黄泰岩(2014)认为当前第三次动力转型要构建政府与市场新型关系、创新技术要素供给、优化结构供给、激发各类市场主体活力。有学者建议推动产业升级及产业组织变革，如赵炳新等(2018)认为，新动能更体现在以产业生态和产业集群为基础，产业、组织、政府、市场、区域等多主体协同发展形成的新模式和新关系网络。④ 魏杰、汪浩(2018)认为，加快新旧动能转换在产业结构上要“退二进三”(退出房地产、传统制造业的支

---

① 杨景祥，田艳．动能转换多维度测度分析及启示建议[J]．统计与管理，2018(1)：3-10.

② 郑江淮等．中国经济增长新旧动能转换的进展评估[J]．中国工业经济，2018(6)：24-42.

③ 马海涛，高珂．我国经济新旧动能转化的现实思考[J]．前沿观点，2018(1)：3-9.

④ 赵炳新．关于新动能的内涵及其启示[J]．经济研究参考，2018(2)：72-76.

柱性地位，壮大战略性新兴产业、服务业和现代制造业)，在发展方式上要实现3个改变(要素和投资驱动转向创新驱动，对外出口和引进外资为主转向扩大进口和对外投资为主，粗放型经济增长转向集约型增长)，在经济体制改革上调整基本经济制度、保护产权、发展混合经济和加快国企改革。有学者强调强化创新供给，如推进制造业创新中心和工业互联网平台建设，强化创新型人才对口支援等“引智”政策(徐建伟，2018)，处理好前沿技术创新和传统产业升级、技术创新和商业模式创新的关系(隆国强，2017)，① 立足创用结合(范恒山，2018)。要实现产业跨界融合，发挥技术扩散效应，完备创新成果转化平台(孙立文等，2018)。要加强人才尤其高层次人才供给(唐洲雁等，2017)。② 有学者建议加大金融财税支持，如强化金融供给侧结构性改革来培育新动能(张志元、李维邦，2018；刘训翰、吴庆跃，2018)，③ 加大财税政策支持、知识产权保护(朱敏，2018)，④ 加大资本运作(李绍伟，2018)，加大银行支持(鞠世鹏等，2018)。有学者指出新旧动能转换要强化改革。如刘世锦(2018)认为，新增长潜能能否释放取决于供给侧结构性改革能否见效，即国企、土地、财税、金融、政府体制和对外开放等领域改革。王健和王立鹏(2018)研究指出，新旧动能转换主线是供给侧结构性改革，重点是提升产业链、以新供给创造新需求、改革经济体制，突破点是实体经济科技创新，发力点是老旧小区改造。⑤ 有学者建议做好风险防控，如马峰(2018)认为，新旧

① 隆国强．新旧动能转换的意义、机遇和路径[J]．中国发展观察，2017(21)：28-31.

② 唐洲雁．山东省新旧动能转换对人才的新要求[J]．山东社会科学报道，2017(49).

③ 张志元，李维邦．金融供给侧结构性改革培育经济新动能：山东的实践与探索[J]．山东财经大学学报，2018(1)：10-16.

④ 朱敏．培育壮大新动能需完善相关配套政策[J]．中国发展观察，2018(1)：39-41.

⑤ 王健，王立鹏．关于新旧动能转换的若干思考[J]．国家治理，2018(1)：23-30.

动能转换要以人为中心，处理好社会风险，兜住社会发展底线。李增刚(2017)强调要完善社会保障体系，加快基础设施建设。①

二、新旧动能转换的理论基础回顾

(一)习近平新时代中国特色社会主义经济思想

中国特色社会主义政治经济学发端于马克思主义政治经济学与中国经济建设实践的有机结合与探索，在改革开放以来逐步创立，党的十八大以来，习近平总书记多次强调要发展中国特色社会主义政治经济学(张宇，2018)，② 从而日趋成熟。2017 年 12 月 18—20 日，中央经济工作会议首次提出习近平新时代中国特色社会主义经济思想，明确了其形成背景和基本内涵，标志着习近平新时代中国特色社会主义经济思想正式创立。中央经济工作会议指出，党的十八大以来的五年，我们坚持观大势、谋全局、干实事，成功驾驭了我国经济发展大局，同时总结改革开放 40 周年的成功经验，在实践中形成了以新发展理念为主要内容的习近平新时代中国特色社会主义经济思想。习近平新时代中国特色社会主义经济思想是习近平新时代中国特色社会主义思想的重要组成部分，是党的十八大以来我国经济发展实践的理论结晶，是面向 21 世纪的中国特色社会主义政治经济学。其基本内涵包括：坚持加强党对经济工作的集中统一领导；坚持以人民为中心的发展思想；坚持适应把握引领经济发展新常态，立足大局，把握规律；坚持使市场在资源配置中起决定性作用，更好发挥政府作用，坚决扫除经济发展的体制机制障碍；坚持适应我国经济发展主要矛盾变化完善宏观调控，相机抉择，开准药方，把推进供给侧结构性改革作为经济工作的主线；坚持问题导向部署经济发展新战略；坚持正确工作策略和方法，主要是稳中

① 李增刚．新旧动能转换中地方政府的作用与财政支持[J]．公共财政研究，2017(5)：18-20.

② 张宇．中国特色社会主义政治经济学[M]．北京：中国人民大学出版社，2018.

求进，保持战略定力、坚持底线思维。这“七个坚持”从总体要求、发展目的、发展思路、体制机制、宏观调控、战略部署、策略方法等重要方面提出了全方位要求，是实现经济高质量发展的重要途径。高质量的现代化经济体系是由产业体系、市场体系、收入分配体系、城乡区域发展体系、绿色发展体系、全面开放体系和经济体制构成的有机整体(张雷声，2018)。[①] 习近平新时代中国特色社会主义经济思想认为，新常态就是增长速度换挡、发展方式转变、经济结构优化、增长动力转换，其中，发展方式转变、经济结构优化、增长动力转换是制约我国经济发展进入高质量阶段的关键关口(夏伟东，2018)，[②] 而新旧动能转换就是为了解决发展方式转变、经济机构优化和增长动力转换的，是高质量发展的着力点(杨伟民，2018)。[③] 新旧动能转换既是新常态基本判断三大变化之一，也是深入推进供给侧结构性改革、寻找新的发展动力的目标(洪银兴，2018)。[④] 创新、协调、绿色、开放、共享的新发展理念是习近平新时代中国特色社会主义经济思想的重要内容(瞿商，2018)，[⑤] 也是培育新动能、实现高质量发展的路径。改革开放以前我们主要学苏联经济理论，改革开放后我们主要借鉴西方经济理论，但只有习近平新时代中国特色社会主义经济思想在继承中创新才深刻回答了“中国经济向何处去”的时代之问，是具有原创性、革命性、突破性的科学理论，是中国人形成自己的经济发展理论的

① 张雷声．习近平新时代中国特色社会主义经济思想的理论贡献[N]．人民日报，2018-10-09.

② 夏伟东．准确把握习近平新时代中国特色社会主义经济思想[N]．新华日报，2018-08-28.

③ 杨伟民．学习践行习近平新时代中国特色社会主义经济思想[N]．学习时报，2018-03-05.

④ 洪银兴．习近平新时代中国特色社会主义经济思想引领经济强国建设[J]．红旗文稿，2018(1)：7-10.

⑤ 瞿商．习近平新时代中国特色社会主义经济思想的丰富内涵和历史基础[N]．光明日报，2018-06-15.

一场深刻革命，也是我们做好新时代经济工作的基本功(王晓东，2018)，[①] 也是未来我国政治经济学理论研究的根本遵循和行动指南。

(二)经济增长理论

在经济学史中，对一国经济增长进行系统研究的是现代经济学的开山鼻祖、英国古典经济学家亚当·斯密，他在1776年出版的《国富论》中就是以国民财富的政治的原因和性质作为研究对象的。其后，大卫·李嘉图、马尔萨斯、穆勒等古典经济学家均将经济增长或经济停滞作为主要研究对象。他们所创立的增长理论也被叫作古典增长理论，强调自由竞争和政府“守夜人”角色，反对政府对于经济的干预。第二次世界大战后，贫穷落后国家的经济发展问题进入经济理论研究，形成了一个具有独立研究对象和研究方法的新兴学科——发展经济学。[②] 哈罗德-多马模型、新古典增长模型和新剑桥增长模型先后产生，经济学家们通过建立抽象的数学模型，试图确定投入增加与产出增长之间的一般函数关系，通过对各国经济增长的历史过程进行比较分析，试图找出经济增长的共同规律和后进国家面临特殊环境下的对策。英国经济学界哈罗德(1939)和美国经济学家多马(1946)认为，经济增长率由储蓄倾向和资本-产出比共同决定，强调资本积累对于经济增长的决定性作用。[③] 美国经济学家索洛(1956)、斯旺(1956)研究指出，假定商品和要素是完全自由流动的前提下，经济增长率等于劳动生产率增长率加上人口增长率。[④] 美国经济学家罗默(1986)和卢卡斯(1988)提出的新

① 王晓东．在2018年省政府第四次学习会上的讲话[R]．2018-10-15.

② 郭熙保．经济发展理论与政策[M]．北京：中国社会科学出版社，2005：10.

③ 哈罗德．浅谈动态理论[J]．经济学杂志，1939(3)；多马．资本扩张、增长率与就业[J]．计量经济学，1946：4.

④ 索洛．对经济增长理论的一个贡献[J]．经济学季刊，1956(2)；技术进步与总量生产函数[J]．经济学与统计学评论，1957(8)；斯旺．经济增长与资本积累[J]．经济记录，1956(11).

增长理论将技术进步内生化，认为储蓄和投资是技术进步的源泉，同时强调政府在经济增长中的重要作用。① 美国经济学家库兹尼茨(1973)运用历史统计方法研究长期经济增长，提出了现代经济增长的概念，提出了6个基本特征，明确了经济增长的基础和源泉是先进技术，包含社会制度和意识形态的改变。② 熊彼特将经济增长划分为投入数量的增加和生产力的提高两种类型，前一种是生产要素数量及其产出价值的增加，后一种是在生产要素实现了“新组合”之后的“增长”，即“边际效用的增长”。③

经由古典经济增长理论、新古典经济增长理论、新增长理论和现代经济增长理论，经济增长的内涵、外延、原因、条件等研究愈加深入。

(三)工业化阶段理论

工业化是进入发达国家的必由之路，是所有发展中国家追求发展不可回避的话题。当代所有发达国家都是高度工业化国家，而不发达国家则均属工业化程度不高的国家。工业化不仅是一个国家从以农业为主向以非农业为主的转变过程，而且也是工业部门内部结构的变化过程。我国经济学家张培刚(1949)则认为，工业化是指一系列基要生产函数连续发生变化的过程，不仅仅包括工业化，还包括农业的工业化。④ 对工业内部结构的变化，德国经济学家霍夫曼(1958)提出了“霍夫曼定理”——在工业化进程中，霍夫曼比率或霍夫曼系数(消费品工业的净产值与资本品工业净产值之比)是不断下降的，特别是进入工业化中期，霍夫曼比率小于1，呈现出

---

① 罗默．报酬递增与长期增长[J]．政治经济学杂志，1986(10)；卢卡斯．论经济发展机制[J]．货币经济学杂志，1988(7)．

② 库兹尼茨．现代经济增长：发现与思考[J]．美国经济评论，1973(6)．

③ 徐则荣．创新理论大师熊彼特经济思想研究[M]．北京：首都经济贸易大学出版社，2006：83．

④ 张培刚．农业与工业化[M]．武汉：华中理工大学出版社，1984：70．

重化工业加速发展的阶段性特征，并以此划分了工业化进程四个阶段。① 钱纳里、鲁宾孙和赛尔奎因(1988)运用投入-产出分析方法、一般均衡分析方法和经济计量模型，通过多种形式的比较，考察了以工业化国家(地区)的发展经历，剖析了影响工业化和经济增长的各种因素，概括了外向型、中间型和内向型三种不同的工业化形式。② 同时，依据人均收入水平、三次产业结构、就业结构、城市化水平等标准，将经济发展阶段划分为前工业化、工业化实现和后工业化三个阶段，其中工业化实现阶段又分为初期、中期、后期三个时期。

国内学者对我国工业化阶段进行了很多研究，如陈佳贵、黄群慧和钟宏武(2006)年采用第一次经济普查数据测算出各地区工业化水平：2004年中国工业化进程的地区结构是一个典型的金字塔形，有向橄榄形结构演变的趋势；1995—2004年，绝大部分省份处于加速工业化阶段，但区域间工业化差距在拉大；2000年以后，工业结构升级代替产业结构调整成为大部分地区工业化的主要动力。③ 简新华(2018)研究指出，中国总体上开始进入工业化中后期，现阶段在工业化上的主要任务已经不再是扩大制造业的规模，而是优化升级、做强做优，实现工业现代化。④

(四)企业创新理论

企业创新是源于新理念，直到商业化的全过程。熊彼特(1942)首次界定创新的概念是“建立一种新的生产函数”，即将建立一种新的生产要素和生产条件的组合，以获得利润的过程。管理学大师彼得·德鲁克(Peter F. Drucker)在其《创新与企业精神》一

① 冯飞，王晓明，王金照．对我国工业化发展阶段的判断[J]．中国发展观察，2012(8)：56-57.

② [美]霍利斯·钱纳里，谢尔曼·鲁宾孙，摩西·赛尔奎因，等．工业化和经济增长的比较研究[M]．吴奇，王松宝，等，译．上海：格致出版社、上海三联书店、上海人民出版社，2015.

③ 陈佳贵，黄群慧，钟宏武．中国地区工业化进程的综合评价和特征分析[J]．经济研究，2006(6)：4-15.

④ 简新华．须正确判断中国工业化阶段[N]．环球时报，2018-04-11.

书中认为“创新是大胆开拓的具体手段，是赋予资源以创造财富的新能力”。企业创新类型在理论界有多重讨论：如按照创新思想的起源把企业创新划分为管理创新和技术创新（Daft，1978；Damanpour 等，1989），二者相互影响并均对企业绩效具有促进作用。德鲁克认为，创新包括技术、管理、社会三种类型，技术创新主要涉及供给，管理创新涉及运作，社会创新涉及需求。从技术创新的范式来看，基本包括创新推动型、需求拉动型两种（傅家骥，1998；唐五湘，1999；高小珣，2011），此外衍生出了技术与市场的耦合范式、整合范式、系统集成与网络化范式（李守伟、李备友、钱省三，2009）。从技术创新的策略来看，一般包括独立创新、模仿创新、合作创新等（庄为民、龚仰军，2005）。

企业管理创新对于企业发展也是功不可没，科学管理之父泰罗认为，管理就是把组织的物质资源或技术力量同人力资源结合起来，以便实现组织的目标的过程。管理创新重在企业内部组织结构、管理文化与流程、人力资源重组等方面（Abrahamson，1991；Gopalakrishnan，1997），是管理的原则、过程与组织结构上与传统管理方式相区别或者创新（Hamel G，2006）。许多研究者对企业管理创新的许多方面产生了共识：如提升企业管理效率或资源整合效率，增加员工积极性（常修泽，1994；芮明杰，1994；程胜林，2001）；能够发现“创新机会”，为组织带来潜在的利益（李京文，2001）；能够使得企业各功能部门更加高效地开展工作（Cumming，1998；史仕新，2002）；能够降低不确定性，提高对外部环境的响应能力（Zeitz，2002；Sine，2006）；建立起合理的内部管理制度和流程，增强消费者、供应商、分销商对于企业正统性和合法性的认可（Zeitz，2002）。从创新内容来看，一般包括提出新经营思路、创建新组织、提出新管理方式、设计新管理模式、建立新制度等类型，如战略创新、商业模式创新、流程创新、营销创新、财务创新、制度创新、物流创新、生产运作创新等（梁镇、赵国杰，1996；芮明杰，2004；李召敏、苏敬勤、吕一博，2012）。①

① 杨威．企业创新促进产业升级的理论与实践［D］．武汉大学学位论文，2013.

（五）产业升级理论

国外学者研究产业升级都是基于微观的视角，将产业升级的本质看作企业的技术能力以及核心竞争力的提升，主要有以下分支：一是基于国际贸易理论，认为产业升级是企业根据比较优势变化在不同产业中进入和退出的有序更替。如 Porter(1990)认为产业升级是当资本相对于劳动力和其他资源禀赋更充裕时，国家在资本和技术密集型产业中发展比较优势，转向生产高附加值产品的专业化提升过程(Guerrieri，2001)。由于开放经济条件下全球经济联系会对产业升级产生重要影响(Ernst，2003)，不再具备静态比较优势的产业内的企业将会通过创新活动，来获取动态比较优势，从宏观层面来看就实现了产业升级(Lall，2001)。二是基于全球价值链理论，认为产业升级是发展中国家企业竞争力提升后分工地位和价值分配地位的提升。如 Gereffi(2001)基于东亚的劳动密集型产业服装产业为研究对象，指出发展中国家的产业升级是其企业为了获取更多附加值分配，改变全球产业链中的低端分工位置，发展具有更盈利能力的资本密集型产业和技术密集型产业的过程(Gereffi 和 Tam，1998)。从企业层面来看，产业升级是企业发展战略的转变，从生产劳动密集型低价值产品向生产高价值的资本或技术密集型产品转换的过程(Kaplinsky 和 Readman；Poon，2004)。

国内关于产业升级的研究包括四种思路：一是从结构优化的角度研究产业升级。如简新华和魏珊(2001)认为，产业结构优化是指各产业协调发展、产业总体发展水平不断提高的过程。二是基于经济全球化背景下的产业分工状况，认为产业升级包括产业结构升级和产业深化发展两个不同方向的内容(李江涛、孟元博，2009)；或者包括产业结构改善，即产业间协调和产业结构高度化，产业素质提升即产业内生产要素优化配置、技术管理水平提升等(李晓阳、吴彦艳、王雅林，2010)。三是基于全球价值链理论，认为产业升级是以技术创新和技术进步以及流程重组和附加值创造为主要特征的产业内部的升级运动(江东，2010)。四是基于中国产业“虚假高度化”问题，认为产业升级应该是企业功能升级、竞争力提升过程，而非简单的产业间升级。如中国出口商品结构的高度化已达到发达国家水平，但实际上却仍处落后地位(Rodrik，2006)，原因在于企业竞争力不高。

实质上，产业升级也是一个复合概念。产业升级，是一国或者地区内产业的综合优化调整过程，包括产业结构升级，即三次产业结构中工业与服务业比重不断提升、工业产业中高新技术产业比重不断提升、产业间结构不断合理化的过程；产业素质升级，即大部分产业的技术研发、市场营销、生产效率、盈利及竞争等综合能力以及产业内企业员工素质、技术素质、管理素质等综合素质不断提升的过程；产业价值链升级，即该国或者该地区内企业在全球产业分工中的低附加值环节向高附加值环节的转移过程，从而最终实现该国或者该地区的产业能够不断保持竞争优势、发展活力以及对国民经济和居民收入的持续带动作用(杨威，2015)。①

三、基于经济周期的新旧动能转换阶段、特征分析

2017 年 7 月 24 日，中央政治局会议分析研究经济形势时指出，“要站在经济长周期和结构优化升级的角度，把握经济发展阶段性特征”，“保持头脑清醒和战略定力”，“促进经济社会持续健康发展”。这是中央首次提出以一个长周期的视角来解决中国经济增长动能问题，也意味着，研究我国新旧动能转换问题，需要具有经济周期意识，从更远的历史视角、更长的时间周期来分析我国新旧动能转换。

(一)经济周期与新旧动能转换密切相关

经济周期与结构变动是经济系统动态演化的两种基本形式(马建堂，1988)。② Kuznets (1989)认为产业结构变动、技术创新的不同

① 杨威．新常态下我国产业升级的创新瓶颈与对策研究[J]．中国高新区，2015(3)：14-17.

② 马建堂．周期波动与结构变动——经济周期影响产业结构的机制初探[J]．经济研究，1988(6)：65-73.

影响和不同国内需求收入弹性是经济增长周期的三大主要驱动力。① 而2001年、2008年两次经济危机的实证分析表明，经济周期波动与长期增长之间具有密切关系(Francesco Bianchi 等，2018)。② 美国经济学家Burns和Mitchell(1946)认为，一个周期包括许多经济活动大体上同时的扩张和随之而来的同样的全面衰退、紧缩和复苏，本轮的复苏迎来下一个周期的扩张阶段；这一变化序列重复发生，但不定期；在时期上，经济周期从1年多到10年、12年不等；它们无法划分成具有同样特征，并且振幅与其自身接近的若干个较短周期。③ 这个定义为西方学界广为接受，并成为美国全国经济研究局(NBER)判断经济周期的标准。目前，学界和业界通常将经济周期划分为基钦周期(也叫存货周期，2~4年)、朱格拉周期(设备投资周期，9~10年)、库兹涅茨周期(房地产周期，22年)、康德拉季耶夫周期(创新周期，50年)。④ 雅各布·范杜因(1986)提出了用创新生命周期解释经济长期波动的长波理论，认为主要的创新创造了主导产业，主导产业的更迭对应着经济周期中的复苏、繁荣、衰退和危机。⑤ 主导产业群的迭代更替与经济周期的形成如图1.1所示。

1. 经济周期影响新旧动能转换

马建堂(1988)研究了经济周期对产业结构变动的关系，认为经济周期通过国民收入波动、价格波动、储蓄投资率波动来影响产业结构变动，⑥ 尤其是投资波动是我国周期波动并进而引发结构变

① Kuznets, S. Economic Development, the Family and Income Distribution: Selected Essays [M]. Cambridge: Cambridge University Press, 1989.

② Francesco Bianchi, Howard Kung, Gonzalo Morales. Growth, Slowdowns, and Recoveries[J]. Journal of Monetary Economics, 2018(7).

③ Mitchell, W. C. and Burns, A. F. Measuring Business Cycles [M]. New York: NBER, 1946.

④ 周金涛. 波动周期论[M]. 北京：机械工业出版社，2017：156.

⑤ 雅各布·范杜因. 创新随时间的波动//外国经济学说研究会. 现代外国经济学论文选(第10辑)[M]. 北京：商务印书馆，1986.

⑥ 马建堂. 周期波动与结构变动——经济周期影响产业结构的机制初探[J]. 经济研究，1988(6)：65-73.

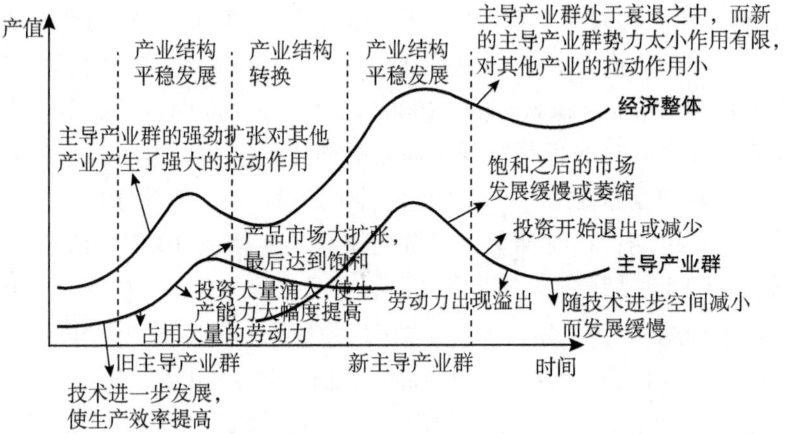

图 1.1　主导产业群的迭代更替与经济周期的形成

资料来源：中信建投证券。

动的重要原因。卢建(1990)认为产业结构变动是经济周期扩张或收缩的结果，而产业结构变动也是中国经济周期性波动的深层次原因。① 任泽平、陈昌盛(2012)通过建立行业景气模型发现了经济发展阶段和增长动力结构决定了经济周期波动的阶段性特征，实体经济景气周期以及通货膨胀周期均存在行业景气轮动现象。② Zulkhibri 等(2015)通过对马来西亚、土耳其等 4 个发展中国家 1960—2010 年数据的研究表明，产业结构变动与经济增长之间存在协整关系，但经济增长对产业结构变动的影响高于产业结构变动对经济增长的影响。③ Havlik(2015)基于中东欧 1995—2011 年数据

① 卢建．中国经济周期实证研究[M]．北京：中国财政经济出版社，1992.

② 任泽平，陈昌盛．经济周期波动与行业景气变动：因果联系、传导机制与政策含义[J]．经济学动态，2012(1)：19-27.

③ Zulkhibri M，Naiya I，Ghazal R. Structural change and economic growth in selected emerging economies[J]. International Journal of Development Issues，2015 (2)：98-116.

分析显示，经济增长有效地促进了产业结构变化①。

2. 新旧动能迭代转换影响经济周期变化

钱纳里等根据1950—1970年多个国家的统计资料发现，在影响经济增长周期的诸要素中，产业结构变量是一个非常重要的慢变量。② Kuznets(1989)进一步指出产业结构变动是经济增长周期的三大主要驱动力之一。从影响机制来看，林毅夫(2013)认为，产业结构的升级会推动生产要素的重新配置，必然伴随生产率的提高和产出的增加，从而促进经济增长。③ 实证研究也证实了这一点。基于美国11个产业数据分析证明，金融服务业等新经济产业结构比重的上升、制造业比重的下降等产业结构演进对经济稳定贡献的比例高达50%，大大平滑了经济周期波动(Eggers 和 Ioannides，2006)。④ 基于拉美12国35年经济增长的实证研究发现，工业和出口份额大量增长、农业份额变动最多的国家增长速度最快，意即经济增长多源于产业结构的变动和产业升级的顺利实现(Gregorio，1992)。⑤ 基于中国1978—1995年分省时间序列数据研究表明，我国经济增长率的17%可以用结构变化来解释(樊胜根等，2002)。⑥

---

① Havlik P. Patterns of structural change in the new EU member states[J]. Wiiw Research Reports，2015 (3).

② [美]霍利斯·钱纳里，谢尔曼·鲁宾孙，摩西·赛尔奎因，等. 工业化和经济增长的比较研究[M]. 吴奇，王松宝，等，译. 上海：格致出版社、上海三联书店、上海人民出版社，2015.

③ 林毅夫. 后发优势与后发劣势——与杨小凯教授商榷[J]. 经济学季刊，2013(7)：36-42.

④ Eggers，A. and Ioannides，Y. The Role of Output Composition in the Stabilization of U. S. Output Growth[J]. Journal of Macroeconomics，2006(3)：585-595.

⑤ De Gregorio J. Economic growth in Latin America [J]. Journal of Development Economics，1992(3)：59-84.

⑥ 樊胜根，张晓波，Sherman Robinson. 中国经济增长和结构调整[J]. 经济学(季刊)，2002(1)：181-198.

(二)我国经济周期波动下的新旧动能转换阶段划分

1. 改革开放以来我国四轮经济周期与新旧动能转换的叠加

改革开放以来，我国大致经历了3~4轮经济周期(见图1.2)。如王小鲁(2013)认为，我国已经历4轮经济周期：1978—1984年第一轮周期，1984—1993年为第二轮周期，1993—2009年为第三轮周期，2009年至今为第四轮周期。① 周景彤(2013)认为，我国经历了4轮经济周期：1981年至1990年、1990年至1999年、1999年至2009年、2009年至今。任泽平(2018)认为，我国大致经历了四轮产能周期：1978年至1990年为第一轮产能周期，1990年至1999年为第二轮产能周期，1999年至2009年为第三轮产能周期，2009年至2016年为第四轮产能周期，2017年前后为第五轮产能周期的起点。②

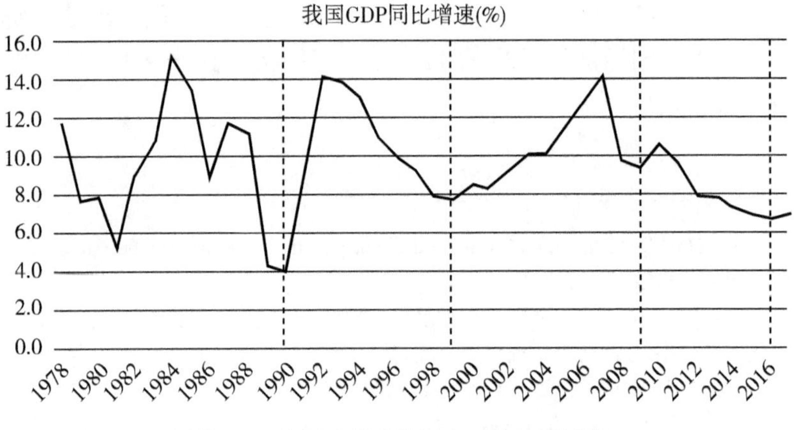

图1.2　我国改革开放以来4轮产能周期

从新旧动能转换的长周期视角，本章认为中国改革开放至今，

① 周子勋．专家解读：如何把握好中国经济运行的周期节奏[N]．中国经济时报，2013-10-17.

② 任泽平．中国经济正站在新周期起点[R]．方正证券研报，2017-09-16.

已经历了2次动能转换(基本与我国已经历的4轮经济周期叠加)，正在进入第三次动能转换：

(1)1978—1999年，这一阶段主要特征是短缺经济，市场供给不足，无法满足需求，标志性事件是党的十一届三中全会宣布启动“对内改革、对外开放”政策，主要体现为供给侧新动能。又涵括两轮经济周期：1978—1990年，1990—1999年。主要是通过经济体制改革，释放生产要素、激发市场活力，包括农村家庭联产承包责任制释放了农业经济活力、城市推行国企改革等释放了工业活力、“有计划的商品经济”改革释放了私营经济(个体化、乡镇企业)活力、沿海经济放开吸纳外资发展“三来一加”工业，这一阶段的主导产业为农业、纺织服装、食品加工、小三件(自行车、缝纫机及收音机)、大三件(电视机、洗衣机、冰箱)等轻工业，加速推进工业化，体现了劳动力从农业向第二产业中的劳动密集型产业转移的趋势。如第一产业占GDP比重由1978年的27.7%上升到1984年的31.5%，之后才逐年下降到1998年的17.2%。纺织工业总产值占工业总产值由1986年的10%上升到1990年的12.3%达到顶峰后，逐渐下滑。1986—1995年，家用电器工业总产值年均增长32.1%，大大超过同期工业总产值和GDP增速，轻工业总产值占GDP比重从1978年的43%一度上升到1988年的51.4%。① 这一轮动能转换，GDP年均增长9.995%。有测算显示，这一时期经济增长的60%是源于改革创造的新制度供给或制度红利。②

(2)1999—2016年，这一阶段主要特征是短缺经济逐步变为相对过剩经济，市场需求不足，标志性事件是1998年亚洲金融危机后政府宣布启动“内需扩张”政策，主要体现为需求侧新动能。又涵括两轮经济周期：1998—2009年，2009—2016年。主要是推进了“三驾马车”(投资、消费、出口)的拉动作用，如1998年住宅商品化改革带动了房地产产业发展、2001年加入世界贸易组织推动

① 余典范.2017中国产业发展报告[M].上海：上海人民出版社，2017：82.

② 黄泰岩.中国经济的第三次动力转型[J].经济学动态，2014(2)：4-14.

了我国对外贸易发展、以交通基础设施领域为代表的大规模基建投资、社会主义市场经济体制初步建立后激发了多种所有制经济的蓬勃发展。这一阶段的主导产业为房地产、机械装备、石油化工、汽车制造、计算机通信、消费电子及互联网信息、医药制造、金融保险等产业，在此阶段初步实现了向工业化中后期的转变(简新华，2018)，体现了劳动密集型产业向资本密集型产业、进而向技术密集型产业升级的趋势。尤其是房地产业，1986—2013 年年均投资增长 28.4%，占第三产业增加值上升到 12.7%，2001—2013 年对 GDP 增长的年平均贡献率达到 4.3%。[①] 这一轮动能转换 GDP 年均增长 9.61%，到 2016 年我国最终消费支出、资本形成总额对 GDP 的贡献率分别达到 66.5%、43.1%。

(3)2016 年以来，这一阶段的主要特征是经济新常态下，结构性过剩与结构性短缺并存，标志性事件是党的十九大宣布我国社会的主要矛盾发生重大变化，从人民日益增长的物质文化需要同落后的社会生产之间的矛盾转变为人民日益增长的美好生活需要和不平衡不充分的发展之间的矛盾，未来更多需要创新侧的新动能，包括制度创新、市场需求创新、产品模式创新、科学技术创新、资源配置创新等，激发企业创新活力，助推产业转型升级。对此，我国深入实施“五大发展理念”，加快“一带一路”倡议(市场创新)、京津冀协同发展(要素创新(要素自由流动)、市场创新)、长江经济带(强化生态保护，提升要素价格，倒逼转型)、大众创业 & 万众创新(培育新市场主体，发展四新经济等提供产品创新和技术创新)、放管服改革(制度创新)等系列战略，一方面推进供给侧结构性改革，实施“三去一降一补”、淘汰落后产能，另一方面实施中国制造 2025、高质量发展，培育新经济、新产业，从而推动新旧动能转换。2015 年以来，我国科技进步贡献率连续 4 年分别为 55.1%、56.2%、57.5%、58.5%，创新驱动经济发展的趋势进一步加快。

① 余典范. 2017 中国产业发展报告[M]. 上海：上海人民出版社，2017：85.

表 1.2　　我国改革开放以来的新旧动能转换比较

	第一次新旧动能转换	第二次新旧动能转换	第三次新旧动能转换
时期	1978—1999 年	1999—2016 年	2016 年以来
主要特征	短缺经济，市场供给不足，无法满足需求	短缺经济逐步变为相对过剩经济，市场需求不足	经济新常态下，结构性过剩与结构性短缺并存
标志性政策	党的十一届三中全会宣布启动“对内改革、对外开放”政策	1998 年亚洲金融危机后政府宣布启动“内需扩张”政策及加入 WTO	党的十九大宣布我国社会主要矛盾变化：人们日益增长的物质生活需要和不平衡不充分的发展之间的矛盾
涵括经济周期	1978—1990 年 1990—1999 年	1998—2009 年 2009—2016 年	/
主要新动能来源	供给侧新动能：经济体制改革释放生产要素活力，农村家庭联产承包责任制、国企改革、“有计划的商品经济”改革、沿海经济放开	需求侧新动能：推进了“三驾马车”(投资、消费、出口)的拉动作用，如 1998 年住宅商品化改革、2001 年加入 WTO、大规模基建投资、多种所有制经济发展	创新侧新动能：管理制度创新、市场需求创新、产品模式创新、科学技术创新、资源配置创新等，“五大发展理念”、供给侧结构性改革、“一带一路”、双创、放管服改革等
主导产业	农业、纺织服装、食品加工、小三件及大三件等轻工业	房地产、机械装备、石油化工、汽车制造、计算机通信、消费电子及互联网信息、医药制造、金融保险等产业	未来，“四新经济”、战略性新兴产业、现代服务业将成为主导产业
经济发展	GDP年均增长 9.995%。该时期经济增长的 60% 源于改革创造的新制度供给或制度红利	GDP 年均增长 9.61%，到 2016 年我国最终消费支出、资本形成总额对 GDP 的贡献率分别达到 66.5%、43.1%	2015 年以来，科技进步贡献率分别为 55.1%、56.2%、57.5%、58.5%，创新驱动经济发展的趋势进一步加快

资料来源：作者归纳整理。

2. 新旧动能转换的阶段划分

因为经济周期与新旧动能转换周期叠加，而新旧动能转换以创新为根本动力、以产业升级为外在表现，而产业也有周期(背后是技术创新周期)，因而从理论上可以将经济周期、新旧动能转换周期(产业生命周期)、技术创新周期三个结合起来。付才辉(2018)依托林毅夫的新结构经济学构建了新结构转型升级模型，将国家或地区层面的经济结构转型升级与行业层面的转型升级、企业层面的转型升级联动起来。① 范杜因(1986)认为，主要的创新创造了主导产业，一个或多个主导产业的强有力增长支撑了繁荣阶段，而1个主导产业的生命周期有可能横跨经济的长波周期。纵观国内外经济发展的历程，我们可以认为主导产业部门间更替形成的新旧动能转换，是创新与经济周期运行的结果。

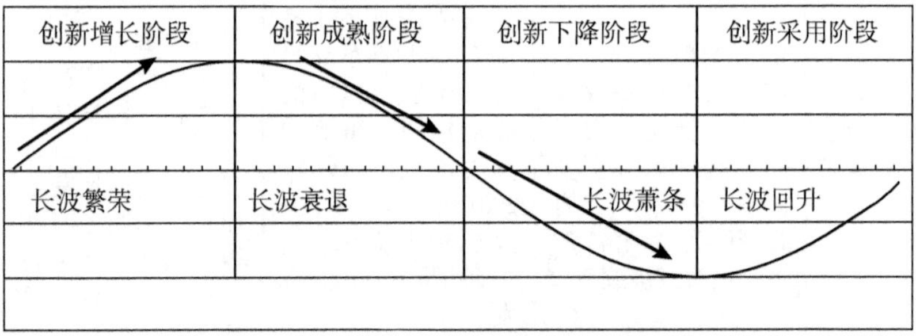

图 1.3 长波视角下的创新加速器

资料来源：雅各布·范杜因．创新随时间的波动//外国经济学说研究会．现代外国经济学论文选(第10辑)[C]．北京：商务印书馆，1986.

结合相关理论研究，本章认为新旧动能转换可分为4个阶段：

(1)动能失衡期(对应创新的衰退/下降阶段、经济周期的萧条阶段)：新动能衰退变成旧动能。特征是主导产业的技术进步困难、空间狭小，新兴产业已经饱和，生产能力和产品出现过剩，投

① 付才辉．政府在经济结构转型升级过程中的作用//林毅夫，等．产业政策：总结、反思与展望[M]．北京：北京大学出版社，2018：187.

资萎缩，原来的新产品、新技术变得过时，市场有效供给或高端供给不足，需求不足或高端需求无法满足，经济增速下滑。

(2)动能再造期(对应创新的萌芽/采用阶段、经济周期的复苏阶段)：新动能开始孕育成长但赶不上旧动能衰退的速度，导致经济增速下滑或低迷。特征是旧产品、旧技术的投资日益减少，新产品和新技术已经出现，但还未被广为接受。如辽宁省省长唐一军在2018年辽宁省政府工作报告中认为，今后五年是辽宁促进经济社会平稳健康发展的“动能再造期”；湖北省长王晓东在省政府2018年第一次学习会时认为，湖北新动能“势强力弱”，短时间内还难以弥补传统动能减弱的缺口，今后五年是“动能再造期”。

(3)动能转换期(对应创新的增长/成长阶段、经济周期的繁荣阶段)：新动能逐渐超过旧动能，经济增速提升。特征是新产品、新技术得到广泛推广，投资迅速增加，逐步形成新的主导产业，旧产业加快升级。巴曙松(2017)认为，权威人士“L形经济”走势判断中的下边这一横所处的时期就是旧经济出清和升级、新动力在逐步替代的过程，也是新旧动能转换期。① 当新动能超越旧动能时，即可达到经济增长逃逸速度(Escape Velocity)，② 实现新一轮经济繁荣。

(4)动能强势期(对应创新的成熟阶段、经济周期的衰退阶段)：新动能发展到最顶峰，特征是新产业的发展达到顶峰，作为主导产业对经济的贡献达到极致，产业规模不断壮大，基础技术创新日趋成熟。然而，月圆则亏、盛极则衰，动能最强势时期，也蕴含着新技术开始过时、新动能开始过剩过时的潜在危机，经济冲顶后逐渐开始走下坡路。

(三)新旧动能转换的阶段性特征

(1)经济进入中速增长。Gill(2015)认为经济增速变缓是全球

---

① 巴曙松．中国经济进入新旧动能转换期[J]．商业观察，2017(9)．

② [澳]萨蒂亚吉特·达斯．大停滞？全球经济的潜在危机与机遇[M]．王志欣，译．北京：机械工业出版社，2016：68.

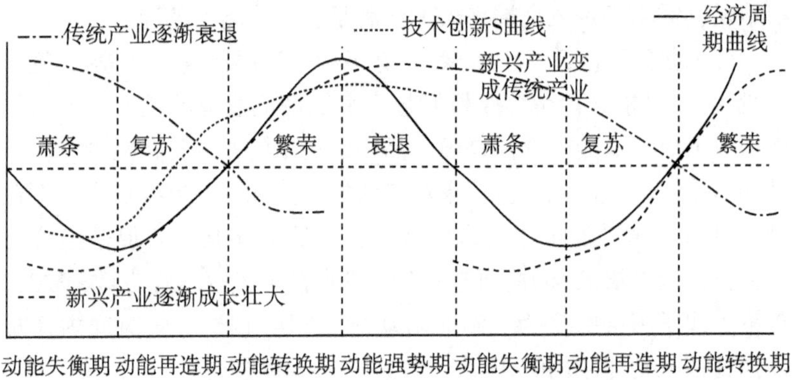

图 1.4　新旧动能转换周期图

范围广泛存在的现象，尤其是当一国收入处于中等水平时，原有增长动力逐渐减弱的同时缺少新增动力，或缺少转型所依赖的国内、国际环境，从而无法实现增长模式转变，更容易出现增速变缓(如表 1.3 所示)。① 部分经济体在成功实现新旧动能转换后会重新进入高速发展，但是当经济体跨国中等收入水平或逐渐接近中等收入水平时，经济增速会进入一个长期的中等增速台阶。如日本在 20 世纪 70 年代受到石油危机冲击时，经济增速由前 7 年平均 8.8%，下降到后 7 年平均 2.8%，到新旧动能转换完成后，80 年代增速达到 4.3%。习近平新时代中国特色社会主义经济思想对我国经济形势的一个基本判断就是增长速度换挡，即高增长阶段已经结束(杨伟民，2018)。研究指出，从 2016 年开始我国经济已经接近底部或开始触底，逐步进入中速增长平台，潜在增长率在 5%左右(刘世锦，2018)。② 基于全球 101 个追赶经济体的分析也表明，中国增速换挡成功后新的档位在 5%左右(任泽平，2015)。

---

① Gill，Homi Kharas. The Middle-income Trap Turns Tens[J]. World Bank Working Paper 7403，2015.

② 刘世锦. 中国经济增长十年展望(2018—2027)：中速平台与高质量发展[M]. 北京：中信出版社，2018：2.

表 1.3　历史上曾出现的部分经济增速放缓次数和占比(1960—2005 年)

项目	发达地区	东亚和太平洋地区	欧洲和中亚地区	拉丁美洲和加勒比地区	中东和北非地区	南亚	撒哈拉以南非洲地区
数量	10	17	4	33	22	3	34
观测值	215	147	83	214	129	61	276
占比(%)	5	12	5	15	17	5	12

资料来源：B Eichengreen，D Park，K Shin. Growth slowdowns redux：New evidence on the middle income trap［Z］. NBER working paper，2013；S Aiyar，R Duval，D Puy，Y Wu，L Zhang. Growth Slowdown sand the Middle-income Trap［Z］. IMF WorkingPaper，2013.

(2)主导产业迭代升级。新旧动能转换本质上是创新导致的主导产业更迭。从发达国家历史来看，其主导产业更迭顺序为：劳动密集型产业—资本密集型产业—技术密集型产业—科技创新驱动的制造业和生产性服务业。周金涛(2017)根据产业关联效益，也筛选出了我国主导产业群的演进：1987 年前包括纺织、电器机械、食品制造，到 1997 年前为建筑业、金属制品业、化学工业、机械工业等，到 2007 年前为建筑业、石油化工业、通信设备计算机、通用专用设备、交通运输设备等。① 如任泽平(2015)研究认为，到 2023 年中国高端制造业占工业比重将达到 43.1%，超过重化工业比重。② 统计也显示，2011—2016 年以来，我国工业领域内，黑色金属冶炼和压延加工业、家具制造业、煤炭开采和洗选业、石油加工、炼焦和核燃料加工业、烟草制品业等 12 个行业负增长，而计算机、通信和其他电子设备制造业，化学原料和化学制品制造业，医药制造业等 10 个行业则实现了 20%以上的高速增长(见图 1.5)。

① 周金涛．涛动周期论［M］．北京：机械工业出版社，2017.

② 任泽平．从奇迹到成熟：韩国转型经验［M］．北京：人民出版社，2015：8.

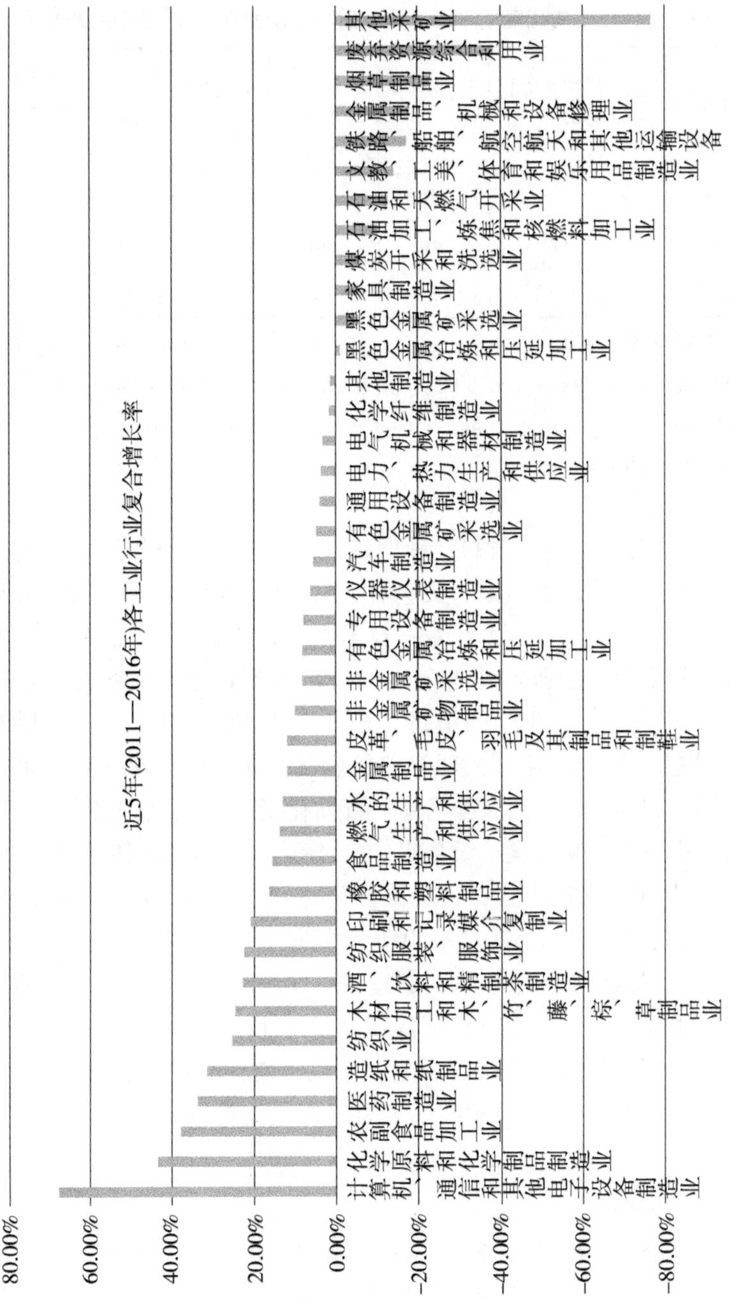

图1-5 近5年我国工业行业复合增长率（%）

(3)经济效益提升。在新旧动能转换后，随着主导产业从中低端制造业向高端制造业和生产性服务业转换，生产要素逐步从低附加值产业向高附加值产业转移，全要素生产率提升、企业的产品附加值及利润率会提升，整个经济体的人均 GDP、劳动生产率等经济效益也将显著改善。如我国人均 GDP 从 1978 年的 385 元，上升到 1998 年的 6860 元，进而上升到 2016 年的 53935 元，年均复合增长率达 13.89%；城镇居民家庭人均可支配收入、农村居民家庭人均纯收入分别从 1997 年的 5160.3 元、2090.1 元，增长到 2016 年的 33616 元、12363 元，年均复合增长率分别为 5.06%、4.79%。从企业层面来看，2012—2018 年的供给侧结构性改革、环保大督查淘汰了大量落后过剩产能，传统产业的行业集中度上升、利润率得到显著提升。

(4)社会公平改善。新旧动能转换对创新依赖甚深，而创新依靠人的创造性、人力资本的投资，同时技术密集型产业为主导产业的分配格局也有利于提升国民收入结构中居民所占部分。客观来讲，新旧动能转换成功后，有利于社会公平的改善、有利于财富分配的改善、有利于居民消费升级。跨越“中等收入陷阱”、实现新旧动能转换的一项重要经验就是改善社会公平。如一项征求 50 位国内知名专家意见的调查显示，陷入中等收入陷阱国家的 10 个特征：除了经济增长回落或停滞、金融体系脆弱 2 个，其余 8 个特征均是社会公平方面的：包括民主乱象、贫富分化、腐败多发、过度城市化、社会公共服务短缺、就业困难、社会动荡、信仰缺失。①甚至可以反过来讲，如果不能解决社会公平问题，新旧动能转换也会受到重大影响。

四、新旧动能转换的机制研究

习近平新时代中国特色社会主义市场经济思想提出的五大发展理念，有助于进一步解放生产力和释放生产力，可以创造新动能

① 汪同三．跨越中等收入陷阱的根本和重点[N]．人民日报，2013-06-09.

(张馨，2017；余典范，2017)，也是新旧动能转换的实施路径。①五大新发展理念虽然都会创造新动能、推动新旧动能转换，但由于新旧动能转换的根本动力是创新，本质表现是产业升级，而企业是创新的最重要主体，因而主轴应该是“创新发展”理念下的企业创新，通过优化要素配置、深化劳动分工、降低交易成本和改变市场需求 4 大机制，推动产业转型升级，进而推动新旧动能的结构转换和效益转换(见图 1.6)。

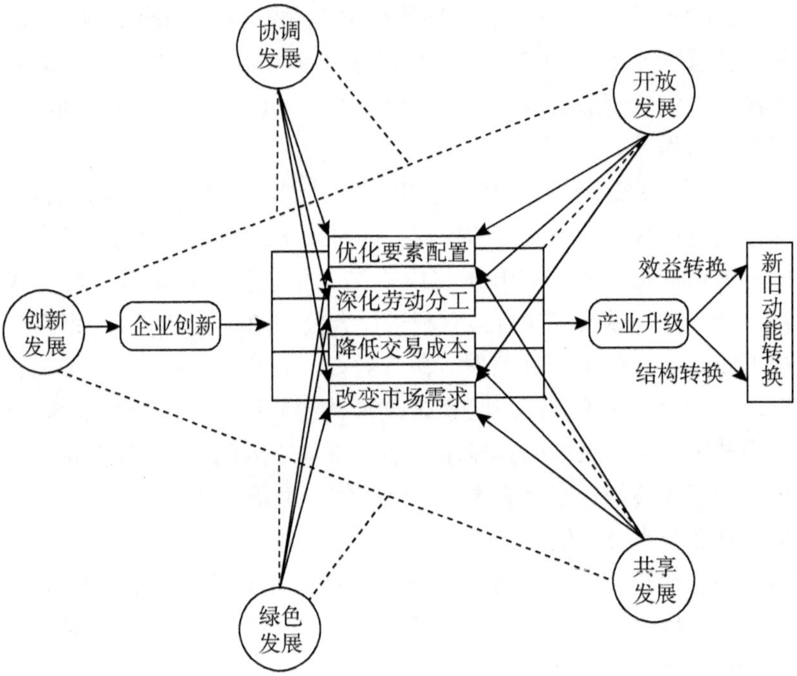

图 1.6　五大发展理念与新旧动能转换的作用机制

五大新发展理念是推动新旧动能转换的具体实施路径，具体作用机制包括：

① 张馨．践行新发展理念　培育追赶超越集合新动能[N]．陕西日报，2017-07-14.

一是“创新发展”主要是通过优化要素配置、深化劳动分工、降低交易成本和改变市场需求等机制促进新旧动能转换。正如2013年11月4日，习近平总书记在湖南考察时强调：“我国经济发展要突破瓶颈、解决深层次矛盾和问题，根本出路在于创新，关键是要靠科技力量”；2015年11月15日，习近平总书记在二十国集团领导人第十次峰会上进一步指出，“世界经济长远发展的动力源自创新。总结历史经验，我们会发现，体制机制变革释放出的活力和创造力，科技进步造就的新产业和新产品，是历次重大危机后世界经济走出困境、实现复苏的根本”。具体分析过程见下文。

二是“协调发展”主要是通过优化要素配置、深化劳动分工和改变市场需求等机制促进新旧动能转换。协调发展理念所包含的城乡协调发展(新型城镇化所带来的巨大投资及消费需求)、区域协调发展(中部崛起、西部大开发、振兴东北、粤港澳湾区、京津冀协调发展等所带来的巨大发展动能)、经济建设与国防建设协调发展(军民融合产业的大发展)、物质文明与精神文明建设协调发展(文化产业的繁荣发展)，不仅会促进资源在城乡、区域优化配置，还会深化区域生产力布局和劳动分工，提升农村居民、中西部地区居民的消费。正如2015年4月30日，习近平在中共中央政治局第二十二次集体学习时强调，“努力在统筹城乡关系上取得重大突破，特别是要在破解城乡二元结构、推进城乡要素平等交换和公共资源均衡配置上取得重大突破，给农村发展注入新的动力”。

三是“绿色发展”主要通过优化要素配置、深化劳动分工和改变市场需求等机制促进新旧动能转换。绿色发展要求提升资源、环境等生产要素的价格，倒逼传统产业转型升级，优化了生态要素配置；通过生态保护补偿等机制的建立，宏观上主体功能区分工、中观上区域产业分工布局、微观上有劳动能力的贫困人口从环境破坏者变成护林员等保护者等都深化了劳动分工；节能环保产业壮大、生态绿色产品需求扩大等，客观也改变市场需求。正如2013年5月24日，习近平在中共中央政治局第六次集体学习时强调“要正确处理好经济发展同生态环境保护的关系，牢固树立保护生态环境就是保护生产力、改善生态环境就是发展生产力的理念”；2015年

5月25日，习近平在浙江调研时表示“这里是一个天然大氧吧，是‘美丽经济’，印证了绿水青山就是金山银山的道理”。

四是“开放发展”主要通过优化要素配置、深化劳动分工和改变市场需求等机制来推动新旧动能转换。对外开放会促进国外先进技术、管理、人才等要素流入及国内过剩产能“走出去”，优化了要素配置，深化了国际产业链分工合作，也创造了巨大的国外市场需求(国外高品质产品及服务也会使得消费者更加“挑剔”，客观倒逼国内产业升级)。正如2015年11月23日，习近平在中共中央政治局第二十八次集体学习时指出，“要坚持对外开放基本国策，善于统筹国内国际两个大局，利用好国际国内两个市场、两种资源，发展更高层次的开放型经济”。

五是“共享发展”主要是通过优化要素配置、降低交易成本和改变市场需求等机制来推动新旧动能转换。共享发展理念所包含的住房、医疗、教育、文化、卫生、体育等公共服务均等化会带来的巨大投资及消费需求，精准扶贫特别是产业扶贫会促进要素的优化配置，通过共享发展营造稳定和谐发展环境也会为新旧动能转换创造良好氛围，客观降低社会风险等交易成本。正如2015年10月26日，习近平总书记在十八届五中全会提出：“坚持共享发展，使全体人民在共建共享发展中有更多获得感，增强发展动力。”

考虑到“创新发展”是推动新旧动能转换的“主轴”，其他协调发展、绿色发展、开放发展、共享发展等新理念均是通过优化要素配置、深化劳动分工、降低交易成本、改变市场需求等机制实现的，因而本章研究新旧动能转换机制也侧重于企业创新推动产业升级，进而实现新旧动能转换的机制。以下做具体分析。

(一)企业创新通过优化要素配置推动产业升级

产业本质就是各种资源基于行业特征所表现出来的配置结构，产业结构的升级也实质上就是各种要素资源在产业配置中的优化。作用于产业升级的要素配置，首先不光是全社会的生产要素在三次产业间的分配，而且在不同行业间、行业内不同企业间、甚至同一企业内不同生产环节的要素配置。如基于资本、劳动力和技术三大生产要素的密集程度，产业可以划分为劳动密集型产业、资金密集型产业和技术密集型产业(李耀新，1995)。从产业素质升级来看，封思贤、于明超和尹莉(2011)研究发现，虽然简单的要素投入不会推动产业升级，但是劳动力、资本流动有利于全要素生产率的增长，对产业升级仍然具有重要作用。① 从产业价值链升级来看，林毅夫(2012)认为，产业的升级代表各种生产要素可以从附加价值比较低的产业部门向农业部门、制造业部门、现代服务业部门转移，一个国家的产业是内生于其要素禀赋的，要想实现产业升级就必须实现要素禀赋的升级。② 而要素配置是受企业创新影响的，如实证研究发现，资源配置效率是由技术创新、规模效率和部门间资源分配效率共同决定(Dunning，1981)。③

生产要素配置对产业升级作用的三个方面：

(1)要素初期禀赋决定了产业结构和新兴产业发展，而企业创新会改变要素禀赋结构，进而推动产业升级。斯密的绝对生产优势理论和李嘉图的相对生产优势理论认为，一国生产某种产品取决于该国所具备的生产资源的绝对或者相对优势。这种优势其实就是要素禀赋的富裕程度所带来的，因为资源要素是新兴产业赖以生存和发展的基础，资源的配置状况直接决定着新兴产业发展的速度、规模与结构。企业创新尤其是技术创新通常表现为新技术、新工艺、新产品的发明和利用，有时候会创造出新的生产要素，从而直接改变要素禀赋结构。如石油勘探技术的发明，使得石油成为一种新的生产要素，新生产要素的出现进而推动了交通运输行业从蒸汽机向内燃机的发展，刺激了汽车行业的出现和发展。

(2)要素再配置会推动产业结构变迁、产业素质改善，而企业创新会推动要素再配置，进而推动产业升级。生产要素的转换和流

---

① 封思贤，于明超，尹莉．要素流向高增长行业能实现产业升级吗——基于制造业的分析[J]．当地经济科学，2011(3)：74-80.

② 林毅夫．中国可以摆脱中等收入陷阱[N]．中国经济周刊，2012-11-06.

③ Dunning John H. International production and the multinational enterprises [M]. London. George Allen & Unwin, 1981.

动是推动产业结构升级的基础(何立胜、鲍颖，2005)。① 其一，随着经济发展，资本、劳动力和土地、原材料等生产要素的相对稀缺程度会发生变化，要素的相对价格也会发生变化，比如技术和资本相对劳动价格会更低，这样各种产业更多会使用便宜的要素，主导产业也会从劳动密集型产业向资本密集型产业、进而向技术密集型产业转变。其二，创新尤其是技术创新通过改变各种生产要素，尤其是劳动和资本的相对边际生产率，改变其收益率之间的平衡，就会导致产业间收益率低的生产要素向收益率高的产业转移，导致产业结构的变动(夏锦文、王波，2006)。如 Lucas(1993)研究发现技术创新能够导致生产率的提升，从而诱导社会中低生产率部门的要素向该部门转移，要素的增多会直接导致产出的增加，这就使得国民经济体系中该生产部门比重提高，表现为产业结构升级。如马克思研究发现，大量资本将投入到繁荣的产业中去，直到该产业部门的利润水平跌落到平均水平为止。②

(3)要素升级有助于改善产业素质，提升产业价值链分配地位，而企业创新会推动要素升级，进而推动产业升级。生产要素是可以得到升级的，比如简单劳动力经过培训后升级为技术工人，其劳动效率会得到大量提升，直接作用于产业素质高效化；而劳动密集型产业所需劳动力会减少，劳动者流向技术密集型产业或资本密集型产业，会导致产业结构向高端化发展。如“结构红利假说”认为，当投入要素从低生产率(或低生产率增长率)的部门向高生产率(或高生产率增长率)的部门转移时，就会促进总生产率增长(Peneder，2002)。③ 对于一国某产业，如果产业内企业普遍劳动者技能提升，会有助于产业创新能力的提升，改善全球产业分工地位、进而提高全球价值链分配地位。如 Teece 和 Pisano(1994)认为

---

① 何立胜，鲍颖．产业升级的要素依赖与路径拓展[J]．河南师范大学学报，2005(5)：53-57.

② 中共中央编译局．马克思恩格斯全集(第一卷)[M]．北京：人民出版社，1995：358.

③ Peneder M. Structural change and aggregate growth [J]. WIFO Working Paper, Austrian Institute of Economic Research, Vienna, 2002：182.

产业升级就是企业在价值链分工中地位的优化配置，这种配置受到要素高低的影响，要素的升级演化会推动一国企业向价值链更高附加值环节的转移。①

（二）企业创新通过深化劳动分工推动产业升级

科技是第一生产力，而劳动分工水平则主要受生产力的发展水平影响（钱书法，2004），因而技术创新是影响劳动分工的最重要因素。研究发现，技术进步是分工演进的物质基础，且贯穿于分工演进的全过程（梁碧波、张岳恒、何琳，2004）。如工业革命后的企业技术创新促进了以大机器为中心的企业内分工取代了工场内手工场分工，而流水线、跨国公司制、外包制为代表管理创新则又将国际产业间分工变为产业内分工（刘卫华，2007）。

同时，分工深化有利于产业升级。这是因为产业是社会分工的产物，将会进一步随着社会分工发展而升级。产业结构的演进实质上就是一种分工演进（宋小芬，2008）。产业结构的变迁本质上是分工深化的结果，而分工的深化本身是技术创新作用的结果，并进一步促进了技术创新（李传健，2010）。分工深化会导致三种类型收益：比较优势、规模经济和专业化经济（杨小凯，2000），对产业升级具有重要作用。如基于 40 个发展中国家的实证分析表明，产品内国际分工能够显著提升价值链，尤其是高层次分工合作（唐海燕、张会清，2009）。

（1）劳动分工深化会推进产业内生产“迂回”，而企业创新会推动社会分工深化，进而推动产业结构升级。工业革命以来，企业技术创新层出不穷，在提高劳动生产率的同时，许多产品的生产过程被按照技术环节分为许多细分部分，实质上就是拉长了生产链条，让生产过程产生了更多“迂回”。生产的迂回，就是产业分立、新兴产业形成的过程（陆国庆，2003）。如计算机产业刚诞生时，所有厂商都是全部生产计算机硬件和相关应用软件的，随着市场扩

---

① 郭炳南，黄太洋．比较优势演化、全球价值链分工与中国产业升级[J]．技术经济与管理研究，2010(6)：130-133.

大，硬件制造和软件业务才分别成成长为独立产业，且主要生产环节也分化出来，如芯片制造产业、显示器制造产业、组装产业等，软件产业也分化了如杀毒软件、搜索软件、操作软件等。

(2)企业间分工协作有利于提升劳动生产率，而分工企业创新会促进外包等企业间分工协作，进而推动产业素质升级。基于计算机信息技术的广泛使用，以及管理模式的创新，企业生产分工更加深化，在某种程度下，企业所不擅长的业务可以得以外包出去，专门从事某一生产环节，这就产生了专业化的效益性。如国外包研究显示：外包协议使企业平均节省 9%的成本，而能力与质量则上升了 15%。① 管理学大师彼得·德鲁克也明确指出，任何企业都应该将不创造销售额而只是提供后台辅助的业务外包出去。目前，许多企业尤其是发达国家的跨国公司，纷纷将其生产环节、后勤维修、信息服务甚至研究开发业务进行外包，极大地降低了其公司成本，进而提高了主营业务的利润率和生产效益，对于改善产业素质具有极大的作用。

(3)参与国际产业分工能力的提升有助于产业价值链升级，而企业创新会促进参与分工能力的积累，进而推动产业价值链升级。正如阶梯一样，全球产业链每一个环节都对应着一个价值链环节，而每一个价值链背后的产业链环节都是有一定技术要求来支撑的，全球价值链就像“技术的阶梯”(Technological Ladder)一样(Humphrey，2004)。发展中国家企业往往处于全球产业链分工的低端位置，通过渐进式技术创新，企业的技术能力不断积累，逐渐能够获得原有产业价值链的低端分工环节向高端分工环节的提升机会，从而获取高附加值。Memedovic (2004)研究发现，亚洲的韩国、新加坡，以及中国台湾、中国香港等，就是把握了国际产业转移中的产业分工机会，积极提升企业创新能力，从而在服装纺织、计算机等产业中实现了从 OEM 向 ODM，进而向 OBM 的转变。②

---

① 佚名．把“世界工厂”变成“世界办公室”[N]．每日新报，2007-04-13.

② Memedovic O. Inserting Local Industries into Global Value Chains and Global Production Networks [J]. UNIDO Working Paper, 2004.

表 1.4　　　　　　国际分工模式及其变化趋势

国际分工模式	产业间分工	产业内分工	垂直型产品内分工	水平型产品内分工
价值链	不同产业价值链的国际分工	同一产业中不同产品价值的国际分工	同一产品价值链中上下游价值环节或工序的国际分工	同一产品价值链中技术水平和密集度相似环节或工序的国际分工
分工国别	发达国家与众多发展中国家间	发达国家与新兴工业化国家间、发展中国家间	发达国家与新兴工业化国家、发展中国家间	发达国家间；发达国家与新兴工业化国家、发展中国家间
主要方式手段	产业间一般国际贸易	产业内一般国际贸易、公司内贸易、FDI 等	加工贸易、全球外包、FDI、公司内贸易	一般国际贸易、全球合同外包、FDI、公司内内贸易

资料来源：李建军．产品内分工、产业转移与中国产业结构升级[J]．理论导刊，2012(3)：86-89.

(三)企业创新通过降低交易成本推动产业升级

从马歇尔(1961)首次将组织作为产业演进分析中的四要素之一(分别为劳动、资本、土地和组织)开始，产业分析就离不开对交易成本的研究。刘志彪(2000)研究发现，对产业升级动因的分析，应该建立在经济主体追求分工和降低交易成本的基础上，从知识资本和人力资本被大量引进商品生产过程的角度来进行。① 企业的技术创新和管理创新都会减少交易费用，而交易费用的降低会促进企业产业升级。如“并行工程”“精益生产”、“敏捷制造”以及“虚拟制造”等新型的生产模式无一不是得益于信息技术的发展(阴明洲，2012)，而日本丰田创造的年功序列制、终身雇佣制、事业

① 刘志彪．产业升级的发展效应及其动因分析[J]．南京师范大学学报(社会科学版)，2000(2)：3-10.

部制，京盛陶瓷创造的阿米巴经营等管理创新(道成咨询，2011)，无疑都减少了企业内部管理型交易费用，对推进行业生产效率和经营效益改善、增加全球价值链上的价值分配具有重要意义。由此可见，交易成本降低是企业创新推动产业升级的重要作用机制。

(1)企业创新促进交易成本的降低，有助于新兴产业成长进而推动产业结构升级。一个规模充分庞大并且交易效率充分高的分工网络是新技术、新产品，乃至新产业出现的必要条件，[①] 交易效率的降低对于促进新产业形成意义重大。如研究发现，电子通信技术的发明大大减少了企业信息搜集、整理和分析等相关交易费用，促成了网上银行、电子商务等产业的出现，推动了银行业产业结构的升级。[②] 从企业内部治理来看，产权制度的设计与管理模式直接关系到交易费用的高低，进而影响到企业、产业的发展。如第二次工业革命时期的托拉斯组织模式、经理人阶层的出现，适应了汽车、石油、化工、钢铁等产业的规模经济和技术创新的需求，使得这些产业迅速发展壮大，使得其产业结构得到很大升级。第三次产业革命时期的虚拟企业等的出现，也适应了生物科技、电子通信等产业规模小、创新活跃的需求，使得其新经济类产业迅速脱颖而出。相反，日本、德国的治理模式中，银行与大投资者占据主导模式，这种治理能够适应规模化，却厌恶风险，这也是为什么德国和日本在电子通信产业、生物技术产业等方面落后于美国(姚德文，2011)。[③]

(2)企业创新促进生产、管理等交易成本的降低，有助于生产效率提升进而推动产业素质升级。产业素质包括了产业内的企业劳动生产率，而交易成本越低，其生产成本也越低，进而其劳动生产率也越高。从企业管理创新来看，企业组织结构的创新能够很好地

---

① 杨小凯．经济学——新兴古典与新古典框架[M]．北京：社会科学文献出版社，2003.

② 王海东．信息成本、技术进步与银行业产业结构变动[J]．重庆社会科学，2003(6)：34-40.

③ 姚德文．基于制度分析的产业结构升级机理与对策[J]．社会科学，2011(3)：44-52.

降低交易成本，从而推动了产业素质的升级。如直线式组织结构更有利于企业经验积累，但不利于企业内部信息交流和新产品研发；事业部的组织结构虽然有利于市场信息的传递、创新组织效率，但不利于创新经验的积累，而且事业部之间的信息流往往不畅，从而影响企业的创新活动与技术扩散；矩阵式组织结构在信息交流与技术创新上具有先天优势，但层级、组织复杂、管理成本高，协调难度大，影响企业决策，并提高了管理费用。可见，基于产业发展和市场竞争的需要，企业组织结构先后从直线式向矩阵式、进而向事业部制，最后向扁平化的转变，都适应了企业降低内部交易成本，增强市场风险应对能力、提升企业管理弹性的需求。如依赖于迭代、灵活和创新起家的互联网企业往往通过事业部制、事业群制、内部微创新小团队等组织形式，共享创新资源、降低交易成本，提升企业创新效率和竞争力。

(3)企业创新会促进交易成本的降低，加速 FDI 知识及技术外溢，进而有助于产业价值链升级。全球产业链其实质就是产业在全球不同地区或国家间的分工组织状态，但是这种分工状态的变化在很大程度上取决于创新所带来的交易成本的降低。如美国国家经济研究局(2018)研究显示，借助于机器翻译系统，eBay 平台上的国际贸易出口增长了 17.5%。① 许多发展中国家以前只是原材料出口国，处于国际产业链的低端环节，只有跨国公司和 FDI 的引入，才能实现技术的外溢、资本的外溢，才能实现价值链升级。如基于电子计算机、互联网、移动互联网等信息技术的发明，才使得国际上企业沟通交流、运输传递等交易费用大为降低，才使得跨国公司得以将部分业务外包给发展中国家并保持对产业链的控制，从而发展出代工的分工模式，才能使得发展中国家企业不断由 OEM 向 ODM 和 OBM 迈进，推动产业价值链升级。

① 李鑫．人工智能 get 新技能：机器翻译如何促进国际贸易[N]．资本实验室，2018-08-29.

(四)企业创新通过改变市场需求推动产业升级

虽然市场需求也是产业升级的一个重要影响变量，但是市场需求的变化是技术创新和产业结构变化二者之间的一个中间环节，首先是技术创新出现，然后需求变化才对产业变化产生重大影响(渠海雷和邓琪，2000)。世界贸易组织(2018)研究报告显示，技术及创新将会在2030年之前带动全球贸易每年增加1.8~2.0个百分点。① 孙晓华和李传杰(2009)实证研究发现，产业创新能力对市场需求规模具有显著的正向影响，发明专利所代表的产品质量及性能方面的优越性能够起到刺激市场需求的效果。如美国苹果公司的苹果手机直接带动了全球智能手机及3C电子产品的消费热潮，进而推动通信产业的持续升级。

具体分析发现，企业创新会对消费需求产生重大影响：

首先，企业创新会创造出新的消费需求。著名的萨伊定律认为“供给创造需求”，企业创新会推进新功能产品的出现，或者促使一部分产品或服务的功能的提高，这会诱使部分具有敢于尝试的消费者来体验这部分新产品或者新服务。比如照相技术的改进带来了传统相机、数码相机等产品的发明，部分敢于尝试新奇体验的客户购买了，进而在全社会形成了购买使用相机的消费潮流，最终将创新产品变为市场的现实消费需求。如网上购物、手机点餐等都形成了新的消费潮流，创造了巨大市场需求。

其次，企业创新会提升居民消费能力。企业创新通过两个方面来提升居民消费能力，一是技术创新降低产品成本和价格，相对提升居民一定收入条件下的消费能力，同时基于带来全社会劳动生产率的提高，进而促进居民收入提高，如Freeman(1982)研究提出，技术创新加快了新产品和新工艺的不断涌现，通过人均收入的提高

---

① 佚名.WTO：技术及创新将使全球贸易在2030年前增长1/3[N].新浪财经，2018-10-03.

和生活条件的改善，影响市场需求结构变化。① 二是企业管理创新，可以通过改变消费者支付能力，将潜在需求变为现实需求。如美国施乐公司创造了复印机租赁销售模式，先进而昂贵的“静电复印技术”复印机的需求迅速超过了落后的“光影湿法技术”复印机，复印机产业实现了升级；麦当劳的“标准化”和“连锁制”是快餐产业迅速发展、从低水平低附加值走向高水平高附加值的关键；麦考密克发明的“分期付款”制度，使得农民能够以未来收入来购置收割机，收割机销售局面迅速打开(德鲁克，2007)。②

最后，企业创新会改变居民消费方式。如团购、连锁、大卖场等新的销售方式的出现，大大改变了居民消费方式，让海量商品信息、种类等充分激活了居民消费欲望。国家统计局数据显示，2017年全国电子商务交易额达29.16万亿元，同比增长11.7%；其中商品、服务类电商交易额21.83万亿元，同比增长24.0%，已然成为当前我国居民社会消费中的重要组成部分。企业技术创新通过促进生产力的发展改变人们的消费方式和消费结构，实现消费创新(王胜，2007)。

基于企业创新对市场需求的改变，消费需求进而推进产业升级(见图1.7)，这表现在以下方面：

(1)消费结构升级会诱导产业结构变迁，而企业创新促进消费需求结构的升级，进而推动产业结构升级。企业创新在不同产业内是不同步的，对于不同产品或者服务的功能的完善也是不一致的，导致不同产业的产品或服务的市场需求是差异化增长的。正如马克思所言，生产是为消费服务的，消费增长率的高低直接影响了该产业的投资增产率和产出增长率，因而其在国民经济体系中的比重也是不断变化的，这也就意味着其产业结构的变迁。从居民消费升级趋势来看，农产品消费需求、纺织服装消费需求、轻工业产品需

① Freeman, C. The economics of industrial innovation [M]. Cambridge: MIT Press, 1982.

② [美]保罗·克鲁格曼. 地理和贸易[M]. 北京：中国人民大学出版社，2000.

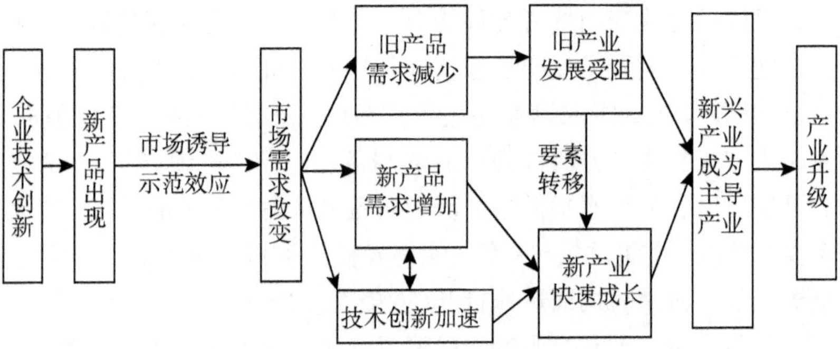

图 1.7 市场需求变动在技术创新与产业升级中的中介作用

资料来源：汪琦．技术创新与市场需求的互动机制及对产业升级的传导效应[J]．河北经贸大学学报，2006(1)：12-17.

求、耐用消费品需求依次成为消费需求高增长率产业，因而客观上这些产业依次成为主导产业，因而产业结构也客观上不断升级。Michael Peneder(2003)基于 28 个 OECD 国家的实证分析发现，技术创新会影响产品消费收入弹性，进而促进产业结构变化。

(2)消费者需求形成产业素质改善的挑战，而企业创新会培育苛刻的消费者品质需求，形成产业素质升级的外在压力。McMeekiu 等(2002)研究指出，创新产品的生产和设计往往受到最挑剔消费者需求的影响，随着社会的普遍接受逐步成为该创新产品的主流技术标准，最先创新的企业获取了高额利润。这种现象会刺激企业不断进行创新，包括对产品的质量、功能、款式、品种等，客观上加速企业对技术研发的投入，弱势企业被淘汰，整个产业的技术素质得到一次普遍提升。如早期汽车都是设计粗犷、功能简便的，随着消费者更多消费追求，越来越多的企业专注于质量和功能研发，使得产业素质不断得到升级。

(3)足够消费需求是产业价值链升级的基础，而企业创新会培育本土消费需求，为产业价值链升级提供足够市场规模。价值链升级的过程是技术的“阶梯”递进过程，然而很多技术提高如果缺乏足够的市场需求规模以及需求能力的提升是无法实现的。如研究发现，发达国家对发展中国家价值链的“结构型封锁”得以实现的根本原因在于其技术势力与市场势力的融合，而市场势力是决定性因素，我国国内需求不足与结构失衡是导致“结构封锁”的主要原因（张杰、冯彩，2008）。如企业技术创新尤其是能够满足本土消费需求的技术创新，可以让本土的消费需求能够支撑企业的研发投入，渐渐帮助企业赚取利润、积累创新能力，从而逐步从国际产业价值链的低端迈向高端。如日本汽车早期主要从事装配制造环节，随着对本土消费者节能、简便等消费需求的开发，加强了节能、环保技术的研发，从而逐步独树一帜，在国际汽车市场上闯出了一片天地，也最终从汽车制造的低端向高端实现了转移。

参考文献

[1][美]约瑟夫·熊彼特. 经济发展理论[M]. 王永胜，译. 上海：立信会计出版社，2017.

[2][美]霍利斯·钱纳里，谢尔曼·鲁宾孙，摩西·赛尔奎因，等. 工业化和经济增长的比较研究[M]. 吴奇，王松宝，等，译. 上海：格致出版社、上海三联书店和上海人民出版社，2015.

[3][挪威]拉斯·特维德. 逃不开的经济周期：历史，理论与投资现实[M]. 董裕平，译. 北京中信出版社，2012.

[4][美]保罗·克鲁格曼. 地理和贸易[M]. 北京：中国人民大学出版社，2000.

[5]刘世锦. 中国经济增长十年展望(2018—2027)：中速平台与高质量发展[M]. 北京：中信出版社，2018.

[6]周金涛. 波动周期论[M]. 北京：机械工业出版社，2017.

[7]余典范. 2017 中国产业发展报告[M]. 上海：上海人民出版社，2017.

[8]刘世锦. 老经济与新动能——中国经济增长十年展望(2017—2026)[M]. 北京：中信出版社，2017.

[9]赵儒煜. 谁决定荣衰——产业结构演进与经济增长[M]. 北京：经济管理出版社，2017.

[10]郑有贵. 中华人民共和国经济史(1949—2012)[M]. 北京：当代中国出版社，2016.
[11]汤铎铎. 理解经济周期：西方理论和中国实事[M]. 北京：中国社会科学出版社，2016.
[12]吕明元. 产业结构升级与经济发展方式转型关系的实证研究与国际比较[M]. 北京：中国经济出版社，2015.
[13]任泽平. 从奇迹到成熟：韩国转型经验[M]. 北京：人民出版社，2015.
[14]刘宝珺. 产业结构演变成因分析模型以及应用[M]. 北京：中国统计出版社，2010.
[15]隋广军. 产业演进及其微观基础研究[M]. 北京：经济科学出版社，2007.
[16]徐则荣. 创新理论大师熊彼特经济思想研究[M]. 北京：首都经济贸易大学出版社，2006.
[17]郭熙保. 经济发展理论与政策[M]. 北京：中国社会科学出版社，2005.
[18]Anping Chen, Nicolaas Groenewold. China's 'New Normal': Is the growth slowdown demand- or supply-driven [J]. China Economic Review, 2018(7).
[19]Shekhar Aiyar, Romain Duval, Damien Puy, Yiqun Wu. Longmei Zhang. Growth Slowdowns and the Middle-Income Trap[J]. Japan & The World Economy, 2018(7).
[20] Francesco Bianchi, Howard Kung, Gonzalo Morales. Growth, Slowdowns, and Recoveries[J]. Journal of Monetary Economics, 2018(7).
[21]乔宝华，秦海林. 我国工业新旧动能转换研究[J]. 工业经济论坛，2018(1)：27-35.
[22]郑江淮等. 中国经济增长新旧动能转换的进展评估[J]. 中国工业经济，2018(6)：24-42.
[23]黄泰岩. 中国经济的第三次动力转型[J]. 经济学动态，2014(2)：4-14.

[24]中国经济增长前沿课题组．中国经济转型的结构性特征、风险与效率提升路径[J]．经济研究，2013(10)：4-28.

[25]杨威．企业创新促进产业升级的理论与实践[D]．武汉大学学位论文，2013.

[26]杨威．新常态下我国产业升级的创新瓶颈与对策研究[J]．中国高新区，2015(3)：14-17.

[27]马建堂．周期波动与结构变动——经济周期影响产业结构的机制初探[J]．经济研究，1988(6)：65-73.

[28]任泽平，陈昌盛．经济周期波动与行业景气变动：因果联系、传导机制与政策含义[J]．经济学动态，2012(1)：19-27.

[29]刘志彪．产业升级的发展效应及其动因分析[J]．南京师范大学学报(社会科学版)，2000(2)：3-10.

第二章 国际经验

一、新旧动能转换的模式分析

由于政治、经济、历史、文化和地理条件的差异，国际上新旧动能转换的道路千差万别。1997年，普林斯顿大学的司托克斯提出科学研究的二维象限模型，① 这种分成两个维度、四个象限的分析方法被广泛运用到时间管理、战略决策、心理分析等各领域。考虑到新旧动能转换本质上是产业升级，我们可以用两个维度来分析新旧动能转换：结构维度(产业结构升级)、效益维度(产业素质升级和产业价值链升级)，并对国际上典型的案例进行分析。

(一)领先型(高结构+高效益转换)：日本、韩国

东亚模式是后发国家实现新旧动能转换的成功典范，其中以日本、韩国表现突出，先后顺利跳出中等收入陷阱、迈进发达国家行列。分析原因，可能涉及教育、传统文化、国际贸易等多种因素，这里本章着重从企业创新视角来研究。

日本。日本1951—1973年，23年GDP年均增速9.3%，创造了经济增长“隅田河奇迹”。2017年，日本人均GDP达到38428美元，是世界平均水平的3.59倍；产业结构也居领先地位。通过加强企业创新来推动产业升级、新旧动能转换是日本最大的经验。

(1)重视技术引进—消化—再创新，推动了产业结构不断迭代、新兴动能不断产生。第二次世界大战后，日本实施“技术立

① 陈劲，阳银娟．管理的本质以及管理研究的评价[J]．管理学报，2012(2)：172-178.

国”战略，大力引进国外先进技术，迅速推动了产业结构升级。如1950—1975年，日本共引进了30多万件技术，而日本各产业部门从国外引进技术的费用同消化、吸收和创新的费用之比平均为1∶7，实现了“一号机进口，二号机国产，三号机出口”的技术创新模式。① 不仅传统产业素质迅速升级，而且催生了新兴产业发展，产业结构有效高级化，而且在全球价值链分工位置上也有了大幅提升。如日本在20世纪60年代，技术贸易收支比年平均11%(即技术出口是进口的1/10)，90年代已经居于100%以上了(开始向外出口产业技术)，2017年知识产权使用费顺差达到204亿美元，是全球仅有的两个顺差国之一(另一个为美国)。随着日本产业结构的升级，日本在20世纪80年代开始逐步将劳动密集型产业向韩国、东南亚和中国沿海地区转移，推动了日本企业的产业价值链升级。

(2)强化知识产权保护，促进技术密集型产业发展。与技术引进相配合，日本1988年前的专利制度有效鼓励了技术的扩散和模仿创新，在促进累积性创新方面非常有效，特别是早期的公示制度，对于日本在赶超阶段的经济增长贡献不小(Maskus和McDaniel，1999)。② 进入21世纪后，日本开始实施“知识产权立国”战略，进一步推动了电子信息产业、生物产业、节能环保产业的迅速发展。目前，通过“全国实施知识集群”来整合和利用各地的研发资源和生产技术潜力，促进官产学合作、创造新产业。当前，日本将机器人、新一代汽车、飞机、碳纤维、IPS再生医疗、生化医药和新化学产业作为重点发展领域。③

(3)整合传统文化作用，形成许多管理创新成果。基于传统文

---

① 杜婧华，赵军．日本科技立国战略的演变及启示[J]．发展研究，2007(6)：44-46.

② Maskus，Keith E，Christine Mc Daniel. Impacts of the Japanese Patent System on Productivity Growth [J]. Japan and the World Economy，1999(11)：557-574.

③ 黄群慧，贺俊等．真实的产业政策——发达国家促进工业发展的历史经验与最新实践[M]．北京：经济管理出版社，2015：99.

化的运用，日本企业在管理创新方面先后发明了如下包制、丰田"JIT"(及时生产)、终身雇佣制、年金序列制、内部工会制、事业部制、全面质量管理、合理化建议制度等管理创新，一些杰出的管理创新成果甚至影响到了全球。如日本企业发明的"大企业作为发包方，中小企业群作为下包方"的下包制，使得日本汽车企业只有25%的零部件由本公司生产，其余从中小企业采购并向其提供技术专家帮助改善产品质量和工艺，推动了日本汽车的产业素质升级。又如日本企业的"合理化建议制度"等管理创新，坚持让最底层员工发挥首创精神，提出合理化的建议，促进了产业效益提升。日本大约有60%的企业推行"合理化建议制度"，仅1981年采纳建议的经济效益就高达2800余亿日元。①

(4)加强教育培训，提升员工职业技能。企业对员工培训高度重视，"高水平的通识教育和科学文化与企业通过实践锻炼和知识技术的频繁更新相结合，是构成日本劳动力具备高灵活性和高适应性的基础"②。在员工职业培训中，日本企业特别重视企业文化的灌输，尤其是结合禅文化的熏陶，这也是日本企业的显著特色。如日本大企业有20%～30%信奉稻荷神，中小企业则信奉各自行业主神。如松下的企业制度中就有一条规定"新员工一律先到寺院中打坐和抄写佛经"③。

表2.1　**20世纪70—80年代日本主要产业技术收支比变化(%)**

年份	汽车产业	通信、电子、电气计测器产业	化纤产业	医药产业	钢铁产业	其他产业	全部产业
1971	36.1	13.6	29.1	23.2	74.6	15.4	20.2

① 肖玲，龚坚．企业要重视合理化建议[J]．江西财经学院学报，1984(4)：138-140.

② [英]克里斯托夫·弗里曼．技术政策与经济绩效：日本国家创新系统的经验[M]．张宇轩，译．南京：东南大学出版社，2008：35.

③ 张正军．日本企业的精神价值文化——以企业人士的宗教信仰为中心[J]．宁波大学学报，2007(3)：67-72.

续表

年份	汽车产业	通信、电子、电气计测器产业	化纤产业	医药产业	钢铁产业	其他产业	全部产业
1975	30. 8	23. 9	104. 8	23. 0	196. 9	24. 8	99. 4
1980	81. 5	37. 8	152. 4	29. 4	222. 6	58. 2	66. 6
1985	228. 2	69. 4	145. 9	99. 9	557. 6	56. 5	79. 9
1989	1145. 7	63. 6	126. 7	88. 0	451. 7	65. 1	99. 8

资料来源：姚勇．浅析日本30年间技术贸易对外贸易与经济增长的关系[J]．现代日本经济，1998(1)：20-22.

韩国。韩国创造了“汉江奇迹”，1961—1997年，37年GDP年均增速9.3%，直接从一个落后的农业国升级成为新兴的工业国，并且在电子产业方面已经跃居全球前列，拥有许多值得学习的经验。

(1)制定系统产业升级政策，推动产业不断升级。韩国的主导产业更替顺序是：纺织工业→钢铁、机械、化工→汽车、家电→电子工业等，在产业升级的过程中韩国政府形成了系统的产业政策体系，将明确产业政策目标与系统的配套政策结合起来，构成了“官民协调体制”，推动了新兴产业发展和技术创新，使得韩国在短短的30年间就从一个农业国成功地先后转变为轻工业国、重化工工业国、后工业化国家。2009年，韩国一方面推出《新增长动力规划及发展战略》，确定三大领域(绿色技术产业、高科技融合产业和高附加值服务产业)17个产业作为新动能发展方向；另一方面对纺织、钢铁、石化、汽车、造船等传统产业通过产品精深加工和多样化，提升附加值(黄群慧、贺俊等，2015)。

(2)加强融资支持，为企业技术创新提供良好资金支持。从20世纪60年代开始，为了保证新兴产业发展或者产业结构升级需要，政府就直接实施贷款配额制度，向重点产业或者重点企业进行贷款分配，以保证企业技术创新中的融资需求。如韩国的政策性银行向企业的技术开发、新产品试制等提供长期的、低息贷款。而韩国技术银行等风险投资机构更是向企业技术创新活动提供年利率为6%的3年期融资贷款(一般银行的贷款利率则高达12%),① 这种贷款到期后，项目如果有效益则还贷，如果没有效益或者失败了还可以申请免还。为了筹措资金，政府同意韩国技术银行向社会发行技术彩票，用以补偿银行的失败研发项目所造成的亏损。

(3)强调财税扶持，鼓励企业技术创新。为了扶持企业在新兴产业内的技术研发，韩国政府提供了大量财政补贴和税收减免以激励企业进行R&D。如从1963年到1987年，用于科技发展方面的投资增加了240多倍，R&D经费占GDP比重从0.24%提高到2.2%,② 2016年进一步提升到4.23%，居全球之首。1985年韩国政府支持三星、金星和现代三大半导体公司联合成立研究合作组，并提供了600亿韩元的技术研发费用，占政府全部研发费用的32%。依靠强大的财税扶持，攻克了产业共性技术瓶颈，研发出了64K DRAM半导体，并迅速开发出了1M、4M、16M半导体，并在1992年全球首次开发了64M DRAM半导体，从而使得以三星为代表的电子产业占据了世界电子产业的高端。依靠技术优势，韩国电子产业在全球价值链分工位置上从装配加工环节向生产研发环节和品牌营销环节实现成功提升，韩国电子产品畅销全球。如图2.1所示，韩国高科技产品占制成品出口2016年达26.58%，居全球第一。

(二)进取型(高结构+低效益转换)：中国、印度

中国和印度是新兴国家中发展成绩最显著的两个国家，分别在制造业、服务业方面不断实现产业结构升级，形成了高结构+低效益转换的典型。

中国。改革开放以来，中国经过经济体制改革，激发企业创新

① 中国税收科研代表团．韩国运用产业和税收政策促进经济发展经验之借鉴[J]．涉外税务，2005(2)：45-49.

② 巫宁耕．亚洲“四小龙”的致富之路[M]．北京：机械工业出版社，1988：131.

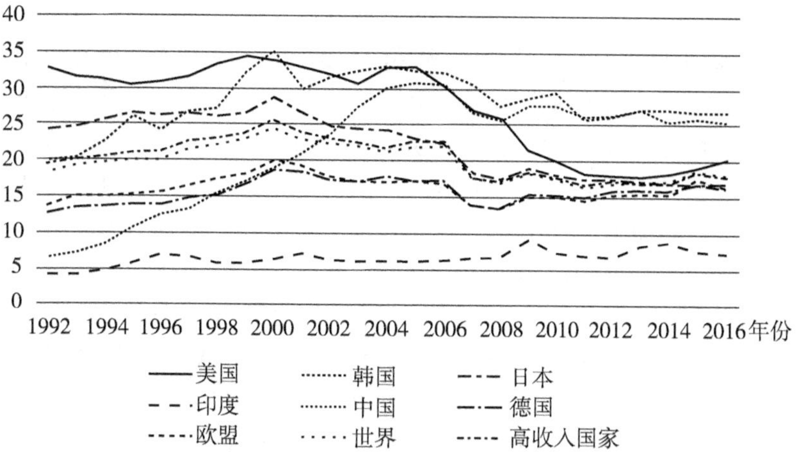

图 2.1 高科技出口占制成品出口的比重(%)

资料来源：https：//data. worldbank. org. cn.

动力，产业结构中的工业占比不断提升，迅速从一个落后的农业国转变为“世界工厂”，客观形成了高结构+低效益的新旧动能转换模式。

(1)产业结构快速升级，结构转换明显。依靠人口红利、资源和环境要素，中国产业结构快速升级，迅速从一个农业大国成长为全球第一大制造业大国。2010—2017 年，工业制品在出口总额中的占比持续攀升并保持在 95%左右。① 随着劳动密集型向资本密集型产业、技术密集型产业的发展，我国高科技产品出口比例也在全球范围处于领先水平。根据世界银行数据，1992 年中国高科技产品出口占制成品出口比例仅为 6.44%，到 2016 年已经达到 25.44%，而 2016 年世界、中等收入国家、高收入国家平均水平分别为 17.88%、18.19%、17.81%。主要经济体中，2016 年高技术产业增加值占 GDP 比重最高的是中国(5%)，其次是韩国(近

① 李迅雷．做好加工贸易中国同样可以崛起[N]．摩根财经网，2018-09-14.

5%)、美国(3%)，德国、日本、英国都是2%，其他大国都在1%以下。①

(2)制造业“大而不强”，效益转换偏低。目前，出口产品国内增加值占比偏低折射出中国在全球价值链的“垂直分工”地位仍旧偏低，且高技术产品贸易出口仍以外商独资企业和中外合资企业为主，2016年所占比重为66.4%。② 从附加值来看，目前中国出口总值国内增加值占比为67.8%，而同期的日本、美国等成熟的制造业发达国家分别达到了85.3%、85%(OECD，2018)。③ 如一部iPhone手机的总价值中，仅有1.8%的价值来自中国(董虹蔚等，2017)。从劳动生产率来看，虽然我们GDP在全球占第二，但劳动生产率落后。2015年，我国单位劳动产出只有7318美元，仅相当于世界平均水平的39.6%、美国的7.4%、日本的9.6%、欧元区的10.7%。④

(3)创新不足，制约新旧动能转换。2018年，工信部调研显示，32%的关键材料在中国仍为空白，52%依赖进口，绝大多数计算机和服务器通用处理器95%的高端专用芯片、70%以上智能终端处理器以及绝大多数存储芯片依赖进口；高档数控机床、高档装备仪器、运载火箭、大飞机、航空发动机、汽车等关键件精加工生产线上，逾95%的制造及检测设备依赖进口(见表2.2)。⑤ Dernis(2015)研究指出，目前全球34个重要产业技术领域，中国仅在通

---

① 刘世锦．中国经济增长十年展望(2017—2026)：老经济与新动能[M]．北京：中信出版社，2017：108.

② 科技部．2016年我国高技术产品贸易状况分析[R]，2018-04-02.

③ 李长安．中国扩大开放是全球经济的重大利好[N]．灼见，2018-04-10.

④ 国家统计局国际统计信息中心．国际比较表明我国劳动生产率增长较快[N/OL]，2016-09-01.

⑤ 辛国斌．130多种关键基础材料中32%在中国仍空白[N]．澎湃新闻，2018-07-17.

信、基础通信、电信、计算机技术 4 个领域有着较大的显性技术优势。① 在此背景下，仅 2017 年我国知识产权收入逆差即达 239 亿美元。

表 2.2　　**我国高端精密关键零部件对外依存度情况**

<table>
<tr><th colspan="2">零部件名称</th><th>主要进口国</th><th>进口所占份额(%)</th></tr>
<tr><td rowspan="3">乘用车</td><td>自动变速箱(含 CVT)</td><td>德国、美国、日本、意大利</td><td>100</td></tr>
<tr><td>CVT 无极变速器</td><td>德国、日本</td><td>95</td></tr>
<tr><td>CVT无极变速器专用链条、钢带</td><td>德国、日本</td><td>100</td></tr>
<tr><td>汽车发动机</td><td>高端发动机正时链系统</td><td>日本、德国、美国</td><td>100</td></tr>
<tr><td rowspan="2">高速列车</td><td>高铁齿轮转动箱</td><td>德国、日本、法国</td><td>90</td></tr>
<tr><td>制动装置</td><td>德国、日本</td><td>100</td></tr>
<tr><td>工程机械</td><td>大功率液力变轨调速齿轮装置</td><td>德国、法国、日本</td><td>90</td></tr>
<tr><td>核电</td><td>蜗壳循环泵大型行星传动装置</td><td>德国、英国</td><td>98</td></tr>
<tr><td>新能源</td><td>风电密封、核电密封、水电密封</td><td>德国、日本、法国、美国</td><td>90</td></tr>
<tr><td>机器人智能装备</td><td>RV 齿轮减速器</td><td>日本</td><td>90</td></tr>
</table>

资料来源：国家发展和改革委员会产业经济与技术经济研究所．中国产业发展报告 2017——迈向中高端的产业发展[M]．北京：中国财经出版传媒集团，经济科学出版社，2017：74.

印度。目前发达国家服务业增加值占 GDP 的比重已经接近或超过 70%。但印度作为发展中国家，并没有走传统的农业为主—工业为主—服务业为主的产业结构升级模式，而是依靠廉价劳动力多、人口自由流动等优势大力发展劳动密集型的服务业，支撑起了

① H. Dernis, M. Dosso, F. Hervás, V. Millot, M. Squicciarini, A. Vezzani. World Corporate Top R&D Investors: Innovation and IP bundles[R]. Luxembourg: Publications office of the European Union, 2015.

经济的半壁江山，甚至赢得“世界办公室”美誉。

(1)服务业在三次产业结构中比例高，但工业基础薄弱。20世纪90年代以来，印度的服务业快速发展，逐步超过农业和工业，成为国民经济的支柱产业。2017年，印度的第三产业占51.3%，而工业占比约30.7%，不仅远低于中国、早人口红利国家，甚至比世界平均水平还低(如图2.2所示)。印度作为全球劳动力增长速度最快的国家，却只有大约5%的工人获得了正规的技能培训，大量低素质劳动力使得印度本土产生了大量的劳动密集型服务业企业。①

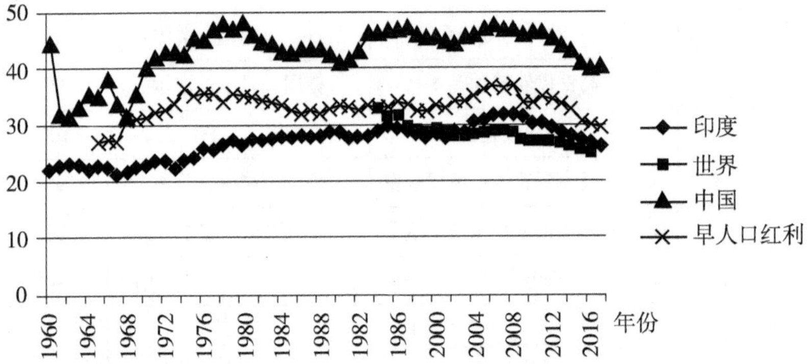

图2.2 印度、中国、早人口红利国家及世界工业占GDP比重

资料来源：https：//data.worldbank.org.cn.

(2)IT服务外包在服务业结构中比例高，但处于价值链低端。印度服务经济发展十分全面，IT服务外包行业全球闻名，以跨国公司软件设计等信息技术服务业务为主，业务范围涵盖信息技术、金融、制药、工业设计等。1991年印度经济改革以来，历届政府均将IT产业作为优先发展产业，目前已占领了全球软件外包市场的三分之二，代工了欧美互联网公司的软件程序的90%，出口到

① 范黎波，刘瀚龙．印度服务经济的启示：寻找中国服务业的新思路与方向[J]．清华管理评论，2016(7)：90-97.

全球100多个国家和地区，成为全球第二大IT出口国。① 2017年印度IT企业总收入约1600亿美元，雇员接近400万人，已然成长为印度经济发展的新动能。但在国际产业分工方面，印度IT服务业总体上仍是小配角，电话客服、堆砌代码、数据录入、呼叫中心、软件测试、软件组装及维护等“传统服务”、末端环节占据了印度IT全部营收的85%到90%，在价值链上享有的附加值比例不高。

(3)产业升级的技术创新储备不够，新动能持续性不强。主要表现在3个方面：人才流失严重，印度留美学生回国的大概只有7%，而中国同类数据已接近80%；② 技术创新不够，印度IT产业建立并维持了一个简单的“劳动力套利”模式，在技术开发或产品研发上投入过少；产业迭代缓慢，2000年以来印度IT产业已占全球软件市场三分之二，然而印度本土没有诞生一家互联网巨头，没有产生任何新的业态模式，普华永道公司“2016年全球软件百强企业”排行榜中，印度无一家企业入选。目前，在大数据分析的应用、数字化的转型、自动化和人工智能的新技术冲击及美欧关税壁垒下，印度IT产业增速下滑。印度国家软件与服务公司协会报告显示，2016年印度软件外包产业总值同比下降10%，2017年印度IT产业裁员高达5.6万人。麦肯锡(McKinsey)估计，到2020年新技术可能会使得印度IT劳动力中的三分之二“变得无关紧要”。③

(三)稳健型(低结构+高效益转换)：欧盟国家

欧盟国家在进入工业化后，尤其是21世纪以来产业结构较为稳定，变化不大，与美、日、韩、中等相比，属于“低结构+高效益”的动能转换型。2006—2010年，欧盟27国制造业中2/3的就

① 苑基荣．印度外包产业走到十字路口[N]．人民日报，2018-01-18.

② 佚名．印度IT的另一面：精英多流失到美国本土IT跛脚发展[N]．上海证券报，2018-06-12.

③ 乐邦译．奇迹过后，印度繁荣的IT产业终于停滞不前了吗[N]．网易科技，2018-06-15.

业集中在中低技术产业，而德国大约50%的产业工人在中低技术产业就业。① 在互联网、大数据、云计算、区块链、电子商务等新业态、新模式领域，欧洲落后美国、中国较大。如2018年全球“数字经济百强企业”榜，欧洲只占13%(如表2.3所示)；② 目前全球359家独角兽企业中，英国、德国合计不到20家。欧盟中德国最为典型，故本章以德国为例，来阐述这种新旧动能转换模式。

表2.3 **《福布斯》2018年全球“数字经济百强企业”榜**

国家和地区	美国	中国(含台湾地区)	日本	韩国	欧洲(其中：德国)	其他地区
数量	49	22	5	4	13(3)	7
比重	49%	22%	5%	4%	13%(3%)	7%

资料来源：李明.《福布斯》全球“数字经济百强”：22家中国企业上榜[N].新浪科技，2018-09-21.

(1)产业结构始终处于较为稳定的状况，结构转换较慢。从1991年以来，德国三次产业结构就非常稳定，制造业占GDP比重一直维持在20%左右(2016年为20.64%)(见图2.3)，远高于美国(11.6%)以及欧盟15国(14.32%)，与日本(21.05%)几乎相当。虽然第三产业目前占GDP比重达到68%，但是吸纳的就业人数达到71.5%，而工业吸纳就业人数下降，恰恰反映了德国制造业持续进行着产业素质升级。目前，德国制造业门类齐全，形成了汽车、机械制造、化工医药、电子电气、新能源和环保五大优势产业。但在移动互联网、大数据、云计算、人工智能等新产业业态方面，德国涉足不多。从高科技出口占制成品出口的百分比可以看出来，2016年德国制成品出口中高科技产品比重为16.9%，而世界

① [德]奥利弗·索姆，等.德国制造业创新之谜[M].工业40研究院，译.北京：中国工信出版集团，2016：21.

② 李明.《福布斯》全球“数字经济百强”：22家中国企业上榜[N].新浪科技，2018-09-21.

平均水平是 17.9%，中国 25.2%，美国 20.0%，韩国 26.6%。

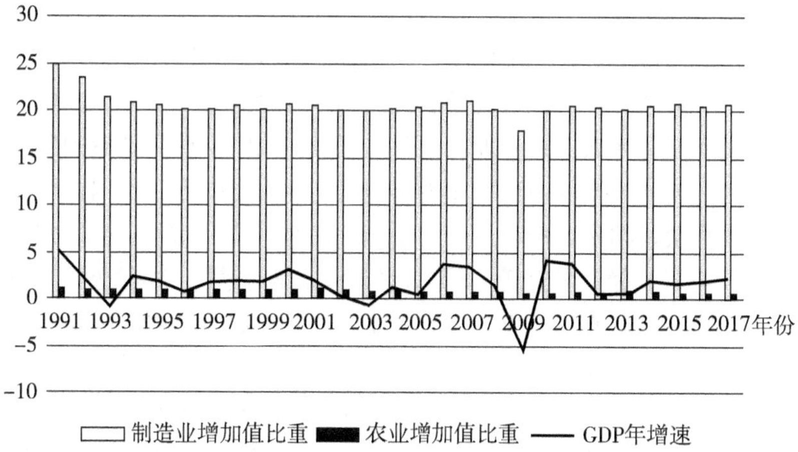

图 2.3 德国 1991—2017 年制造业、农业占 GDP 比重及 GDP 年增速

资料来源：https：//data.worldbank.org.cn.

(2)传统产业转型升级是德国新旧动能转换的基本面，效益转换明显。德国近 30 年来，产业结构基本保持稳定，但是新旧动能转换仍然在持续推进。根据费劳恩霍夫系统和创新研究所的研究结论，2007 年德国非研发密集型产业增加值占总增加值的比例为 41%，大部分中低技术企业将创新的重点集中在工艺创新、组织创新上。① 在传统产业中的食品和烟草、纺织品和皮革、木材、造纸和出版、焦炭、精炼石油及核燃料、橡胶和塑料加工、玻璃和陶瓷、基本金属、金属加工、家具等非研发密集产业，企业更加重视熟练工人、与供应商及客户的创新合作的作用，持续性地对已有产品的材料、功能、质量方面进行逐步改善，从而与不断变化的客户需求保持一致，追求精益求精、高品质、高附加值。调查显示，集中在传统产业里的德国“隐形冠军”企业有 1300 多家，占全球“隐

① ［德］奥利弗·索姆，等．德国制造业创新之谜［M］．工业 40 研究院，译．北京：中国工信出版集团，2016：2，44.

形冠军”企业总数的 48.15%，其税后销售利润率达 8%、净资产收益率达 25%(2017 年世界 500 强的销售收益率为 6.3%，净资产收益率为 10.9%)。①

(3)德国管理创新对推动德国传统产业转型升级作用突出。研究显示，追求完美、严谨的民族性格，职业教育及工会组织，历史悠久的研发体系及家族企业，硬件自动化+软件信息化是德国制造业常青的四大独特基因。② 通过推进职工“共决”机制③(监事会、职工委员会、协定工资)、职工“共有”政策(员工股票、雇员贷款、股票选购权、静默参资等)④等管理制度创新，员工对企业的归属感大大提升，能够专心钻研工艺技术。重视质量、品牌，德国企业花大精力研制开发新工艺、新技术和推进工业标准化，绝大多数企业实施了全面质量管理计划。德国 90%以上的标准被欧洲及世界各国采用。⑤ 大力推进“双轨制”的职业培训，⑥ 大大提升了职工职业技能和理论素养。如德国法律规定，成年人如被企业录取为学徒，首先得进行 3 年的双轨制教育培训。2011 年，“双轨制”职业培训占整个职业培训的 70%。

(4)工业 4.0 战略将会持续助推德国新旧动能转换。德国工业 4.0 战略本质上是努力将价值链上所有的企业、产品、服务和资源

① [德]赫尔曼·西蒙. 隐形冠军：未来全球化的先锋[M]. 张帆，等，译. 北京：机械工业出版社，2017：293.

② 华泰证券. 德国工业 4.0 产业链调研报告[R]. 2016-10-10.

③ 所谓“共决”就是指雇员参与决定企业的重大事务，由《共同决定法》(1951 年)、《雇员共同决定法》(1976 年)等一系列法律赋予职工的权力，是德国特定的历史和社会条件下的产物。包括大型企业劳资双方要成立监事会，5 人以上企业必须建立职工委员会，劳方与雇主协会实施协定工资等内容。

④ 殷桐生. 德国经济通论[M]. 北京：社会科学文献出版社，2017：443.

⑤ 殷桐生. 德国经济通论[M]. 北京：社会科学文献出版社，2017：457.

⑥ “双轨制”职业培训是德国实行职业教育的主要特点，即学员一般每周在企业接受 3~4 天实践教育，在职业学校接受 1~2 天理论教育，企业是技能培训的主体，职业学校的教育服务于企业培训。

进行互联互通，提升资源利用率和效能、降低价值链成本、建立数字商业模式等，最终实现客户价值最大化。调研显示，德国企业未来 5 年在工业 4.0 上的投资将占其所有资本投资的 50%以上，到 2020 年德国企业每年在工业 4.0 上的投资将会达到 400 亿欧元，企业 80%的价值链将实现数字化(普华永道等，2015)。① 而目前，德国中小企业已有 57.2%开始推进工业 4.0 项目。② 可以预见，德国企业在工业 4.0 上投资的持续强化，将会不断地为德国新旧动能转换提供助力。

表 2.4　　**德国工业 4.0 战略的主要内容及特征**

指标	内容
本质与核心	以智能制造和智能服务为标志的生产方式的革命，是数字化、智能化、网络化的制造和服务
主要内容	一个网络(物联网系统 CPS)，四大主题(智能生产、智能服务、智能工厂、智能物流)，三项集成(端到端集成、纵向集成、横向集成)，八项计划(标准化和参考架构、管理复杂系统、工业宽带基础、安全和保障、工业的组织和设计、培训和再教育、监督框架、资源利用效率)
基本特征	“自下而上”的业界倡议与“自上而下”的政府顶层设计相结合、基于终端的需求导向、以人为中心(管理者、生产者、员工、用户等)、大生态系统(不仅是一个流水线或车间，而且是涵盖设计、采购、制造、营销和服务的全流程生态圈)
主要趋势	从数字化工厂到智能工厂、从企业内部集成到企业间集成、从单一封闭平台到跨行业开放平台、从生产型制造到服务型制造

① 普华永道，思略特．工业 4.0：工业互联网的机遇与挑战[R]．2015，转自华为公司．ICT 新视界[J]．2015(14)．

② 国务院发展研究中心课题组．借鉴德国工业 4.0 推动中国制造业转型升级[M]．北京：机械工业出版社，2018：11.

续表

指标	内容
支撑体系	标准体系、工业4.0平台、数字化设计和精益管理、人才教育与职业培训
核心技术	物联网、云计算、大数据、机器人、3D打印、自动化、软件、网络安全、虚拟现实、人工智能

资料来源：国务院发展研究中心课题组．借鉴德国工业4.0推动中国制造业转型升级[M]．北京：机械工业出版社，2018.

（四）滞后型（低结构+低效益转换）：拉美国家

“拉美城市化陷阱”、“拉美中等收入陷阱”等名词代表着拉美国家经济发展中的停滞与衰退。事实上，从20世纪50年代至70年代，拉美许多国家大力推进进口替代战略，取得了相当大的成功，工业化比重不断提升、城镇化比率也逐年升高，经济增长率非常可观，素有“拉美奇迹”之美誉。如据统计，在此期间拉美国家工业年均增长率高于8%，GDP年均增长近6.5%，拉美国家大部分进入了中等收入国家。

然而，由于拉美国家推行的“新自由主义”改革方案忽视了企业创新，使得拉美地区的企业创新动力和能力全面下降，创新环境逐渐恶化，导致产业升级受阻，使得工业增长缓慢、产业升级滞后，居民就业与收入、城镇化质量、犯罪等问题不断出现，拉美也由此进入了“中等收入陷阱”而难以自拔。

如1965年拉丁美洲和加勒比沿海地区（不包括高收入地区）的制造业占GDP比重就已高达20.86%，但由于缺乏产业升级，新旧动能转换不畅，到了2017年制造业占GDP比重仅为12.46%，完全陷入了依靠原材料出口的经济增长模式。

区域文化也是影响拉美创新能力的重要方面。世界银行针对全球58个发展中国家或地区的实证研究发现，劳动力受教育程度平均每增加一年，就可提高3%的GDP。[①] 东亚地区长达数十年的经济高增长就离不开东亚国家对于国民教育的重视和高投入。相反，拉美典型的、不利的价值观就是忽视教育，拉美人认为“女孩子不需要真正的教育，只要结婚即可；男孩则最好去工作，以帮助养活家庭”。美洲开发银行的研究报告进一步认为，教育是拉美地区面临的最严重问题之一，也是影响拉美地区的企业创新能力的重要因素之一。

拉美陷阱的原因有许多解释，但从企业创新来看，缺乏有效的技术进步和创新则是关键因素。东亚模式与拉美模式在经济增长率与创新成果上的差异如表2.5所示。

表2.5　　**东亚和拉美在经济增长率和创新方面的比较**

	1980—1984年	1985—1989年	1990—1994年	1995—1999年	2000—2004年	2013—2017年
	GDP增长率的比较(%)					
东亚和太平洋地区	7.2	7.8	9.4	6.8	7.2	4.34
拉美和加勒比海地区	1.4	2.2	3.6	2.4	2.2	1.02
	每10万人专利数(个)					
东亚和太平洋地区	/	/	18.82（1994年）	/	25.88（2004年）	71.23（2016年）
拉美和加勒比海地区	/	/	0.90（1994年）	/	1.08（2004年）	1.35（2016年）

资料来源：整理自印德尔米特·吉尔，霍米·卡拉斯．东亚复兴：关于经济增长的观点[M]．北京：中信出版社，2008：49，151；世界银行数据库。

① 林淑周．浅析传统文化对经济发展的影响与作用[J]．桂海论丛，2007(3)：87-89.

二、新旧动能转换的成功经验

历史学者伊曼纽尔研究指出，全球到目前为止，共出现了3个具有世界性影响力的大国，17世纪崛起了荷兰，18—19世纪崛起了英国，20世纪则崛起了美国(如表2.6所示)。[①] 事实上，荷兰、英国以及美国是研究大国崛起的关键对象之一。并且荷兰、英国和美国分别代表了农业经济时代、工业经济时代和知识经济时代新旧动能转换最成功的先行者，且分别实现了从农业国向商业国、商业国向工业国、工业国向后工业国的转换，故此选用这三个国家。

表2.6　**全球霸权国家周期表**

霸权的权力	哈布斯堡王朝	荷兰(联合省)	英国	美国
崛起中的霸权	1450—	1575—1590年	1789—1815年	1897—1913年
霸权的胜利	/	1590—1620年	1815—1850年	1913—1945年
霸权的成熟	—1559年	1620—1650年	1850—1873年	1945—1967年
衰落的霸权	1559—1575年	1650—1672年	1873—1897年	/

资料来源：[美]金德尔伯格．世界经济霸权：1500—1990[M]．北京：商务印书馆，2003：78.

(一)管理创新助推荷兰成为“海上马车夫”

房龙在《荷兰共和国兴衰史》中写道，“正如世界上其他地方一样，农业生活的缺乏使尼德兰较早地引进了经济制度，这有利于整

① 温俊萍．经济史视野中的大国崛起——基于荷兰、英国和美国的经验[J]．史林，2008(4)：167-173.

个国家”。[①] 这里的“经济制度”很多是荷兰人的管理创新，如公司制、现代会计制、现代银行制度、股票市场制度等企业管理创新，从而大大推动了荷兰的经济发展和产业升级：从农业经济为主升级到了以商业和国际贸易为主，并且占据了国际贸易价值链的顶端，成就了“海上马车夫”的辉煌地位。正如马克思在书中所写：荷兰几乎独占了东印度的贸易及欧洲西南部和东北部之间的商业往来。它的渔业、海运业和工场手工业，都胜过任何国家。这个共和国也许比欧洲所有其他国家的资本总和还要多。[②] 虽然荷兰兴盛也有技术创新的因素在里面，如发明了鳕鱼腌制法、荷兰纺织机、造价低廉的运输船，但是最为重要的是荷兰的企业管理创新，从根本上推动了荷兰经济的兴盛和产业升级，实现了荷兰从农业经济向商业经济的新旧动能转换。

1. 荷兰管理创新与对外贸易的蓬勃发展

荷兰地势低洼、资源贫瘠，但是具备靠海的良好地理区位以及分权的体制优势。虽然远洋贸易利润惊人，但是战争、天气导致的风险巨大。直到 1511 年，荷兰沿海的弗里斯兰乡村尚无专业手工匠人，更无乡村工商业。随着一系列适应“地理大发现”后殖民扩张与海外贸易的高风险与高收益需要的管理创新出现，荷兰海外贸易蓬勃发展，迅速完成荷兰农业经济向商业经济的新旧动能转换。荷兰海外贸易的繁荣，迅速推动了造船、捕鱼加工、榨油、造纸、制绳、陶瓷、制砖、软料加工、纺织、泥炭采掘、水利工程、交通运输及商业的发展。据估算，荷兰各省区的在乡非农业人口占当地乡村总人口的三分之一或一半左右，与国际或国内贸易有关的交通运输业、造船业及其他乡村工业成为主业（如表 2.7 所示）。[③]

① ［美］房龙．荷兰共和国兴衰史［M］．施诚，译．石家庄：河北教育出版社，2001：4.

② 马克思恩格斯选集（第 2 卷）［M］．北京：人民出版社，1995：256.

③ 陈勇．商品经济与荷兰近代化［M］．武汉：武汉大学出版社，1990：11.

表 2.7 荷兰近代产业就业结构表

地区	年代	各产业就业占总人口比重				
		农业	工业	商业交通	其他职业	非专业性劳动者
荷兰省北部	1811	35	38	16	9	2
弗里斯兰	1749	44	27	18	9	2
韦吕沃地区	1749	47	27	17	6	2
奥弗赖赛尔	1795	46	36	12	5	2

资料来源：整理自陈勇．商品经济与荷兰近代化[M]．武汉：武汉大学出版社，1990：40.

(1)企业管理与财务制度创新。1602 年荷兰东印度公司所形成的公司制，靠募集股金建立、具有法人地位、由董事会领导下的经理人员来经营等。股东大会选举 60 名股东形成董事会，选举 17 人组成经理会，股东大会-董事会-经理会形成企业的最高权力机构-决策机构-执行机构。这种公司制度确立了股东有限责任，适应了航海贸易的高风险特征；同时发行股票和允许股票转让，又让海外贸易风险能够转移和分散，也为海外贸易提供了融资渠道。荷兰企业发明的现代会计财务制度，责任明确、分工完善、保证透明，确保了整个公司的顺利运转。这种会计制度一方面有利于维护公司的健康发展，另外一方面也推动了诚信、信用意识的培育，对于荷兰国际贸易发展功不可没。

(2)企业间接与直接融资制度。1609 年，荷兰人在阿姆斯特丹创办了威索尔银行，将意大利的借贷两方的记账制度、合伙公司、存单以及股票债券等金融萌芽加以集成创新，创立了集货币发行、存储和交易为一体的银行制度，便捷了贸易商的融资。① 1610 年，进一步创设了阿姆斯特丹交易所，为贸易公司股票发行、交易服

① 乔润令．历史上荷兰与山西商人的兴与衰[N]．中国商界，2009-09-09.

务，创立了股票直接交易、证券经纪人交易、期货交易(白兰地交易)等新型投融资制度。①

(3)货物的分类与标准化管理。荷兰企业将货物运到阿姆斯特丹后，会对货物进行分类、检查、定级和重新包装，再由经销商转销海外。这种企业管理创新，极大地降低了其他国家贸易商的检查成本和转运成本，保证了货物质量，使得荷兰商人的货物畅销海外。如荷兰“商品的名声在国外一直很好，购买者均不开箱验货，就按标准接收货物”。②

基于以上企业制度、投融资的管理创新，荷兰海外贸易迅速发展壮大，在欧洲国家中名列第一。到 17 世纪中期，荷兰的东印度公司已经下设 15000 个分支机构开展国际贸易，其贸易额达到全球总贸易额的 50%，荷兰籍商船已经巡游在全球 5 大洋了。

2. *荷兰新旧动能转换的成功经验*

(1)鼓励企业家精神。萨伊、马歇尔和熊彼特都认为，企业家及企业家精神是推进技术创新和产业演进的重要因素，可以理性决策来克服劳动契约的不完全性、生产函数的不确定性、信息的有限获得以及要素资源的稀缺所导致的低效率配置所形成的“X 无效率”，③ 实现资源的优化配置。正是由于混合着宗教宽容和解思想、商业传统和航海冒险精神的一大批企业家，荷兰才在航海大冒险时代脱颖而出。

(2)加强创新人才引进。荷兰早期崛起中，非常重视外来技术工人和商人。仅 1575—1619 年间，来自比利时、法国和德国等国的移民占荷兰新市民的比重为 75%，④ 这是荷兰能够吸收国外先进

① 聂庆平．金融创新、金融力量与大国崛起[N]．中国证券报，2008-05-20.

② [美]金德尔伯格．世界经济霸权：1500—1990[M]．北京：商务印书馆，2003：146.

③ H. Leibenstein. Allocation Efficiency vs. “X Efficiency”[J]. American Economy Review, 1966.

④ 陈勇．商品经济与荷兰近代化[M]．武汉：武汉大学出版社，1990：54.

的金融技巧、推进管理创新的重要原因。

(二)技术创新撑起英国成为"日不落帝国"

从17世纪打败西班牙后，英国逐渐成为世界上最强大的国家，借助于第一次工业革命，英国在全球历史上称雄了近300年时间，建立了"日不落帝国"。

1. 英国技术创新层出不穷与新兴产业的蓬勃发展

"世界工厂"地位的确立离不开纺织、采矿和钢铁等新兴产业的出现和发展，而这些产业的勃兴是以层出不穷的技术创新为基础的。数据显示，1500—1799年间，英国科学技术发展占世界总数的25%,① 正是强大的技术创新基础，才推动了工业革命出现，进而奠定了"世界工厂"的地位。以下结合史料，重点分析纺织、采矿等产业升级以及背后的技术创新动力。

(1)技术创新与纺织产业的勃兴。棉纺织工业是机器发明的摇篮，也是英国工业革命的第一步。1733年凯伊发明"飞梭"，使得织布效率提升一倍，棉纱的生产供不应求，诱发了带自动纺筒的卷轴纺车、"珍妮"纺纱机、水力纺纱机、"骡机"等先后发明，1830—1880年间，英国棉纱产量增加了1000倍。纺纱效率的迅速提升，又刺激了马力织布机和蒸汽力织布机的发明，织布效率提高了10倍。② 这一系列技术创新的出现和运用，使得纺织工业的产业素质迅速提升，产业迅猛壮大，很快占据了国民产业结构的大头。统计数据显示，1760—1827年，英国棉纺织业生产增长了近20倍。例如纺织业技术发明的迅速推进(如表2.8所示)，使得英国纺织产品很快称雄全世界，成为世界上最大的棉纺织品出口国。

---

① 杨德才．中国经济史新论[M]．北京：经济科学出版社，2004：26.

② 高德步，王钰．世界经济史[M]．北京：中国人民大学出版社，2001：231-233.

表 2.8　**英国纺织业发明活动的类型(1700—1800 年)**

年份	总数	节约成本的发明	节约原料的发明	改进产品的发明	产品分化的发明	产品开发的发明
1715	2	/	/	1	1	/
1725	3	1	/	/	/	2
1735	6	3	/	1	2	/
1745	3	1	/	1	1	/
1755	9	3	3	1	1	1
1765	33	10	5	9	4	5
1775	33	13	2	2	15	1
1785	26	10	4	2	10	/
1795	33	20	2	4	7	/
1800	19	10	/	3	6	/
总计	166	71	16	24	46	9
占比	100%	42.8%	9.6%	14.4%	27.7%	5.4%

资料来源：整理自杨豫．技术发明的转型是英国工业革命的触发机制[J]．世界历史，1996(4)：18-29.

(2)技术创新与采矿冶炼产业的发展。1782 年瓦特蒸汽机的发明使得煤的使用日益广泛，产生了改善采煤效率的市场需求。因而，在采矿业中先后出现钻探机、钻探锤、钻探车、空压机、蒸汽凿井机、安全灯、硬煤粉碎机、通风机等技术机器的发明。这一系列采矿技术革新和新机器的使用，使得采矿产业迅速成长为英国的主导产业。19 世纪 20 年代，英国硬煤开采量占世界开采量的 87%，居世界第一位。由于机器的使用和采矿效率的提升，刺激冶炼工业的技术革新不断出现：1709 年用煤制焦炭炼生铁技术、1735 年熟铁炼制法、1783 年“搅炼”和“碾压”精炼法先后发明。一系列发明，使得英国钢铁产业迅速壮大。1780 年，英国生铁产量为4万吨，1856年提高到358.6万吨，70年中提高了近90倍。①

(3)技术创新与机器制造产业的诞生。纺织、采矿和冶炼等产业对生产机器的需求，使得机器制造技术的创新连续不断出现，最终产生了机器制造产业。1775年，威尔金森发明了精密镗床使得机器生产能够标准化，最终各种车床、铣床、钻床、蒸汽锤等工作母机不断出现，使得机器制造产业不断成熟和壮大，成为英国最大的产业之一。如蒸汽机、火车头、农业机器、纺织机器、各种工作母机、采矿机器等在欧洲和美国十分畅销，利润丰厚。

(4)技术创新与交通运输产业的发展。一系列改善交通运输效率的技术创新，推动了交通运输行业的产业升级。如铁质船舶技术的发明和改进，推动了英国蒸汽机船制造业的发展；新式筑路法的发明使得公路建设不断加速；铁路技术的发明，催生了19世纪30年代和40年代的两次修建铁路的高潮，到1850年建成了英国铁路网，英国的铁路里程达到9070英里，居全球首位。

以纺织技术、采矿技术、制造加工技术、冶炼技术、交通运输技术等为代表的全新技术体系的建立，迅速推动了纺织产业、采矿产业、机器制造产业、交通运输产业的发展和升级，也使得英国形成了以以上产业为主导产业的"世界工厂"，② 产业结构迅速升级(见表2.9)，新旧动能成功转换。1760—1870年的百余年间，英国的工业生产总量、国民收入分别增长了23倍、10倍。仅占全球人口2%的英国人，其工业生产、采煤产量、生铁产量、贸易总额分别占据全球的32%、51.5%、50%、25%，英国的贸易总额与美国、德国、法国三国总和相当，其资本输出和殖民地数量也居世界第一，成为名副其实的"世界工厂"。③

---

① 高德步，王钰．世界经济史[M]．北京：中国人民大学出版社，2001：234-235.

② 米加宁．产业结构与技术结构的关系——对英国工业革命的考察[J]．自然辩证法研究，1997(9)：58-61.

③ 高德步，王钰．世界经济史[M]．北京：中国人民大学出版社，2001：242.

表 2.9　　英国产业结构变化历程(三次产业比重)

	农业		工业		服务业	
	初期年份	末期年份	初期年份	末期年份	初期年份	末期年份
英格兰和威尔士，1688—1770 年	40	45	21[b]	24[b]	39[b]	31[b]
大不列颠，1801—1841 年	32	22	23[b]	34[b]	45[b]	44[b]
大不列颠，1841—1907 年	22	6	34[b]	40[b]	44[b]	54[b]
大不列颠，1907—1924 年	6	4	46[b]	51[b]	48[b]	45
联合王国，1924—1955 年	4	5	52	56	44	39
联合王国，1960—1977 年	4	3	43	37	53	60

注：b. 即运输、通信业包含在服务业中。

资料来源：王述英．新工业化与产业结构跨越式升级[M]．北京：中国财政经济出版社，2005：422.

2. 英国推动新旧动能转换的政策经验

(1)重视员工培训，努力提升企业创新能力。在工业革命时期，英国为了提高工厂的生产效率，开始注重工人的技术知识培训。早在 1760 年，格拉斯哥大学的安德森教授首创工人教育，至 1826 年英国各大城市和许多中小城镇都设立了职工讲习所，用以给广大非熟练工人传授必要知识，以适应机器大生产的需要。

(2)加强专利知识保护，提升企业创新动力。专利保护是有效杜绝技术发明收益外溢、降低创新风险的手段，而英国是全球最早出台专利保护法案的国家。英国先后颁布了《垄断权条例》(1623 年)、《安娜女王法令》(1709 年)等法案，形成了完善的知识产权保护法律体系。① 与此同时，先后成立英国专利局、英国知识产权保护局、专利地方民事法院(1993)、“反知识产权犯罪小组”

① 李建峰．英国的知识产权保护及其对我国的启示[J]．学习与探索，2007(4)：117-119.

(2004)等，协力全国企业、产业、政府机构和社会来打击知识产权犯罪，降低企业维权成本。

(3)营造良好自由市场竞争环境，鼓励企业创新创业。创新创业作为企业自主行为，其最佳沃土就是自由竞争的市场经济体制环境。英国通过构建私有财产制度、市场调节制度和自由企业制度共同构成了市场经济制度(高德步，1997)。[①] 英国通过立法对产品制造、产品价格、海外贸易等进行规范，推进有序竞争，使得技术创新和管理创新得以成为企业竞争最主要的合法手段，从而推动了企业创新活动。如政府在纺织业中建立了一整套检验员、视察员和监督员制度。

(三)技术及管理创新驱动美国成为"全球领导者"

第一次世界大战前，美国经济就开始逐步赶超英国，如1894年美国的工业总产值为英国的2倍多，德国的近3倍，跃居世界第一。不仅在电气、汽车、石油、化工等新兴部门位居世界首位，而且在钢铁、机器制造等传统行业也跃居世界前列。随着第二次世界大战的爆发和结束，美国的全面经济霸主地位和"全球领导者"角色进一步强化并最终形成。除了战争在其中的重要推动作用外，美国企业的技术创新和管理创新发挥了关键作用。如1800—1899年，美国科学技术发展仅占全球比重不到10%，而1900—1939年，美国科学技术发展已经达到全球比重的31.03%，[②] 1945—2017年美国获得的物理、化学及医学诺贝尔奖数量占全球总和的48.9%。强大的技术创新实力使得美国的新兴产业不断诞生，传统产业改造也快于其他国家，新旧动能转换长期领先世界，"全球领导者"角色开始形成并长期保持。

1. 美国企业的技术创新推动了产业升级

在工业革命后，美国迅速开始学习和引进英国的先进技术，并

① 高德步．西方市场经济三维结构的起源与确立——英国经济史实例考察[J]．中国人民大学学报，1997(3)：16-21.

② 杨德才．中国经济史新论[M]．北京：经济科学出版社，2004：26.

且加以优化改善，从而提升了自己的技术创新能力，得以在第二次工业革命中脱颖而出，最终向资本主义第一强国迈进。如美国工业化前从英国进口的制成品中，86.3%是纺织品。但是由于1807年禁运法案和1812年的英美战争，美国本土的制造业开始发展。如纺织业是美国最早的工业，从英国引进全套技术及装备，到1860年时已经开工了523.6万枚纱锭；钢铁业，美国相继引进了热风炉、焦炭冶炼法等先进技术，到1860年生铁产量已居全球第三；①机器制造业，美国的蒸汽机、机床等主要机器都是从英国引进的，但是美国加以仿制和优化创新，反而后来超过了英国，如农业机器和缝纫机等。如表2.10所示，从1851年开始，美国的发明、发现和创新占全球的比重就开始赶超英国了，随后不断攀升，极大地推动了本国新兴产业的发展、传统产业的改造，使得产业结构和产业素质迅速升级。如据统计，1880—1920在美国联邦政府登记获得专利权的技术发明达112.64万件，平均每年批准28160.8件，几乎是此前20年每年平均批准量的2.7倍。电话、电报、电灯、无线电、自行车、汽车、飞机、轮船等许多新式产品和产业发展起来了。第二次世界大战后，资本主义世界的重大科学技术发明65%是美国研制的，75%首先在美国得到应用；1953—1973年国际上492项重大技术革新中，美国有319个项目，占64.8%；1970年美国的技术出口占英国、法国、意大利、联邦德国、日本五国总和的71.1%，② 2017年美国收取的知识产权使用费占全球比重的34.9%（Wordbank，2018）。基于这些新的技术发明，美国的IT产业、生物产业、航空航天产业等新兴产业迅速发展起来，实现了产业的升级换代，也逐渐从工业经济时代转向了信息经济时代。

① 郑春建．人类文明史——经济卷·从人猿揖别到比尔·盖茨[M]．长沙：湖南人民出版社，2001：109.

② 武汉东湖高新区战略研究院．科技园区金融支撑——高新区投融资研究[M]．北京：人民出版社，2012：37.

表 2.10　根据国家分的全球主要技术发明、发现和创新(1750—1950 年)

时期	总数	发明、发现和创新(总数的百分比%)				
		英国	美国	德国	法国	其他
1750—1775 年	30	46.7	10.1	3.3	16.7	23.3
1776—1800 年	68	42.6	13.2	5.9	32.4	5.9
1801—1825 年	95	44.2	12.6	10.5	22.1	10.5
1826—1850 年	129	28.7	22.5	17.8	22.5	8.5
1851—1875 年	163	17.8	25.2	23.9	20.9	12.3
1876—1900 年	204	14.2	37.7	19.1	17.2	11.8
1901—1925 年	139	13.7	52.5	15.1	9.4	9.4
1926—1950 年	113	11.5	61.9	12.4	0.9	13.3

资料来源：Dosi, et al. (1990)，第 41 页表 3-1，转引自尹翔硕，尹翔康. 资本积累、模仿与创新——从美国和日本的经济发展看落后国家如何赶超[J]. 复旦学报(社会科学版)，2001(4)：87-95.

2. 美国企业的管理创新推动了产业升级

美国工业化过程中除了自然资源等天然优势，企业管理方面的创新也起了重要推动作用。如全球 150 年来最伟大的 50 项管理创新中，美国合计占了绝大部分(如表 2.11 所示)。具体来看：第二次工业革命中，为了适应钢铁、石油、化工、汽车等重工业发展需要，美国企业创立了大企业的产业组织，能够实现规模经济、开展技术研发和降低交易成本等，是保证美国企业在电气革命中取胜的重要原因之一。统计显示，1898—1902 年的企业兼并高潮中，合并企业 2653 家，资本总额为 63.2 亿美元，钢铁、纸张及其制品、运输设备等产业的集中率指数分别高达 78.8%、71%和 57.3%。①随后产生的工业托拉斯，如美国钢铁公司、美孚石油、杜邦火药、福特、通用等大托拉斯等，都极大地推动了本行业的产能扩张、技

① 韩毅，张兵. 美国赶超经济史[M]. 北京：经济科学出版社，2006：143.

术创新和产业升级。为了适应消费需求的扩张，美国在此期间也创造了百货商店、连锁制、邮购商店、广告公司、分期付款等管理创新成果，既降低了企业和顾客的交易成本，又引领了市场消费需求，推动了美国商贸业的产业升级。如美国连锁商店，可以通过直接从制造商和加工商那里大批进货，并通过大规模联合广告和现金交易而节省成本。从 1872 年的 1 家连锁商店，增加到 1920 年的 808 家，营业额和数量都增加了数百倍。① 从 19 世纪末开始，分期付款模式创新以来，逐渐成为美国主要的购买方式，到 20 世纪 50 年代，一般日用品、电冰箱等耐用消费品销售额的 50%是使用分期付款。此外，如“泰勒制”、“福特生产线”等科学管理方式得以发明，极大地提高了产业效率。如 1914 年，福特汽车公司运用以上管理创新后，T 型车基价从 950 元降低到 250 元，而工作时间从 9 小时减少为 8 小时，② 迅速推动美国汽车产业发展壮大、转型升级，赢得了国际竞争。在新经济时代，戴尔公司的网络直销商业模式创新，移动互联网时代的团购商业模式等创新，源源不断地出现。

表 2.11　　**全球 150 年来最伟大的 50 项管理创新**

创新种类	内容	美国创新比重
工作流程	科学管理、流水线作业、精益生产、全面质量管理、单元式制造、大规模定制、企业流程再造、供应链管理、六西格玛	5/9
财务管理	成本管理、投资回报率、现金流贴现法、超越预算、作业成本法、平衡计分卡、经济附加值	6/7

① 韩毅，张兵．美国赶超经济史[M]．北京：经济科学出版社，2006：153.

② 韩毅，张兵．美国赶超经济史[M]．北京：经济科学出版社，2006：869.

续表

创新种类	内容	美国创新比重
人力资源管理	公司福利、职业经理人、商业教育、绩效工资制、评价中心、T小组训练法、工作生活质量、顾问和高管辅导、360度绩效考核	7/9
组织结构管理	事业部型组织结构、战略业务单元、矩阵式组织结构、群策群力、实践团队	5/5
渠道管理	特许经营、直销、市场细分、品牌管理、客户关系管理、纵向一体化、外包、联营和联盟	7/8
战略管理	技术研究实验室、"臭鼬工厂"、企业风险投资、开放式创新、目标管理、战略计划、情景计划、标杆管理	6/8
信息管理	运筹学、收益管理、物料需求计划和制造资源计划、企业资源管理计划	3/4

资料来源：整理自[英]迈克尔·莫尔(Michael J. Mol)，朱利安·伯金肖(Julian Birkinshaw). 追求卓越：150年来最伟大的50项管理创新史[M]. 北京：中国市场出版社，2010.

3. 美国新旧动能转换中的政策经验

在美国的新旧动能转换中，政府发挥了重要作用。这些政策经验，有助于后发国家借鉴和学习。

(1)加大教育科研投入，为企业创新奠定坚实理论基础。美国十分重视教育和科研投入，视其为决定国际竞争地位的关键。因而在国家财政预算中不断增加对教育和科研投入的力度。尤其是重视基础研究和应用研究，其经费投入占R&D经费总额的36%(中国仅16%)，① 因而更易产生原创性、颠覆性的科技成果。进入21世纪后，美国先后出台了《国家创新法》(2005年)、《美国竞争力计

① 任泽平，连一席，谢嘉琪. 全球视角中美科技实力对比[R]. 泽平宏观，2018-07-22.

划》(2006 年)和《美国竞争法》(2007 年)等法案，进一步强化对于前沿科技的教育和研发投入。

(2)着力完善多层次资本市场，为企业创新提供良好金融支持。美国国会在 1978—1981 年 4 年间连续通过了 5 个有利于风险投资发展的法案，先后将投资收益税从 49%降至 28%、20%等，① 大大刺激了全社会风险投资的发展，进而推动了新兴产业蓬勃发展。在美国，成功的高新技术产业企业中有 97%是由于风险投资的介入而发展起来的。② 此外，美国拥有全球最发达的资本市场，具有层次丰富、资金充沛、交易灵活的优势，吸引了全球的高科技企业尤其是非营利性高科技企业上市，为美国提供了源源不断的新动能。

(3)加强产学研结合，大力发展中小企业。产学研结合是美国企业创新最大的特色，也是其超越其他国家的最重要原因之一。一方面，美国通过政府与企业合作建立社区学院培育高素质产业工人，合建企业大学来推动技术创新与企业需求结合起来。到目前，美国已建有 1200 多所社区学院，90%为公立，③ 主要功能是职业教育，并且入学门槛和收费低、学习形式和内容多样化，极好地适应了企业技术创新和培训的需求。另一方面，推动高校科研成果的产业化。美国先后出台了《拜杜法案》(1980 年)、《企业合作研究及生产法》(1982)等法案，推动高校、科研机构将创新成果转化。如 AUTM(美国大学技术经理人协会)是由美国 800 多所大学、研究中心、医院、企业等组成的一个推动科技成果转移转化的非营利性中介机构，仅 2017 年，就为大学等科研机构提供了 682 亿美元的研发支出，诞生发明披露 24998 件，提交专利申请 15335 件(其中

---

① 綦鲁明，张亮．美英日高新技术产业投融资模式比较及其对我国的启示[J]．经济管理，2009(7)：151-154.

② 刘克崮．关于我国政策性金融改革发展的思考[J]．学习时报，2006(11).

③ 赵京波，张屹山．美国产学研合作的经验及启示[J]．经济纵横，2011(12)：118-121.

授权和许可运营7849件)，催生公司1080个。①

虽然近年来中国经济崛起、欧盟诞生和国际金融危机的爆发，打击了美国国际影响力，但是美国“全球领导者”地位仍未根本动摇。这种地位源于其源源不断的企业技术创新和管理创新，使得其产业保持不断升级。随着Facebook、谷歌、特斯拉、苹果、英特尔等大公司的超常规发展和移动互联网的迅速发展，新经济为美国实现了产业结构的调整，技术进步带来了劳动生产率的提高，增强了美国在国际市场上的竞争力。②

三、新旧动能转换的失败教训

(一)荷兰创新激情下降，逐渐在工业化转型中落伍

荷兰曾达到海外贸易经济的最高峰，但是随后创新激情的消退，阻碍了荷兰向工业经济的转型。

(1)荷兰人创新激情开始下降，从投资转向了投机。随着荷兰经济的繁荣，荷兰人的管理创新激情大大衰退，“他们退出了积极的商业活动……整个共和国的男男女女……蜕化了，退化成一群生活优裕和自满的食利者，他们的活力和进取心都已经烟消云散了，他们的金钱都用于投机活动，他们指望用利息维持舒适的生活。如果说17世纪是积累财富的时期，那么18世纪就是享受财富的时期”。③“1575年荷兰的崛起是一个具有原创力和生命活力的社会的发展结果，能够抓住世界赋予它的机会”，但荷兰在“1670年一长串创造性天才去世后，原创力由此丧失”，④转向了保守主义和

---

① www. autm. net.

② 任泽平．美国里根时期供给侧改革的挑战、应对与启示[N]．人民论坛网，2017-12-18.

③ [美]房龙．荷兰共和国兴衰史[M]．施诚，译．石家庄：河北教育出版社，2001：23.

④ Cossmann. E. H.. Some Meditations on Dutch Eighteenth-Century Italy and Seventeenth-Century Holland [J], edited by F. Krantz and P. M. Hohenberg. Interuniversity Center for European Studies[C]. 1974：49-54.

享乐主义(如表 2.12 所示)。荷兰的商贸企业家逐渐不再热衷于开拓新的产业和新的商品市场，转而不断追求投机收益，以至于催生了“郁金香投机”。

表 2.12　　荷兰的统治阶层特征

时期	无职业者	有乡间别墅者
1618—1650 年	33%	10%
1650—1672 年	66%	41%
1672—1702 年	53%	30%
1702—1748 年	73%	82%

资料来源：[美]金德尔伯格．世界经济霸权：1500—1990[M]．北京：商务印书馆，2003：162.

(2)荷兰人为了维护既得贸易利益，开始垄断、限制竞争，这极大地阻碍了荷兰人创新成果的出现。17 世纪 20 年代后期，荷兰东印度公司在马鲁古、安汶等香料产地基本排除了葡萄牙、西班牙、英国等西欧商人，60 年代又切断了亚洲商人与香料产地的联系，从而垄断了香料市场，贸易逐渐失去活力。由于能够以经济和非经济的手段独占货源和交易，甚至能左右手生产，荷兰东印度公司便将注意力集中在如何保证高额商业利润上。“为了保证垄断高价，公司随时可以削减流通数量，缩小贸易规模，甚至人为破坏生产和销毁商品”。[①] 这种贸易方式，于投机有利却于商品生产无益，荷兰人的贸易创新能力逐渐丧失了。

(3)为了获取投机收益，荷兰资本大量外流，无力支持国内产业升级。由于国外工业化尤其是英国工业革命需要大量资金，投资回报率高，大量荷兰资本流向国外。如 1789—1790 年，阿姆斯特丹拥有 9 万盾以上财产的大商人，国外投资比例高达 42.5%，家产

① 陈勇．商品经济与荷兰近代化[M]．武汉：武汉大学出版社，1990：127.

2万~9万盾的商人，其资产对外投资比例高达26.7%；荷兰在外资本总额约3.35亿盾，其中2.8亿盾在英国。① 与此同时，本国企业转型升级反而没有资金支持。如1836年，鹿特丹有人试办蒸汽机厂，全部引进英国、比利时的先进设备，但因为缺少流动资金支持，最终归于失败。

由于这种短视，荷兰慢慢地在维护经济发展的国防建设、新兴产业发展等领域削弱了投资，造船、交通运输、纺织、捕鱼等传统产业相继在工业化过程中被其他国家所超过，导致最终在国际贸易竞争和殖民地战争中被英法等国取代。

（二）英国技术创新式微，丧失“世界工厂”地位

随着英国工业革命迅速推进，英国取得了全球政治、经济和军事的全面霸主地位，英国在19世纪进入所谓“维多利亚盛世”，然而随后英国的技术创新开始逐渐式微，进而导致了产业升级的滞后，新旧动能转换缓慢，从而在国际竞争中逐渐落伍，第二次世界大战后“世界工厂”地位完全丧失。

（1）企业家产生创新惰性，大量企业开展对外直接投资，国内产业升级逐渐落伍。由于英国拥有全球最多的殖民地，为英国企业提供了巨大的消费市场和低廉的生产原材料，英国企业即便不用创新也可以将产品销售出去，获得丰厚的利润。在这种背景下，英国企业家产生了创新惰性，企业发现即便不推进技术创新，也依然可以获得丰厚的投资回报，大量企业资本开始投向殖民地，由此造成本土产业“空心化”。据统计，1903—1913年间英国对外净投资接近国内净投资，然而到了1914年英国在国外的净资产已经达到其GDP的1.5倍。② 国内大量企业开展对外直接投资而忽视对第二次工业革命的相关技术的开发和利用，同时用于更新国内技术及设备

① 陈勇．商品经济与荷兰近代化[M]．武汉：武汉大学出版社，1990：177.

② [美]刘易斯．增长与波动[M]，肯伍德和洛赫德．国际经济的成长：1820—1990[M]．北京：经济科学出版社，1997.

的资本过少，国内技术装备老化落后，错失了建立电汽革命产业体系的良机，如电力能源产业、内燃机运输业、化学工业等严重滞后。

(2)对科技教育不够重视，以工匠技艺为基础的技术创新无法适应“电气革命”需求。英国工业革命中的许多技术创新和发明，都是源于工匠的经验积累与革新，然而这些工匠并不具备科学技术理论，也未能实现科学理论与技术运用的结合。如发明珍妮纺纱机的是纺织工人，发明水力纺纱机的阿克莱特是维修钟表的工人，这些经验积累已经无法适应电气工业革命中的严谨化学、电气理论需求了。但是英国缺乏对于前沿科技的研发投入，使得具备扎实理论基础的科学家培育较少，因而无法继续引领第二次工业革命的技术创新，因而也在产业升级中滞后。如到 1913 年，美国每年可以培养三千名技术工程师，而同期英国只培养了五百名技术工程师。①

(3)整个社会的创新创业氛围消失，阻碍了社会创新活力。由于英国在世界产业分工中的领先地位和强大国力，英国社会逐渐丧失了继续创新创业、冒险奋发的精神，逐渐变成了食利者。如有统计显示，英国的食利者到了 20 世纪初已达 100 万人，讲究排场和体面的生活，雇用了近 120 万名家庭仆人，这些仆人是英国有劳动能力总人数的 12.5%(刘景华，2008)。社会氛围如此，企业家也难以独善其身，企业创新动力自然日渐消退。

由于整个英国社会的企业创新动力不足、创新人才缺失、创新环境恶化，英国传统产业逐渐落伍、新兴产业发展滞后，故在第二次工业革命中逐渐落后。英国在汽车、钢铁、化工等新兴产业发展方面逐渐落后于美国、德国，使得其新旧动能转换也受到制约。如 1820 年后，英国的工业年增长率逐渐从高于 3%下降到 1890 年的 1%；国内工业投资率也从 8%(1850 年)降至 5%以下(1914 年)；在这种情况下，1880—1890 年间，英国进口贸易额比出口贸易额多了 7 倍，成了美国、德国等新兴工业国家的工业产品销售地(刘

① 梁最新．第二次工业革命时期英美工业反差的原因分析[J]．中国市场，2009(22)：5-6.

景华，2008）。[①] 第二次世界大战后，英国又出现了“大不列颠工业衰退的加速度”，在世界制造业中所占比重从 1953 年的 8.6%下降到 1980 年的 4%，在世界贸易中所占比重从 1955 年的 19.8%下降到 1976 年的 8.7%。[②]

（三）拉美国家创新停滞，落入“中等收入陷阱”

长期以来，拉美国家对企业创新和研发不够重视，过于依赖外国技术引进。政府寄望以外资引进、市场调节来推进企业技术创新能力的提升和产业结构的升级。然而，“新自由主义”改革所推进的贸易自由化、市场放松管制没有促进技术外溢，反而破坏了本国进口替代战略中原有的“干中学”技术积累机制，错失了信息革命的产业升级机会，经济增长更加依赖自然资源的出口，在全球产业分工中处于低端位置，新旧动能转换陷入停滞。

（1）政府对于企业创新的资助减少，大量研发机构被私有化。如据美洲开发银行的计算，虽然 R&D 经费从 1995 年的 95 亿美元上升到 2002 年的 110 亿美元，但却还没有韩国一个国家的投入多，且这些经费巴西、阿根廷和墨西哥三个国家就占了 73%。[③] 在经济自由化思路的指导下，拉美国家减少了本来就不多的教育和科研支出，许多政府或者公益的学术研究机构经费收入萎缩，要么减少基础性或理论性的研究项目，要么被私有化，使得技术创新逐渐弱化。直到 2000 年后，拉美国家领导人才开始意识到创新的重要性，如 2006 年时任巴西总统卢拉声明，“我们认识到，科学技术和创新在可持续发展、消灭贫困、促进社会凝聚力和提高生活质量方面发

① ［英］克拉潘．现代英国经济史［M］（下卷）［M］．北京：商务印书馆，2009：162.

② ［英］大国的兴衰：1500—2000 年的经济变革与军事冲突（下）［M］．北京：中信出版社，2012：163.

③ 江时学．拉美发展前景预测［M］．北京：中国社会科学出版社，2011：67.

挥着重要作用”。①

(2)利用外资过程中，缺乏有效干预和引导，导致本国技术创新力量被外资所压制。拉美国家的“新自由化”经济改革向外资开放了国内市场和产业，导致了本国技术创新力量遭到削弱。一方面，具备一定技术创新能力的企业无法与实力强大的外资企业竞争，在自由竞争过程中被淘汰了或者被外资企业所收购了，本国技术创新能力逐渐丧失。另一方面，强大的外资企业往往将研发部门都转移到国外，使得FDI难以产生技术外溢，本土企业也难以提升技术创新能力。如1971年，巴西的经济与社会技术研究所(IPEA)针对国内500家创建时依靠外国技术的企业的发展现状进行了调查，发现引进技术的消化—吸收情况以及自主创新都没有取得预期的成功，巴西企业对发达国家的技术依赖有提高的趋势。②

(3)知识产权保护薄弱，企业创新缺乏力度，技术引进困难。虽然拉美国家也制定了自己的知识产权法律，但是法制不健全、执法不严格，知识产权未能得到有效保护，带来了两个负面影响：一是本国企业技术创新难以得到有效保护，创新风险很高；二是外资不愿意向拉美国家输出先进技术，即便输入也保护严密，难以产生溢出效应。这种情况阻碍了拉美企业技术创新的动力以及技术学习、积累能力的提升。

由于创新环境的恶化，拉美企业创新能力和动力较弱，拉美产业难以升级，经济增长陷入“中等收入陷阱”：

①拉美企业创新动力不足，技术日趋依赖进口。有统计数据显示，巴西1998年国内10人以上规模的企业技术升级中76.6%源自国外的设备与机械引进，2003年这一比重则提升到80.3%；1998年国内10人以上规模的企业技术创新中有34.1%源自企业内部的

① 江时学．拉美发展前景预测[M]．北京：中国社会科学出版社，2011：70.

② 李向阳．巴西的技术引进与经济发展[J]．管理世界，1990(6)：131-134.

研发，而到了 2003 年则下降为 20. 7%。①

②拉美企业创新能力下降，大量高素质人才流失。由于政治和经济因素的影响，大量拉美人尤其是高学历和技术人才大量外流。有数据显示，在移居国外的拉美人中约 18%的移民拥有高等学历，而仅 1990—2005 年间，就有近 150 万受过高等学历教育的拉美人离开了拉美。②

基于拉美企业创新动力和创新能力的下降，拉美新旧动能转换滞后：

①从结构转换来看，拉美产业不断没能实现产业结构的升级，在某种程度上还存在于“去工业化”或者“逆现代化”趋势。如表 2. 13 所示，从 1970—1996 年的 26 年间，食品、烟草等自然资源类产业比重在拉美最大 5 国的产业比重中都呈现持续提升趋势，几乎占到制造业的 50%，而高端制造业趋于衰退或者处于停滞发展状态。1991—2017 年间，拉丁美洲与加勒比海地区工业就业人数占比从 22. 37%下降至 21. 43%，同期阿根廷从 32. 91%下降至 23. 33%、哥伦比亚从 20. 86%下降至 19. 35%，巴西、秘鲁基本稳定，但也低于世界平均水平。国际跨国公司在拉美从事的产业多属高技术产业或者具有较强技术门槛的产业，而拉美本土企业则多经营传统产业，且很少从事企业技术研发等活动。③ 如有数据显示，拉美民族企业在汽车、通信、化工等产业中仅占销售额 30%以下，甚至根本没有参与，④ 这也阻碍了本国技术创新能力的提升。

---

① 列春．“华盛顿共识”对巴西自主创新能力的冲击[J]．工程机械，2011(1)：83.

② 江时学．拉美发展前景预测[M]．北京：中国社会科学出版社，2011：70.

③ 贾根良，于占东．自主创新与国家体系：对拉美教训的理论分析[J]．天津社会科学，2006(6)：82-87.

④ Michael Mortimorey Wlson Peres. La Competitividad Empresarial en América Latina y el Caribe [J]. Revista de la CEPAL, 2001(174): 1521.

表 2.13　**拉美 5 国不同的制造业产业在制造业总产值中所占比重的变化(%)**

	阿根廷			巴西			智利			哥伦比亚			墨西哥		
	1970	1990	1996	1970	1990	1996	1970	1990	1996	1970	1990	1996	1970	1990	1996
I	15.6	14.3	13.1	18.8	22.9	22.8	14.9	10.1	10.2	10.7	9.6	10.5	13.3	12.3	13.9
II	9.9	8.5	12.1	9.9	7.0	8.7	7.7	2.3	2.0	2.9	4.3	6.5	5.5	9.5	10.8
III+IV	36.2	46.7	45.7	35.8	39.6	42.4	43.2	55.5	56.2	45.7	51.1	51.2	46.8	46.8	46.5
V	38.2	30.5	29.0	35.5	30.5	26.1	34.2	32.0	31.6	40.7	34.9	31.8	34.4	31.4	28.8

注：本表系根据三位数的/国际统一产业分类 0(C IIU)目录，将制造业中的各产业分为五大类。I 指的是金属机械工业，II 指的是运输设备，III+IV 指的是食品、饮料和烟草等自然资源加工工业，V 指的是劳动密集型的传统产业。

资料来源：Jorge Katz. Cambios Estructuralesy Productividad en la Industrial Latinoamericana 1970-1996[R]. Revista de la CEPAL, 2000(71)：771.

②从效益转换来看，以美国劳动生产率为标准，拉美9国制造业的劳动生产率大致只相当于美国劳动生产率的30%，从1970年到1980年拉美9国制造业劳动生产率普遍下滑，1980—1990年只有阿根廷、巴西、哥伦比亚、墨西哥4国制造业劳动生产率相对上升，1990—1996年间，智利、哥伦比亚、哥斯达黎加、牙买加、墨西哥、秘鲁6国制造业劳动生产率进一步相对下滑(如表2.14所示)。

表2.14　**拉美9国制造业劳动生产率与美国制造业劳动生产率比值的变化**

国家	1970年	1980年	1990年	1996年
阿根廷	0.42	0.41	0.55	0.67
巴西	0.28	0.26	0.29	0.37
智利	0.25	0.24	0.23	0.20
哥伦比亚a	0.29	0.25	0.37	0.34
哥斯达黎加a	/	/	0.15	0.14
牙买加a	0.26	0.16	0.16	0.13
墨西哥b	0.32	0.30	0.44	0.38
秘鲁	0.33	0.25	0.16	0.15
乌拉圭c	0.35	0.22	0.20	0.22

注：a. 截至1992年数据；b. 截至1994年数据；c. 截至1995年数据。

资料来源：转引自苏振兴，张勇．从“进口替代”到“出口导向”：拉美国家工业化模式的转型[J]．拉丁美洲研究，2011(4)：3-13.

参考文献

[1][德]恩格尔贝特·韦斯特坎博尔著．欧洲工业的未来：欧洲制造2030[M]．王志欣，姚建民译．北京：机械工业出版社，2016.

[2][德]奥利弗·索姆等著．德国制造业创新之谜[M]．工业4.0研究院译．北京：中国工信出版集团，2016.

[3][英]克拉潘．现代英国经济史[M](下卷)[M]．北京：商务印书馆，2009.

[4][英]克里斯托夫·弗里曼．技术政策与经济绩效：日本国家创新系统的经验[M]．南京：东南大学出版社，2008.

[5][美]金德尔伯格．世界经济霸权：1500—1990[M]．北京：商务印书馆，2003.

[6][美]房龙著．荷兰共和国兴衰史[M]．施诚译．石家庄：河北教育出版社，2001.

[7][美]刘易斯．增长与波动[J]，肯伍德和洛赫德．国际经济的成长：1820—1990[M]．北京：经济科学出版社，1997.

[8]殷桐生．德国经济通论[M]．北京：社会科学文献出版社，2017.

[9]武汉东湖高新区战略研究院．科技园区金融支撑——高新区投融资研究[M]北京：人民出版社，2012.

[10]江时学．拉美发展前景预测[M]．北京：中国社会科学出版社，2011.

[11]韩毅，张兵．美国赶超经济史[M]．北京：经济科学出版社，2006.

[12]贾根良，梁正．东亚模式的新格局——创新、制度多样性与东亚经济的演化[M]．太原：山西人民出版社，2002.

[13]任佳．印度工业化进程中产业结构的演变——印度发展模式初探[M]．北京：商务印书馆，2007.

[14]萧国亮，隋福民．世界经济史[M]．北京：北京大学出版社，2007.

[15]高德步，王钰．世界经济史[M]．北京：中国人民大学出版社，2001.

[16]郑春建．人类文明史——经济卷·从人猿揖别到比尔·盖茨[M]．长沙：湖南人民出版社，2001.

[17]马克思恩格斯选集(第2卷)[M]．北京：人民出版社，1995.

[18]陈勇．商品经济与荷兰近代化[M]．武汉：武汉大学出版社，1990.

[19]巫宁耕．亚洲“四小龙”的致富之路[M]．北京：机械工业出版社，1988.
[20]苑基荣．印度外包产业走到十字路口[N]．人民日报，2018-01-18.
[21]米加宁．产业结构与技术结构的关系——对英国工业革命的考察[J]．自然辩证法研究，1997(9)：58-61.

第三章 区域实践

一、省域新旧动能转换模式判断及水平测算

(一)指标选取

经过前文文献综述分析，本章选择了31个省、市、自治区以下衡量新旧动能转换的24个相关指标用于衡量新旧动能转换水平(受限于数据可获得性，本章未将港、澳、台等特区、省份列入测算，在此说明)。如高新技术产业工业产值占工业比重(2016年，GCC)、服务业占GDP比重(2017年，FWY)、人均GDP水平(2017年，JGP)、规上工业企业利润率(2016年，LRL)、战略性新兴产业发明专利授权量(2014年，XZL)、规上工业企业R&D经费占销售收入比重(2016年，R&D)、规上工业新产品销售收入占比(2016年，XCP)、每万人专利授权量(2016年，ZL)、城镇化率(2016年，CZH)、企业法人平均融资额(2016年，QRZ)、大专以上人口数比重(2016年，DZR)、规上工业企业管理费用占销售收入比重(2017年，QGL)、高新技术企业数量(2016年，GXQ)、非国有经济发展指数(衡量市场经济活力，2014年，FGJ)、产品市场发育指数(衡量自由竞争程度，2014年，CFY)、政府与市场关系指数(衡量营商环境，2014年，ZFS)、要素市场发育指数(衡量资金、劳动力、技术、外资等要素流动性，2014年，YFY)、中介组织发育和法律得分(衡量中介服务程度，2014年，ZFY)、地方公共财政支出中社会保障和就业支出比重(衡量地方财政对居民公共服务水平，2014年，SJZ)、技术市场成交额(2014年，JSC)、设备工器具购置占固定资产投资比重(衡量技术改造及设备更新，2014年，SGT)、居民消费水平(2014年，JXF)、外商企业投资总额(2014年，WQT)、外贸依存度(2014

年，WMY)等指标。以上数据均来自《中国统计年鉴2018》、《中国统计年鉴2017》、WIND数据库。

(二)省域新旧动能转换的模式判断

使用SPSS16.0软件，运用层次聚类分析方法(又称系统聚类，Hierarchical Cluster)。该方法不确定要分多少类，而是先把每一个对象作为一类，然后一层一层进行聚类。层次聚类法又分为合并法和分解法，运算原理一样、方向相反。合并法通过计算类间距离，总是先把离得最近的两类进行合并，直到所有的类别都合并成一类为止，研究者视具体情况选择一个合适的分类结果。本章根据结构指标变量(高新技术产业工业产值占工业比重、服务业占GDP比重)，效益指标变量(人均GDP水平，规上工业企业利润率)对31个省市自治区进行类别划分。测算结果如图3.1所示。

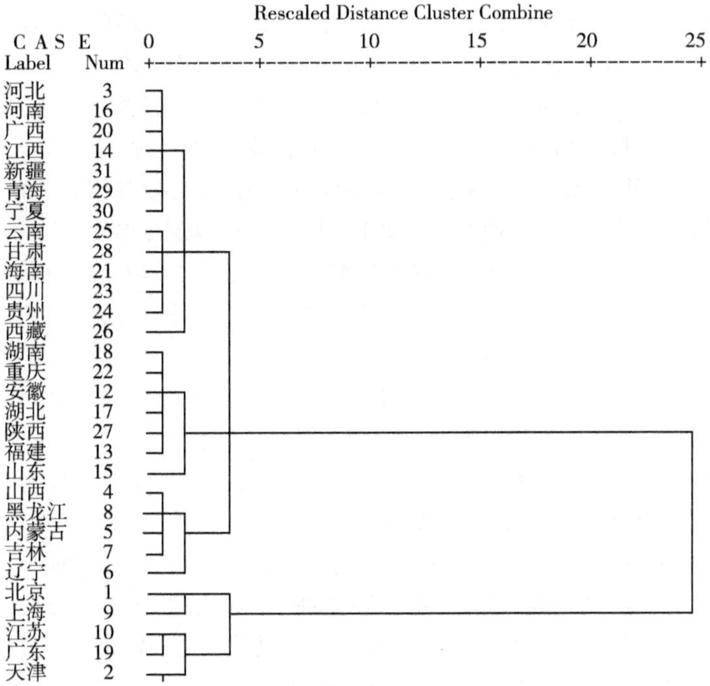

图3.1 我国31个省市自治区新旧动能转换模式层次聚类的树状图

考虑到我们在第二章中分为4大类新旧动能转换模式，初步可以分为以下类型(见表3.1)：

表3.1 **我国31个省市自治区新旧动能转换模式分类表**

类型	省份	平均指标	个数
领先型(高结构-高效益转换模式)	北京、上海、江苏、广东、天津、浙江	高新技术产业工业产值占工业比重28.86%，规上工业企业利润率为7.67%	6
进取型(高结构-低效益转换模式)	湖北、湖南、重庆、安徽、陕西、福建、山东	高新技术产业工业产值占工业比重19.53%，规上工业企业利润率为6.16%	7
稳健型(低结构-高效益转换模式)	河北、河南、广西、江西、新疆、青海、宁夏、云南、甘肃、海南、四川、贵州、西藏	高新技术产业工业产值占工业比重15.53%，规上工业企业利润率为5.45%	13
滞后型(低结构-低效益转换模式)	山西、黑龙江、内蒙古、吉林、辽宁	高新技术产业工业产值占工业比重13.25%，规上工业企业利润率为3.98%	5

实际上，以上分类除了领先型和滞后型的各省份分类没有争议外，进取型和稳健型分类则显得不太恰当。我们在上一章对国外4类新旧动能转换类型分类时，将欧盟尤其是德国列为稳健型、中印作为追赶的进取型，其区分标准是非常清晰的。而划分省份时，进取型的湖北等7省高新技术产业占工业比重比稳健型的河北等13省要高，规上工业企业利润率也略高于河北等13省。这也实质上说明，我国31个省份中实质并不存在稳健型(低结构-高效益转换模式)，因为这种模式建立在已完成工业化、生

产力水平高度发达的基础上，而我国目前工业化整体尚未完成。河北等 13 省的新旧动能转换类型应该是介于进取型和滞后型之间。考虑到属于模糊分类，也为其他学者深入研究做铺垫，本章暂时将其列为稳健型。

(三)省域新旧动能转换的水平测算

本章所选取的 24 项涉及新旧动能转换的指标，但是各指标之间存在交互影响，对于新旧动能综合指数的影响程度也不一致。而对新旧动能转换水平的测算实际上是一个多指标综合评价问题，综合评价模型中最重要的是指标赋权问题，除了主观赋权外，客观赋权一般包括：变异系数法、熵值法、多目标优化法、复相关系数法、主成分分析法等方法。熵值法的优点在于其客观、准确和简便。因而，本章通过“熵值”确定指标权重，最终形成新旧动能转换的多指标综合评价水平。

熵值法决策矩阵模型如下：

$M=(M_1, M_2, \cdots, M_m)$，指标集合为 $D=(D_1, D_2, \cdots, D_n)$，评价对象 M_i 中指标 D_i 的样本值为 x_{ij}，其中 $i=1, 2, \cdots, m$，$j=1, 2, \cdots n$。则初始决策矩阵可以表示为：

$$I=\begin{bmatrix} x_{11} & x_{12} & \cdots & x_{1n} \\ x_{21} & x_{22} & \cdots & x_{2n} \\ \vdots & \vdots & & \vdots \\ x_{m1} & x_{m2} & \cdots & x_{mn} \end{bmatrix}$$

具体运算过程如下：

(1)进行数据的标准化和无量纲化处理。

(2)决策矩阵标准化：

$$x'_{ij}=\frac{x_{ij}-\min(x_j)}{\max(x_j)-\min(x_j)}$$

$$x'_{ij}=\frac{\max(x_j)-x_{ij}}{\max(x_j)-\min(x_j)}$$

$$x'=(x'_{ij})_{m\times n}$$

(3)计算特征比重和信息熵值。

第 j 个指标下的第 i 个评价对象的特征比重通过下式计算得到:

$$p_{ij} = \frac{x'_{ij}}{\sum_{i=1}^{m} x'_{ij}} \quad (0 \leqslant p_{ij} \leqslant 1)$$

同时，进一步通过斯梯林公式得到第 j 个指标的信息熵值，即:

$$e_j = \frac{1}{\ln(m)} \sum_{i=1}^{m} p_{ij}\ln(p_{ij}) \quad (\text{当 } p_{ij} = 0 \text{ 或者 1 时定义 } p_{ij}\ln(p_{ij}) = 0)$$

得到熵值后，将差异系数定义为 $d_j = 1 - e_j$，因此，d_j 越大，其在指标体系中的重要性也就越高，熵权也就越大。用 w 表示熵权，则第 j 项指标的权重可以通过式得到:

$$w_j = \frac{d_j}{\sum_{k=1}^{n} d_k} \quad (j = 1,\ 2\cdots,\ n)$$

(4)计算综合指数。

利用指标权重 w_j 和各指标的标准化数据 x'_{ij}，得到各对象对指标的标准化数据加权值 g_{ij}，即:

$$g_{ij} = w_j \times x'_{ij},\ (1 \leqslant i \leqslant m,\ 1 \leqslant j \leqslant n)$$

再将各层级各对象所对应的相应指标 g_{ij} 通过逐层加总，即可得到评价指标体系的综合指数 G_{ij}:

$$G_{ij} = \sum_{j=n}^{n} g_{ij}$$

故 X 省新旧动能转换指数 = 0.0332GCC + 0.0371FWY + 0.0379JGP + 0.0147LRL + 0.0776XZL + 0.0253R&D + 0.0329XCP + 0.0485ZL + 0.0125CZH + 0.0259SGT + 0.0359JXF + 0.0898WQT + 0.0764WMY + 0.0768QRZ + 0.0358DZR + 0.0212QGL + 0.0856GXQ + 0.0205FGJ + 0.0059CFY + 0.0051ZFS + 0.0104YFY + 0.0401ZFY + 0.026SJZ+0.1251JSC

我们发现：战略性新兴产业专利授权量(0.0776)、外商企业投资总额(0.0898)、外贸依存度(0.0764)、企业法人平均融资额

(0.0768)、高新技术企业数量(0.0856)、技术市场成交额(0.1251)6个指标对新旧动能转换指数的影响程度均在0.07以上。由此可见，地方如果想提升新旧动能转换水平，需要在新兴产业前沿技术布局、招引外资(可带来先进的技术及管理知识外溢)、扩大进出口、改善企业融资、培育高新技术企业、推进技术成果转化等方面努力。

经过测算，我们可以对全国31个省市自治区新旧动能转换水平进行3个梯度的排名，具体如表3.2所示。

表3.2 **全国各省份新旧动能转换水平及排名**

	地区	综合指数得分	指数排名
第一梯队	北京	0.745	1
	上海	0.623	2
	广东	0.578	3
	江苏	0.526	4
	浙江	0.430	5
	天津	0.350	6
第二梯队	山东	0.295	7
	湖北	0.267	8
	河南	0.247	9
	福建	0.240	10
	重庆	0.239	11
	安徽	0.232	12
	陕西	0.216	13
	湖南	0.204	14
	四川	0.200	15

续表

	地区	综合指数得分	指数排名
第三梯队	西藏	0.176	16
	黑龙江	0.175	17
	吉林	0.162	18
	辽宁	0.156	19
	河北	0.152	20
	江西	0.151	21
	海南	0.151	22
	广西	0.147	23
	山西	0.146	24
	内蒙古	0.138	25
	宁夏	0.131	26
	新疆	0.117	27
	云南	0.116	28
	贵州	0.102	29
	青海	0.098	30
	甘肃	0.092	31

考虑到新旧动能转换影响指标众多，本章仅选取了24个指标，且熵值法只是一种模糊排序方法之一，测算结果并不能完全真实贴近现实，受限于指标选取、数据可获得性、方法差异等，以上测算只能反映省际新旧动能转换中的大概状况，部分先进省份也可能被排名靠后。因而，对新旧动能转换进度的测算方法、指标、模型还需要进一步深入研究。

目前，围绕新旧动能转换已有12个省出台了相关政策文件，开始了系统谋划推进(如表3.3所示)。本章重点选取了山东省、贵州省、深圳市和武汉市作为典型案例，介绍其推进新旧动能转换中的经验做法。

表 3.3 **各省出台新旧动能转换的相关政策文件**

序号	省份	文件名	文号
1	山东	山东省人民政府关于印发山东省新旧动能转换重大工程实施规划的通知	鲁政发〔2018〕7 号
2	湖北	湖北省人民政府关于加快新旧动能转换的若干意见	鄂政发〔2018〕15 号
3	河北	河北省人民政府办公厅关于进一步激发民间有效投资活力全面推进全省经济高质量发展的实施意见	冀政办字〔2018〕7 号
4	浙江	浙江省人民政府关于深化“亩均论英雄”改革的指导意见	浙政发〔2018〕5 号
5	安徽	中共安徽省委、安徽省人民政府关于促进经济高质量发展的若干意见	/
6	青海	青海省政府办公厅关于青海省创新管理优化服务培育壮大经济发展新动能加快新旧动能接续转换的实施意见	青政办〔2017〕165 号
7	辽宁	辽宁省人民政府办公厅关于创新管理优化服务培育壮大经济发展新动能加快新旧动能接续转换的实施意见	辽政办发〔2017〕104号
8	陕西	陕西省人民政府办公厅关于创新管理优化服务培育壮大经济发展新动能加快新旧动能接续转换的实施意见	陕政办发〔2017〕101号
9	河南	河南省人民政府办公厅关于创新管理优化服务培育壮大经济发展新动能加快新旧动能接续转换的实施意见	豫政办〔2017〕93 号

续表

序号	省份	文件名	文号
10	四川	四川省创新管理优化服务培育壮大经济发展新动能加快新旧动能接续转换工作方案	川办发〔2017〕84号
11	吉林	关于以数字吉林建设为引领加快新旧动能转换推动高质量发展的意见	/
12	黑龙江	黑龙江省人民政府办公厅关于创新管理优化服务培育壮大经济发展新动能加快新旧动能接续转换的实施意见	黑政办规〔2017〕15号

资料来源：作者归纳整理。

二、山东省：聚力全省“一号工程”

长期以来，山东省经济规模大、增速快，是我国重要经济增长极之一。2017年GDP达到72678.2亿元，居全国第3位，人均GDP达到1万美元以上，进入新旧动能转换的动能再造期。现实表现为“两个70%”：传统产业占工业比重约70%，重化工业占传统产业比重约70%。①

2016年3月，李克强总理参加全国“两会”山东代表团审议时指出，希望“山东在促进发展、推动新旧动能转换方面继续走在全国前列，在我国经济社会发展中起到战略支点作用”。2017年6月，《山东新旧动能转换综合试验区建设总体方案》草案报请国家批复。8月，由国家发改委牵头十余个部委联合到山东省调研。2018年1月3日，国务院以“国函1号文”正式批复《山东新旧动能转换综合试验区建设总体方案》，这是党的十九大后获批的首个区域性国家发展战略，也是我国第一个以新旧动能转换为主题的区域

① 陈玮．山东新旧动能转换任务有多重？张新文连说两个70%[N]．齐鲁晚报，2017-06-06.

发展战略。

通过赴山东学习考察，了解到他们的主要做法和经验主要有以下几点：

(一)明确“一号工程”

山东省将新旧动能转换工作作为全省“一号工程”。山东省第十一次党代会正式确定实施新旧动能转换重大工程，省委书记刘家义在农历新年后第一天就召开“全面展开新旧动能转换重大工程动员大会”。省政府成立了新旧动能转换建设领导小组，办公室设在省发改委，山东省机构改革后省发改委加挂省新旧动能转换综合试验区建设办公室牌子。各市及省直厅局也将新旧动能转换作为地方及部门的“一号工程”来谋划、来推动。

(二)目标“两步走”

目标的达成分两个阶段，即2020年初步形成科学有效的新旧动能转换路径模式，取得一批可复制可推广的新旧动能转换经验，到2022年基本形成新动能主导经济发展的新格局。最终实现质量效益全面提高、创新能力全面增强、生态环境全面改善、动能转换体制机制全面建立、开放型经济新优势全面形成。到2022年具体指标：“四新”经济增加值占比达到30%；战略性新兴产业增加值占GDP比重每年提高1个百分点以上；R&D支出占GDP比重达到2.7%左右。

(三)主要手段“三句话”

腾笼换鸟，如济南钢铁搬迁，投入了200多亿元，腾出空间发展新型产业；无中生有，加大力度发展新产业，培育新动能，如支持氢燃料汽车等；老树发新芽，支持传统产业转型升级。山东省方案最有含金量的政策体现为：高科技产业领域允许留抵退税一项。山东省2017年数据测算，留抵税额一年有170多亿元，用好这项政策，能有效吸引技术密集型行业特别是高新技术企业来鲁投资。

（四）主攻“四新四化”

产业上，围绕“十强产业”主攻“四新四化”。“四新”是指以新技术、新产业、新业态、新模式为核心，“四化”是指产业智慧化、智慧产业化、跨界融合化、品牌高端化。“十强产业”则是以新一代信息技术、高端装备、新能源新材料、现代海洋、医养健康等为重点的新兴产业，以及以高端化工、现代高效农业、文化创意、精品旅游、现代金融服务为重点的传统优势产业。

区域上，实施“三核引领、多点突破、融合互动”的总体布局。试验区以济南、青岛、烟台为核心，其他 14 个设区市的国家和省级经济技术开发区、高新技术产业开发区以及海关特殊监管区域等为补充，既突出三核的引领作用，又促进全省协调联动发展，健全产业合作利益分享机制，提高园区、企业、项目配套协作水平，实现产业有序转移和优化布局。

（五）顶层设计“五个一”

山东省形成了“五个一”的新旧动能转换的顶层设计和实施安排：一个总体方案（《山东新旧动能转换综合试验区建设总体方案》）、一个规划（《山东省新旧动能转换重大工程实施规划》）、一个意见（《关于推进新旧动能转换重大工程的实施意见》）、一个项目库（新旧动能转换重点项目库，储备 900 个工程项目，计划投资 12465 亿元）、一个工作方案（《关于建立新旧动能转换重大工程协调推进体系的工作方案》）。

（六）工作机制“10+3”

对“十强”产业，逐一构建“6 个 1”的推进体系：① 1 名省领导同志牵头+1 个专班推进+1 个规划引领+1 个智库支持+1 个联盟（协会）助力+1 支（或 1 支以上）基金保障。对 3 大支撑（“放管服”、

① 山东省委办公厅、省政府办公厅．关于建立新旧动能转换重大工程协调推进体系的工作方案[Z]，2018-05-07.

高层次人才、重大基础设施），逐一建立“3 个 1”的推进体系：1 名省领导同志牵头+1 个专班推进+1 套政策保障。在督导考核上实行“月季年”推进：一月一专题汇报（各工作专班采用口头或书面形式，每月向省委常委会或省新旧动能转换重大工程建设领导小组汇报进展情况）、一季一视频推进（每季度选择 3 个左右重点产业（重大支撑），采取视频推进会议形式，进行通报进展、交流经验、查摆问题）、一年一评估总结（将“10+3”重大事项推进情况作为全省新旧动能转换评价的重要内容，强化激励约束）。

三、贵州省：借力大数据“换道超车”

贵州省 2013 年开始谋划大数据产业，2014 年启动，短短 5 年全省大数据产业产值从不到 200 亿元增长至 2000 亿元，目前已集聚相关企业 1.7 万家，[①] 形成了核心产业、关联产业与衍生产业相结合的大数据产业体系，创造了新兴产业发展换道超车的“贵州模式”。

（一）超前谋划，抓住产业窗口期

> “鉴于发展的基础，贵阳要形成全面的创新驱动很难，就像要推动一头大象，根本推不动。于是我们找了一把锥子，用尽全身力气，在一个点上刺痛了大象，大象走起来了。而这个锥子，对于贵阳而言，就是大数据。”
>
> ——时任贵州省委常委、贵阳市委书记陈刚

贵州省谋划大数据产业与全球同步，适度领先全国。2009 年左右，“大数据”逐渐成为互联网行业的热词。2011 年，美国总统科技顾问委员会提出政策建议，指出大数据技术蕴含着重要的战略意义，联邦政府应当加大投资研发力度。2012 年 3 月白宫科技政策办公室发布《大数据研究和发展计划》，组建“大数据高级指导小

① 刘鹏．贵州大数据产值破 2 千亿　争做全国大数据“开拓者”[N]．中国新闻网，2016-01-29.

组”，以协调政府在大数据领域的2亿多美元投资。① 2013年7月，北京市朝阳区委书记陈刚“空降”贵阳，担任省委常委、贵阳市委书记。分管过中关村国家示范区的陈刚，对新经济和国内外科技经济发展趋势非常了解，敏锐地选择了大数据作为贵州新旧动能转换的抓手。2014年2月25日，贵州省印发《关于加快大数据产业发展应用若干政策的意见》、《贵州省大数据产业发展应用规划纲要（2014—2020年）》。2015年8月，国务院发布《促进大数据行动纲要》，将大数据产业上升至国家战略。2016年3月，我国“十三五”规划纲要明确提出，实施国家大数据战略，把大数据作为基础性战略资源，全面实施促进大数据发展行动。2016年12月8日进行的中央政治局集体学习，是中央政治局就大数据发展组织的首次专题学习会。由此可见，贵州省发展大数据产业抓住了国际产业技术先机，与全球同步，领先全国。

（二）顶层设计，大胆开展先行先试

> “当前，我国经济迈向高质量发展阶段。赛道已然转换，能否比别人早醒一步，抓住机遇，创新驱动，造就先行优势，很是关键。欠发达地区走老路，没出路。在大数据产业，贵州仅用短短几年便形成领跑优势，正是欠发达地区‘换道超车’的标杆。”
>
> ——《人民日报》2018年8月24日评论

国家大数据综合试验区落户贵安新区，使贵州省能够在发展大数据产业方面先行先试，大胆探索。在无经验可循的背景下，先行先试的贵州累计出台近30项系列政策措施加快推进大数据产业发展（见表3.4）。作为全国首个国家大数据综合试验区，贵州举全省之力，累计信息基础设施投资超500亿元，② 在支持大数据产业发

① 李鹏．大数据时代来了[N]．北京科技报，2013-01-28.

② 白祥保．贵州省2017年数字经济增速全国第一[N]．贵州日报，2018-04-21.

展的行业立法、标准制定、体制改革、平台建设、政策创新等多个方面创造了10个第一：率先建设国家大数据综合试验区、率先举办全球首个以大数据为主题的博览会、率先提出块数据概念并探索建设块上集聚的大数据平台、率先创建国家级大数据产业发展聚集区、率先成立大数据交易所、率先推出全球第一个数据商品交易指数“黄果树指数”、率先举办大数据商业模式大赛和创业大赛、率先获批国家级大数据产业技术创新试验区、率先出台地方大数据法规、率先成立大数据战略重点实验室。①

表3.4　**贵州省关于发展大数据相关文件**

序号	时间	政策规划名
1	2014年2月25日	《关于加快大数据产业发展应用若干政策的意见》
2	2014年2月25日	《贵州省大数据产业发展应用规划纲要(2014—2020年)》
3	2014年5月26日	《贵州省信息基础设施条例》
4	2015年1月6日	《关于加快大数据产业人才队伍建设的实施意见》
5	2015年4月1日	《贵安新区推进大数据产业发展三年计划(2015—2017)》
6	2016年4月14日	《加快大数据产业发展的实施意见》
7	2016年6月1日	《贵州省卫生计生委关于加快医疗卫生事业与大数据融合发展的指导意见》
8	2016年8月14日	《关于以大数据为引领实施区域科技创新战略的决定》
9	2016年8月15日	《贵州省大数据产业统计报表制度(试行)》
10	2016年11月7日	《贵州省信息基础设施建设三年会战实施方案》

① 王剑．贵州省发展大数据产业的成就、问题和对策建议[J]．科学与财富，2016(29)：261.

续表

序号	时间	政策规划名
11	2017 年 2 月 27 日	《2017 年全省大数据发展工作要点》
12	2017 年 3 月 12 日	《中共贵州省委贵州省人民政府关于推动数字经济加快发展的意见》
13	2017 年 4 月 27 日	《关于印发全面深化推进云长制工作方案的通知》
14	2017 年 5 月 8 日	《贵州省信息化工程建设项目管理办法》
15	2017 年 5 月 24 日	《大数据+产业深度融合 2017 年行动计划》
16	2017 年 6 月 8 日	《贵州省大数据产业发展应用条例》
17	2017 年 6 月 19 日	《贵州省大数据发展专项资金管理暂行办法》
18	2017 年 7 月 10 日	《贵州省政府数据资产管理登记暂行办法》
19	2017 年 7 月 16 日	《关于金融支持贵州省大数据产业发展的指导意见》
20	2017 年 8 月 17 日	《云上贵州数据共享交换平台接入国家共享交换平台方案》
21	2017 年 8 月 18 日	《贵州省云工程综合评价指标体系》
22	2017 年 9 月 8 日	《贵州省发展农业大数据助推脱贫攻坚三年行动方案(2017—2019 年)》
23	2017 年 10 月	中共中央办公厅、国务院办公厅印发《国家生态文明试验区(贵州)实施方案》
24	2017 年 11 月 6 日	省大数据发展领导小组办公室关于进一步科学规划布局数据中心大力发展大数据应用的通知
25	2018 年 6 月 1 日	《贵州省数据中心绿色化专项行动方案》

资料来源：作者归纳整理。

(三)高层统筹，建立健全工作机制

“大数据是大产业，也是大机遇、大变革、大红利。贵州因具有这个优势、具有这个条件才选择大数据。我们会用‘钉

钉子'精神抓住这个机遇、抓好这个产业。在这个领域也可以后发先行，我们希望在这个领域做先行者。”

——时任贵州省委书记陈敏尔

2016年6月5日，成立由省长担任组长的贵州省大数据发展领导小组，同时加挂国家大数据(贵州)综合试验区建设领导小组牌子，省政府主要领导任组长，各市州政府、贵安新区管委会、省直有关部门一把手为成员。2017年2月，成立省政府直属正厅级参公事业单位省大数据发展管理局，具体统筹研究制定全省大数据发展战略、规划、政策、标准、评价体系等，协调推动全省信息化建设、信息基础设施建设、推广应用、产业布局、产学研结合、行业管理等。全面推行省、市、县三级“云长制”，建立贵州省大数据发展水平评价体系、贵州省大数据发展绩效考评体系“1+1”的发展评估体系设计，构建全省推进大数据发展的责任明确、协调有序、督察有力的工作体制机制。

(四)深化应用，让大数据落地生根

“我听懂了，贵州发展大数据确实有道理。”

——习近平主席考察贵州工作时对贵州省以发展大数据作为突破口推动经济社会发展的探索印象深刻

抓住大数据产业“应用是生命力”这个关键，贵州先后开展了一系列工作。一是编制规划。邀请省内外45名大数据知名专家组建了全国首个大数据标准委员会——贵州省大数据标准化技术委员会,[①] 开展了一系列国家级及地方级大数据关键共性标准编制，建立了大数据统计监测指标体系。如《政府数据分类分级指南》、《贵州省大数据公共数据标准体系框架》等。二是建立大数据应用管理规范。编制系列使用指南和规范方面，如《云上贵州系统平台使用

① 吴承坤．贵州积极开展大数据创新重标准建体系[N]．中国经济导报，2017-08-08.

管理规范》、《贵州省“数据铁笼”工程建设规范》等 11 项管理规范。三是举办大数据各类赛事展会活动。从“云上贵州”大数据商业模式大赛开始，先后举办了草根创业大赛、“云上贵州”大数据大赛、中国国际大数据挖掘大赛、贵阳数博会等。四是推动大数据行业应用。目前，贵州政府已经梳理出工业云、智能交通云、智慧旅游云、食品安全云、环保云等多个领域的数据资源目录。自 2014 年以来的数次大规模产业招商，共为贵州带来 200 余个大数据信息产业项目落地，吸引了华为、高通、阿里、腾讯、京东、百度等行业巨头进入贵州发展，签约投资额超过 2400 亿元。①

四、深圳市：汇力“双轮驱动”

2018 年 4 月，《2017 年度广东产业转型升级指数评价研究报告》显示，深圳产业转型升级居领先水平，打造了战略性新兴产业、未来产业、现代服务业和优势传统产业“四路纵队”，形成了“三个为主”的产业结构，即经济增量以战略性新兴产业为主，对 GDP 增长贡献率超过 50%（居全国第一）；工业以先进制造业为主，先进制造业占规模以上工业增加值比重达 76.1%；三产以现代服务业为主，现代服务业占服务业比重达 69.3%。② 无论是新动能培育还是旧动能升级，深圳都走在全国前列。《全球城市竞争力报告 2017—2018》显示，国内排名最高的深圳位列第六，超越香港、上海。

（一）营造“小政府大市场”格局

自深圳特区设立以来，“不干涉市场”就是深圳市委市政府的一贯主张，对国企、民企、外企一视同仁，做好基础设施建设和公共服务环境，不遗余力营造良好市场经济氛围与公平的竞争机制。在机构设置上，也是采取人员精简、高度专业、适应“大市场”需

① 黄娴．“云”上贵州　再次扬帆起航[N]．人民日报，2016-02-29.

② 晶报评．事实表明　深圳还是响当当的“特区”[N]．晶报，2016-08-16.

求的大部制。如深圳科技创新委员会，2012 年 2 月由市科技、信息局整合成立，加挂深圳高新区管委会的牌子，人员仅 90 人，实现从创新管理向创新服务转变。典型的市场经济应该是政府、企业、中介组织三元结构，行业协会(商会)在增值服务、政企沟通、行业自律、企业维权、推动行业健康发展等层面发挥重要职能(辜胜阻，2006)。① 政府不该管的绝对不管，充分发挥市场调节作用。很多工作放手交给行业协商、产业联盟做，政府机构做好顶层设计、政策引导和产业规划。目前，深圳市有行业协会商会 734 家，联系服务会员超过 10 万家，其中商协会中 39%承担了行业培训、考核职能，35%承担了资质认定与行业展览职能，近 30%的行业协会商会在政策论证、行业标准制定、技术推广等方面扮演着重要角色。②

(二)建设“全球创新之都”

2018 年 1 月，深圳市委第六届九次全会明确提出，到 2035 年建成可持续发展的全球创新之都。2017 年，深圳全社会研发投入占 GDP 比重达 4.13%(全国 2.1%)，研发投入强度全球仅次于以色列，形成了“4 个 90%”的深圳创新模式：90%的研发机构、90%以上的研发人员在企业，90%以上的研发投入、90%的发明专利出自企业。以科技资源最密集的南山区为例，完善创新体系有以下举措：

(1)坚持实施大孵化器战略。2014 年，南山区的区域科技创新孵化能力被评为全国第一。全区拥有孵化器 46 个，孵化面积 232 万平方米，在孵企业 2860 家，累计孵化企业 3000 多家。③

(2)打造创新人才集聚高地。南山区汇集博士 7000 多名、“海

① 辜胜阻．商会作用与和谐社会组织创新[N]．中国经济时报，2006-10-16.

② 吕绍刚等．深圳全面推进行业协会商会党建工作[N]．人民网，2016-07-23.

③ 李明．南山创新模式建“大孵化器”[N]．深圳特区报，2015-07-23.

归”2万多名、高科技人才10万多名。近年来深圳引进的国家、省市级创新科研团队和人才，有三分之二以上的在南山区，广东省创新科研团队占深圳全市的82%，深圳“孔雀计划”人才占深圳全市的78%。

(3)大力提升科技创新服务。设立专门的政府科技服务机构——科技创业服务中心，建立多层次科技服务体系，包括56家非营利性科技服务机构、480家科技服务企业。

(4)多举措拓展产业发展空间。设立专项资金，对旧工业区、旧厂房进行综合整治，建设现代产业园区。

(5)协同创新作用突出。南山区先后组建官、产、学、研、资、介等多方合作的协同创新联盟36个，打造资源共享平台19个，拥有国家级、省市级各类创新载体643个，占全市的61.5%。

(三)“包容善待移民”激发企业家精神

深圳市是我国最典型的移民城市，2015年人口抽样调查显示，全市常住人口中，现居住地与户口登记所在的县(市、区)不一致且离开户口登记地半年以上的人口占78.03%。[①] 理论研究发现，人力资本的多元化尤其是移民会通过创新创业来促进城市发展。如东亚、拉丁美洲的案例研究发现，企业家精神、移民有助于出口型产业培育，进而带动城市经济发展(Edward L 和 Glaeser Wentao Xiong，2017)；美国和非洲案例表明，移民提供了创业的自然来源，企业家人力资本促进了城市创业活动的活跃(Edward L 和 Glaeser Wentao Xiong，2017)。[②] 辜胜阻、李睿(2016)进一步指出，深圳作为国内最大的移民城市，其活跃的创业者是对深圳市经济发展成功至关重要。[③]

① 深圳市统计局．深圳市2015年全国1%人口抽样调查主要数据公报[R]，2016-06-14.

② Edward L，Glaeser Wentao Xiong. Urban productivity in the developing world Author Notes[J]. Oxford Review of Economic Policy，2017(33)：373-404.

③ 辜胜阻，李睿．以互联网创业引领新型城镇化[J]．中国软科学，2016 (1)：6-16.

深圳对外来移民，包容善待，无论是“孔雀计划”还是针对大学毕业生的租房补贴政策，以及在工作、生活中的平等包容，都营造了深圳流动、开放、包容、创新的移民文化环境。“来了就是深圳人”的宣传标语更是闻名全国，而深圳移民文化以其特有的开拓性特征，孕育出敢为天下先、勇于探索的精神气质，吸引着无数青年才俊来深圳开创美好未来，也促进了深圳市创新创业的发展。

(四)推动传统产业变身“时尚产业”

深圳经济起步于20世纪80年代“三来一补”(即外商来料加工、来样加工、来件装配及补偿贸易的统称)，大多承接国际劳动密集型产业转移，从事简单加工代工业务。目前，经过淘汰、转型、升级，深圳市已形成了内衣、钟表、服装、珠宝、眼镜、家具等传统优势产业(如表3.5所示)，实现了制造业与文创业融合，传统产业变身时尚产业。具体采取了以下措施：

(1)坚持时尚定位。顺应产业发展规律和消费者需求升级趋势，借鉴意大利米兰等传统产业集聚区时尚转型经验，坚持抓品牌、抓设计、抓质量、抓渠道，挖掘传统产品的时尚属性、放大传统产业的时尚消费点。

(2)强化工业设计。深圳是全国首个获得联合国“设计之都”称号的城市，集聚各类工业设计机构逾6000家、设计师及从业人员约15万人，行业规模及人才集聚占全国60%。① 尤其是在内衣、钟表、服装等传统领域吸引了全球最顶尖的设计师。

(3)推动集聚发展。2005年以来，先后投入400亿元启动了家具、家电、服装、黄金珠宝、自行车、模具、内衣、钟表、汽车电子等9大产业聚集基地建设，不断拓展上下游产业链、强化本地配套能力。

(4)优化公共服务。依托商协会及龙头企业，各传统产业均成立行业公共服务平台，涵盖设计研发、生产制造、展示交易、品牌推广、学习培训、检验检测等所有环节。如服装行业成立了时尚服

---

① 鲁力．深圳向世界“秀”出了什么[N]．南方日报，2018-03-27.

饰产业联盟、时尚创意联合会、时尚商学院、服装培训学院等系列组织。

(5)加大质量管控。深圳市坚持大力实施“深圳品牌”战略，构建“产品品牌、企业品牌、产业品牌、区域品牌、城市品牌”体系，为传统产业贴上了高质量的标签，带来了高附加值。2017 年，深圳累计研制国际标准 1655 项、研制国家和行业标准 3758 项，组织制定并发布 66 项地方标准。①

(6)强化展会营销。在深圳优势传统产业向时尚产业快速转型的过程中，深圳会展产业成为最有力的助推，家具展、服装展、珠宝展、钟表展、内衣展、工业设计展等展会有许多连续举办了 20 多年，已形成了全球影响力，推动了全产业的营销、交流和升级。

表 3.5　　**深圳市 7 大优势传统产业现状及转型升级举措**

行业	规模	品牌	影响力	转型升级举措
内衣	集聚规模以上企业 400 家，年产值近 450 亿元，约占全国 15%	自主品牌 100 多个	占据国内内衣高端市场 60%的市场份额	连续举办全球规模最大的内衣展中国内衣文化周暨 SIUF 中国(深圳)国际品牌内衣展 11 届，成立深圳市内衣行业协会；提升品牌影响力、研发设计能力
钟表	集聚企业 900 余家，产值 600 亿元，占全国 50%以上、全球 40%以上	拥有自主品牌 100 多个，品牌企业保持 15%的利润率	占国产品牌 60%以上	连续 28 年举办中国(深圳)国际钟表展，成立深圳市钟表行业协会，建成全球最完善的钟表生产和配套基地之一，产业链完整

① 何泳．质量强市、标准创新、诚信建设……深圳打造更具时代引领性的“深圳品牌”战略[N]．深圳特区报，2018-02-23.

续表

行业	规模	品牌	影响力	转型升级举措
服装	集聚企业2800多家，产值2000亿元以上，占国内产值10%以上，30万名从业人员，1.5万名设计师	自主品牌达到2000多个，自主品牌产品产值占全行业80%	在大城市一类商场的市场占有率达到60%以上；国内品牌女装，每10件就有6件出自深圳	成立深圳服装行业协会，五名工程（名企、名牌、名师、名模、名店），75%以上企业将销售收入5%～15%作为设计、创新、研发费用
珠宝	集聚企业及个体户近2万家，加工总值约1500亿元，批发、零售贸易额约450亿元，从业人员超过15万人	21个“中国驰名商标”，占全国37.2%；23个“中国名牌”，占全国44%	形成了中国的珠宝首饰制造交易中心、物料采购中心及信息交流中心	成立黄金珠宝首饰行业协会，创办“深圳市钟表研究开发服务中心”，建立珠宝产业上下游全产业链，推动智能制造、精品制造、品牌化建设、设计师培育等十大工程
家具	集聚企业1800多家，产值3000多亿元，占全国15%，出口占全国约20%	在中国家具市场中诞生了150多个一二线品牌	深圳家具成为国内市场知名度最高的区域品牌	成立家具行业协会、中国家具产业教育学院、深圳家具研究开发院设计研发中心、深圳家具检测中心等，连续32届举办深圳国际家具展，成立出台系列品质标准，打造品牌标识及区域品牌
眼镜	集聚企业495家，年销售额136亿元，10万余人就业	拥有自主品牌65个，占据全球高端镜架80%的市场	85%的产品出口到全球120多个国家和地区，全球知名眼镜品牌的最大生产基地	建立眼镜行业协会、眼镜产业标准联盟等系列公共服务平台，发布标准13个，加强专业园区建设和总部经济发展，举办深圳时尚眼镜品牌评选与深圳时尚眼镜设计师大赛等

资料来源：佚名．深圳家具供给侧改革之“新国际化”[N]．中国建材网，2017-06-22；杨阳腾．深圳横岗：眼镜基地“放眼”转型[N]．经济日报，2018-04-12；吴德群．深圳八大传统优势产业：从“加工代工”向“智造创造”跨越[N]．深圳特区报，2017-04-21；赵瑞希．服装业华丽转身后面临渠道尴尬[N]．经济参考报，2017-09-08；佚名．深圳：成功跻身时尚品牌之都[N]．深圳商报，2015-12-21.

(五)推动新兴产业快速迭代发展

40年来，深圳从一个加工制造基地向科技产业创新中心转变依靠的就是产业快速迭代发展的能力。

(1)链接最新科技脉搏。深圳市已建设各类载体1761个，6个诺贝尔奖科学家实验室、7个海外创新中心、3个基础研究机构[①]和7家未来产业集聚区，吸引52所大学建立虚拟大学园(境外12所)，国际专利申请量占全国46.6%，直接链接了国外科技发展最新的脉搏，形成了“设计—研发—孵化—生产—运营”的创新生态系统，成为吸引全球创新企业和创客人群的“硬件产业硅谷”。

(2)紧跟最新产业趋势。深圳创业者多为中兴、华为、腾讯等行业巨头的离职员工，以及北美华裔人才回国创业群体，这些人具有丰富的工作经验、创业能力和一定资金积累，对国外最新产业趋势、市场追踪具有很强把握，成功率高，因而深圳的新经济发展总是能紧跟国际产业最新趋势。目前，深圳在4G技术、新型显示、超材料、基因测序、新能源汽车、3D显示、无人机等领域的创新能力已跻身世界前沿。

(3)依托强大的创投资本。通过政府创业引导投资基金的支持，深圳集聚国内外VC/PE机构5万家，注册资金过3万亿元，占全国总量的三分之一。依托强大的风投资本，国内外创业者能够迅速将创意变创业、企业变产业。数据显示，深圳136家新兴产业上市公司中，有92家公司在产业发展过程中曾得到创投机构的投资支持，比例达到67.7%。[②] 截至2017年，深圳已拥有新经济独角兽企业22家，具备了强大的产业迭代能力。

目前，深圳战略性新兴产业和未来产业已形成123个优势细分

① 闻坤．深圳超常规布局创新载体[N]．深圳特区报，2018-07-21.

② 戴晓晓，等．研发投入强度全球第二，深圳“创新之都”是如何炼成的[N]．南方日报，2017-12-07.

领域，其中24个细分领域达到国际先进技术水平，[①] 同时前瞻布局了生命健康、海洋经济、航空航天、智能装备、机器人、可穿戴设备等未来产业，着力打造梯次型的现代产业体系，不断培育新动能。

五、武汉市：发力创新创业

“双创”是实施创新驱动发展战略的重要载体，也是培育新动能、壮大新经济的重要动力。武汉拥有高校89所，科研机构700多家，在校大学生130万人。依托得天独厚科教资源优势，武汉市第十三次党代会明确指出，把武汉打造成为大学生“创业创新圣地”、全国低成本创新创业中心。据清科研究中心报告，我国目前已形成“北上深+汉渝”这样一个“3+2”的双创格局，武汉占据重要一席。尤其是武汉东湖高新区已成为国内外知名的双创热土。

（一）深化改革为企所需

（1）创新性地改革政府机构，打破政企互动的障碍和瓶颈。为了更好招商引智、推进成果转化，武汉市着力打破传统机构设置束缚、打通相关政策壁垒，2017年以来先后成立了3个“虚拟化机构、实体化运作”的机构：招才局、招商局和成果转化局。招才局挂靠在市委组织部，与市委人才办合署办公，整合全市17个部门40项人才职能、20个人才项目10亿元资金，形成了招才引智“一张政策清单”“一张政策导图”，打造了“城市合伙人”计划等知名招才品牌。招商局挂靠在市商务局，专设了3个专职副局长，聘任招商大使，设立武汉高校校友总会联盟，启动“百万校友资智回汉工程”，开展一系列校友招商、商会招商、世界500强对话湖北等系列招商活动。科技成果转化局挂靠市科技局，聘请院士组成专家顾问团，专门负责在汉高校和科研院所科技成果的转化。武汉东湖开发区在全国率先组建“互联网+”办公室，探索让企业家挑选工作

① 李欣，龚晶．汇聚全球高端人才 抢占国际创新高地［N］．南方日报，2017-07-03.

人员。

(2)推进行政审批 3.0 版的改革，促进创新创业服务便利化。武汉市试点推出“马上办、网上办、一次办”审批模式，努力打造全国审批事项最少、流程最简、时限最短、服务最优的城市。目前，市级审批服务办理时限平均每个事项压缩 10.6 天，全市重点工业项目审批时限控制在 38 个工作日以内。① 同时，探索出一批“帮办”、“代办”、“不用办”行政审批服务。

(二)完善政策直击痛点

(1)强化双创扶持。先后出台“青桐十条”、“光谷创业十条”等政策，加大对创新创业的一次性创业补贴、创业担保贷款政策、培训补贴、孵化器补贴等各种政策优惠。

(2)支持科技成果转移转化。先后出台“黄金十条”、“新黄金十条”，实施“高校院所科技成果转化对接工程”，创新开展科技成果所有权混合所有制改革、创新券、科技悬赏奖等。

(3)加大知识产权保护。东湖高新区获批全国首个“国家知识产权示范园区”，积极筹建光谷知识产权法院，加快国家知识产权局专利审查协作湖北中心建设，推动华中技术成果交易中心建设，构建光谷专利信息平台和数据库。

(4)强化大学生留汉支持。除了零门槛落户，武汉市出台了大学生八折租房买房、应届生最低薪酬指导价等政策。东湖高新区也出台了“光谷大学生政策十条”，为大学生留汉提供一揽子保姆式服务。2017 年，武汉大学生留汉达 30.1 万人，包括 14.7 万在汉应届生、4.3 万外地高校应届生、11.1 万往届生；目前有预计，2018 年武汉市留汉大学生将达到 50 万人。②

---

① 周芳．营商环境就是生产力　企业家用真金白银点赞“武汉效率”[N]．第一财经日报，2018-06-29.

② 黄子懿．武汉：科教重镇的人才变局[N]．三联生活周刊，2018-07-06.

(三)搭建平台立体孵化

(1)全领域谋划创谷建设。武汉市下最大的决心，拿出城市最好的空间，量身定做最好的政策，提供最优的配套服务。围绕打造生产、生活、生态功能，建设聚集优质创新创业要素的“双创”平台，简称为“创谷”。每一个创谷规划面积3平方公里左右，目前武汉市先后启动了3批共13个“创谷”建设。

(2)全链条打造孵化环境。积极推动高校和科研院所、企业在基础设施、配套设施较完备的区域，建设众创空间、孵化器、技术转移机构、产业技术创新联盟等各类“双创”平台。截至2017年9月，全市共建设各类孵化器225家，总面积超过千万平方米，居全国城市首位。其中，新型技术研究院14家，国家、省、市级研发中心391家，位列全国副省级城市第四名。

(3)全方位提升双创服务。在公共技术平台开放共享方面，如光电工研院打造光电子微纳制造工艺服务平台、光电测试与加工服务平台等一批技术平台，提供柔性研发、小试量产、检验检测等服务。在科技中介服务方面，国家技术转移中部中心技术转移综合服务市场累计引进知识产权、技术转移服务机构15家，签约科技服务专家150名。在双创培训展示方面，华工科技企业孵化器承办了三期湖北省科技企业孵化器管理人员培训班，共培训学员502人。同时，上线了华中科技大学大学科技园线上平台、“智慧光谷·政务云平台”等一批线上双创服务平台，开通了中国光谷、光谷青桐汇、创新光谷、关山大道等一系列微信公众号。

(四)集聚要素不遗余力

(1)打造“人才金字塔”。先后携手9所在汉高校，成功举办10场百万校友资智回汉专场，41位知名校友聘任为武汉招才顾问，实施“百万大学生留汉创业就业工程”、“百万校友资智回汉工程”。2017年全市共引进诺贝尔奖获得者在内的国际顶尖人才4名、高层次人才350名、“城市合伙人”人才644名，“千企万人”计划首批认定226家企业重点培育高层次人才2400余人。

（2）构建科技金融体系。集聚各类金融及服务机构 1500 余家。其中仅东湖高新区，就有股权投资机构 1200 家，银行机构 114 家，小贷、担保、融资租赁等非银行金融机构达 94 家。2017 年设立了总规模 100 亿元的投贷联动风险补偿基金，新引进国家创新基金、小米基金等产业基金 16 支，总规模超过 1000 亿元，集聚天风证券、长江财险、湖北金租、当代金控等一批金融机构总部。

（五）营造氛围多措并举

（1）举办“青桐三部曲”。2013 年起，启动实施致力于推进青年科技人员和大学生到科技企业孵化器创新创业的“青桐计划”、“青桐学院”、“青桐汇”①。截至 2017 年底，光谷·青桐汇至今已成功举办 66 期，路演项目超过 200 例，推介项目近 600 例，参与的投资机构超 200 家，观摩人数超 3 万人，帮助了 120 多个创业项目累计融资近 30 亿元。②

（2）举办高水平双创活动。2017 年，武汉市尤其是东湖高新区先后举办中国创业服务峰会、“硅谷-光谷”，双谷“双创”节、全球黑客马拉松大赛（武汉赛区）、中国创新创业大赛先进制造行业总决赛等高规格高水平的创业活动。据统计，东湖高新区开展的创业创新活动日均达到 6 场，形成了“天天有咖啡、周周有路演、月月青桐汇”的浓厚“双创”氛围。

（3）大力培育双创文化。武汉市双创氛围最浓厚的东湖高新区大力倡导敢于创业、乐于创新、宽容失败的示范区风尚，培育尊重知识、崇尚创造、追求卓越的创新文化，营造“让创业变成一种生活方式，创新变成一种人生追求”的创业创新氛围。

① “青桐计划”是针对在校或毕业 5 年内的大学生创业量身定制的创业扶持计划。“青桐学院”邀请创业导师并聘请财务、法律、知识产权方面的专业人才，为创业大学生提供点对点的服务。“青桐汇”是每月在高校巡回举行的项目融资路演。

② 佚名. 2017“创响中国”武汉站举行　光谷·青桐汇项目受追捧[N]. 中国网，2017-04-28.

参考文献

[1]辜胜阻．城镇化转型的轨迹与路径[M]．北京：人民出版社，2016.

[2]贾俊平．统计学(第三版)[M]．北京：中国人民大学出版社，2010.

[3]Edward L，Glaeser Wentao Xiong. Urban productivity in the developing world Author Notes [J]. Oxford Review of Economic Policy，2017(33)：373-404.

[4]山东省人民政府．关于印发山东省新旧动能转换重大工程实施规划的通知[Z]．2018.

[5]王剑．贵州省发展大数据产业的成就、问题和对策建议[J]．科学与财富，2016(29)：261.

[6]辜胜阻，李睿．以互联网创业引领新型城镇化[J]．中国软科学，2016 (1)：6-16.

[7]闻坤．深圳超常规布局创新载体[N]．深圳特区报，2018-07-21.

[8]黄子懿．武汉：科教重镇的人才变局[N]．三联生活周刊，2018-07-06.

[9]鲁力．深圳向世界“秀”出了什么[N]．南方日报，2018- 03-27.

[10]戴晓晓，等．研发投入强度全球第二，深圳“创新之都”是如何炼成的[N]．南方日报，2017-12-07.

第四章　产业案例

一、集成电路产业立项决策的技术风险预警研究①

2018年4月26日，习近平总书记视察中国光谷的烽火科技、武汉新芯公司时强调，“核心技术、关键技术、国之重器必须立足于自身；科技攻关要摒弃幻想、靠自己”。推动新旧动能转换，抢占全球技术竞争高地必须依靠中国高技术企业自主创新。而项目立项是企业技术创新的起点，其科学性与合理性直接影响着后续研发、试验、产品化的可行性与效率。近年来，由于立项失误导致多个高技术企业投资项目铩羽而归或遭遇重大风险，如福建晋华存储器项目总投资370亿元因与美光知识产权纠纷被美国禁运（2018）；贵州微硬盘项目草率立项导致当地20亿元巨额投资付诸东流（2006）；TCL押宝法国汤姆逊而错失液晶显示器发展时机（2005）；国内企业蜂拥涌入DVD制造业后遭遇外国企业专利大战的灭顶之灾（2004）。综合来看，高技术项目立项阶段决策的核心工作是通过风险预警手段，甄别出具备发展前景、经济性和可行性的技术方向。因而，本节基于专利视角，以集成电路产业里的长江存储科技公司立项为案例，构建高技术项目立项决策的技术风险预警模型。

（一）高技术项目立项决策技术风险预警的重要意义

作为项目立项前的必经阶段，可行性研究从建设的必要性、技术先进性、经济可行性等方面对拟投资项目进行全面认证，以期在

---

① 本节主要内容与周磊、王芮合作发表于《情报探索》，2018年第6期。

准备阶段识别出主要风险并积极应对(孙红，2008)。① 然而，工业建设、商业投资项目可行性研究中通过分析设计方案来预测潜在技术风险，这一模式难以满足高技术项目立项决策对技术风险的分析需求；这是因为高技术项目对以专利等技术资源的依赖性过高，甚至超出对资金、选址等传统要素的需求。目前，以专利为代表的无形资产在高技术企业资产中的比重日益增大，由此带来的技术风险已跃居高新技术项目各风险之首(Intarakumnerd 等，2015)。② 高科技产业内的专利被过多过细地划分到不同的权利人手中，重叠的、碎片化的专利网络构成了一片开发商难以独立穿越的专利丛林。③

鉴于专利在高技术竞争与风险管理中的重要作用，世界发达国家高度重视以专利分析为主体的知识产权评议工作，旨在对重大经济科学活动起到“明态势、看趋势、找空间、避风险”的作用(黄鲁成等，2014)。④ 韩国建立了大型科研项目事前评估机制，对政府资助的创新项目进行知识产权分析评议；美国通过同行评议方式对政府资助或补贴的项目进行间接评议，并大力培育知识产权评议中介机构和专业人才；⑤ 日本经济产业省重视对大型项目进行评估，尤其看重项目立项阶段的分析评议工作。⑥ 近年来，我国国家知识产权局成立了专利分析和预警工作领导小组，并围绕国家重点产业

① 孙红．投资项目可行性研究理论综述[J]．华邦电力大学学报(社会科学版)，2008(6)：42-46.

② Intarakumnerd P，Charoenporn P. Impact of stronger patent regimes on technology transfer：the case study of Thai automotive industry[J]. Research Policy，2015(44)：1314-1326.

③ Shapiro C. Navigating the Patent Thicket：cross licenses，patent pools，and standard-setting[A]. Jaffe A B，Lerner J，Stern S. Innovation Policy and Economy[M]. Cambridge，MA：MIT Press，2001：119-150.

④ 黄鲁成，武丹，张静，等．基于专利的技术竞争态势分析框架——以智能材料技术为例[J]．情报学报，2014(3)：284-295.

⑤ 张利飞，王杰．专利引用网络视角下专利池技术关系解析——以MPEG-2专利池为例[J]．情报杂志，2016(5)：96-102.

⑥ 黄鲁成，武丹，张静，等．基于专利的技术竞争态势分析框架——以智能材料技术为例[J]．情报学报，2014(3)：284-295.

和重大科技项目组织开展专利分析与知识产权评议。湖南、广东、江苏、湖北和重庆等地纷纷探索适合本地产业发展特色的知识产权分析评议模式。在科技计划项目立项评审阶段开展知识产权评议的具有三重作用：一是明确目标领域的技术现状和发展重点，提高立项精确度；二是分析目标领域的核心技术发展趋势及权利人，从而避免低水平的重复立项；三是预测拟采用技术路线的侵权风险，避免立项后因知识产权问题导致重大经济损失。①

(二)高技术项目立项决策的技术风险预警模型

1. 高技术项目立项决策的技术风险预警维度设计

(1)时机风险决定产业平均盈利水平。技术生命周期依次经历萌芽、成长、成熟、衰退四个阶段。② 产业技术系统的生命周期为项目立项决策提供了时间框架，决定了从事特定产业技术范围的所有项目的平均盈利水平。萌芽期是行业技术创新的起点，该阶段行业的经济效益为负数。进入成长期后，技术创新变现为经济效益。进入成熟期后，提升了技术的商业化程度和变现能力。衰退期意味着传统从业者的经济效益成持续下降趋势。

(2)地域风险影响技术本土化的难度。专利作为特殊的工业知识产权，具有清晰的地域保护范围，从而大大提高了企业进入该地区的技术门槛。专利先行是高技术企业市场开拓的重要战略，但开拓哪里？如何实现技术本土化保护和应用？需要配置多少资源？这些问题均受到目标市场现有专利规模及专利保护制度的影响。目前，中国知识产权局的专利受理量位居全球第一，使得高技术在中国的本土化难度陡增。

(3)侵权主体风险锁定技术竞争对手。侵权主体是从专利保护

① Moehrle MG, Gerken JM. A new instrument for technology monitoring: novelty in patents measured by semantic patent analysis[J]. Scientometrics, 2012(91): 645-670.

② 周磊. 专利视角下企业技术合作竞争研究[D]. 武汉：武汉大学，2013.

角度搜寻项目研发、制造或销售过程中可能侵害的知识产权以及由此引发纠纷的当事人。侵权主体风险是在明确侵权主体基础上，全面评估纠纷发生的可能性及带来的危害程度。从这个意义上来说，时机风险和地域风险更多考虑产业共性的时空维度，而侵权主体风险根植于竞争对手分析研究，要求从微观层次对项目竞争对手进行扫描、分析和锁定。

2. 高技术项目立项决策的技术风险预警与处置

对立项决策阶段的技术风险进行预警时，应遵循时机风险、地域风险、侵权主体风险的顺序，在此基础上利用专利数据进行各维度风险评估、综合风险警示与风险处置，工作流程如图4.1所示。

(1)基于专利时序分析的时机风险预警与处置。专利数据的客观性和开放性为定量分析技术生命周期提供了基础。相关研究分为三类：一是通过历年的专利申请或授权数量进行判断；① 二是从专利申请数量与申请人数量的综合变化进行判读；② 三是综合专利数量与类型，计算技术生长率、技术成熟系数、技术衰老系数和新技术特征系数等指标。③ 考虑到项目领域的新兴性以及操作的便利性，本节遵循思路一，通过分析专利申请数据的时序变化规律描绘技术生命周期。在此基础上，进行风险预警和处置：(1)若项目进入时机为萌芽期或成长期，先行者的累积竞争优势能够有效抵消初期的技术创新及研发资金回收风险，时机风险小，直接考察地域风险。(2)若项目进入时机为成熟期，时机风险表现为行业内因为竞争加剧而被迅速摊薄的平均收益以及在位者设置的进入门槛，时机风险为中级，可继续考察地域风险。(3)若项目进入时机为衰退期，预警级别最高，应立即做出不予立项的决定。

① 中华人民共和国国家知识产权局．专利导航试点工程工作手册[EB/OL]．2017-11-26，http：//www.sipo.gov.cn/ztzl/ywzt/zldhsdgc/.

② Kim G, Bae J. A novel approach to forecast promising technology through patent analysis[J]. Technological Forecasting & Social Change, 2017(117)：228-237.

③ D.E. 司托克斯．基础科学与技术创新：巴斯德象限[M]．周春彦，谷春立，译．北京：科学出版社，1999.

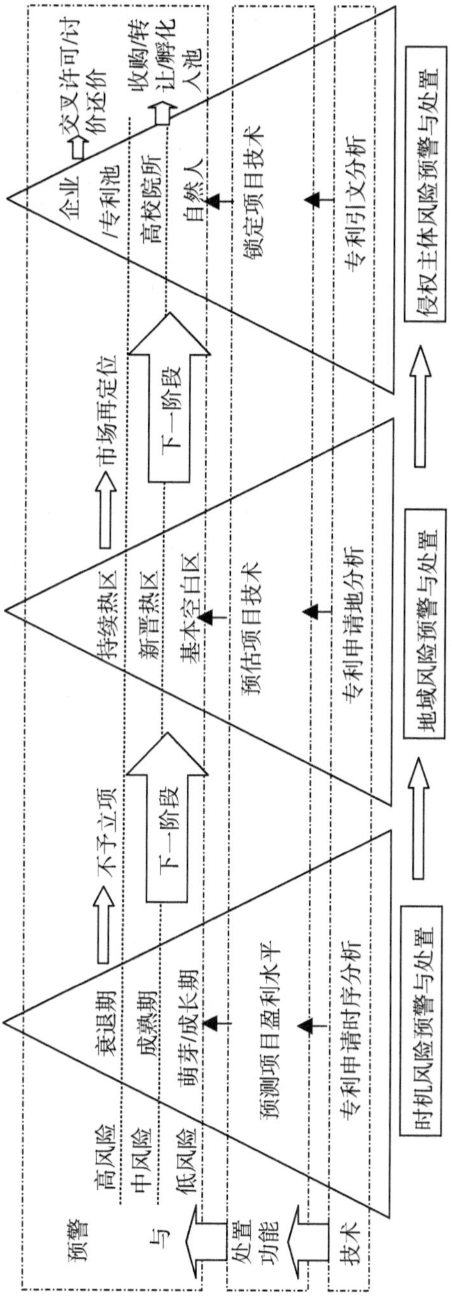

图4.1 高技术项目立项决策的综合技术风险预警与处置流程

(2)基于专利申请地分析的地域风险预警与处置。通过分析特定区域的相关专利规模即可确定该地区的技术竞争强度和技术保护壁垒。① 在实际操作中，需要从两方面对地区数据进行筛选：一是从专利的法律状态来看，分为申请和授权两类；二是从专利的申请时间来看，分为优先权申请和非优先权申请。为了全面衡量高技术项目的地域风险，本节选择非优先权申请地域作为原始数据源。在此基础上，对通过时机风险评估的立项评估其地域风险：①若目标地的市场大但相关专利申请少，属于基本空白区域，则地域风险小，直接考察侵权主体风险。②若目标地的市场大、相关专利申请总量适中，则属于新晋热区，地域风险中等，可以继续考察侵权主体风险。③若目标地的相关专利申请量持续领先，则属于持续热点区域，地域风险高，需重新定位目标市场。

(3)基于专利引文分析的侵权主体风险预警与处置。预警侵权主体风险时，应重点关注的问题包括：行业内的重要专利是哪些？这些专利的拥有人是谁？针对这些高风险主体，高技术企业应当如何应对？SIPO 认为产业中的重要专利多属于原理类的方法，代表了产业发展的前沿和趋势，通过二次开发实现产业化后，有可能形成产业创新的巨大潜力。本节将利用这一特征快速识别行业内的重要专利，进而对通过地域风险评估的立项评价其侵权主体风险：(1)若侵权主体是完全受好奇心驱动的自然人，则侵权主体风险低，可以通过专利收购的方式避免纠纷。(2)若侵权主体是高校院所等纯许可人，则侵权主体风险中等，可通过专利收购、专利转让或技术孵化的方式避免纠纷。(3)若侵权主体是企业，则侵权主体风险高，首选策略是技术回避，技术许可或交叉许可策略次之。若涉及的专利已被专利海盗或专利池收入囊中，则项目将面临最高的

① Kiebzak S, Rafert G, Tucher CE. The effect of patent litigation and patent assertion entities on entrepreneurial activity[J]. Research Policy, 2016(45): 218-231.

侵权主体风险[32]。项目方应根据 FRAND 原则①争取可接受的许可费率水平，或利用技术互补性争取交叉许可甚至加入专利池。

(三)基于集成电路产业的案例研究

2016 年 7 月，长江存储科技有限公司(YMTC)在武汉成立，承接投资额高达 240 亿美元的国家存储器基地项目，建立国产 3D NAND 技术自主研发、制造、销售的全链条。外界对长江存储描绘出的弯道超车蓝图褒贬不一，争议焦点在于中国企业能否冲破三星、东芝、美光、海力士等企业在芯片研发制造领域的累积优势，自主完成新一代技术的研发、量产和盈利？这一立项的胜算几何？风险集中在何处？下面将基于上文提出的技术风险预警模型寻找答案，全面评估长江存储 3D NAND 项目立项决策的技术风险。

1. 专利信息检索与数据处理

3D NAND 脱胎于 2D NAND，是对后者的重要技术革新，标志着半导体存储器技术发展的新方向。作为 3D NAND 的前一代技术，2D NAND 的既有技术范式、标准和研发惯例将对 3D NAND 技术研发、市场竞争和知识产权保护产生深远影响。从技术依赖、专利申请两方面考虑，下文将综合 2D NAND 及 3D NAND 专利数据进行技术风险预警。Derwent Innovations Index(DII)是国际权威专利数据库，本节以 DII 为数据源进行专利检索。由于专利从申请到公开的平均时间为 18 个月，本节将专利检索的截止时间设定为 2015 年 12 月。DII 通过专利人工解读将相关专利加工为专利族，集中反映技术创新的实质特征。本节分别以 2D NAND 作为主题和关键词进行检索，去重后共命中专利族记录 28484 条；分别以 3D NAND 作为主题和关键词进行检索，去重后共命中专利族记录 121 条。

跨国企业是 2D NAND 专利族的主要拥有人，为了准确锁定侵权主体，需要根据企业间的权属关系对专利族权利机构进行归类。例如富士通（FUJITSU）包括 FUJITSU LTD、FUJITSU

① 国际上对专利标准的公平、合理和不带歧视性(FRAND，Fair，Reasonable，and Non-discriminatory Terms)原则要求，通常在欧洲、美国使用。

SEMICONDUCTOR LTD、FUJITSU MICROELECTRONICS LTD 等 30 个不同的机构名称；日立（HITACHI）包括 HITACHI LTD、HITACHI MICON SYSTEM KK、HITACHI GLOBAL STORAGE TECHNOLOGIES NETH 等 40 个不同的机构名称。针对这些情况，本节首先使用 EditPlus 软件建立叙词表，将跨国公司及其分支机构进行归类。然后，使用 DII 配套的数据分析工具 Thomson Data Analyzer(TDA)从申请年度、地区和机构等方面对专利数据进行统计。

2. 分析结果对比与讨论

(1)长江存储 3D NAND 立项决策的时机风险预警。为了确定项目所处的产业阶段，本节根据专利申请量，分别绘制了 3D NAND 及 2D NAND 的技术生命周期图，如图 4.2 所示。

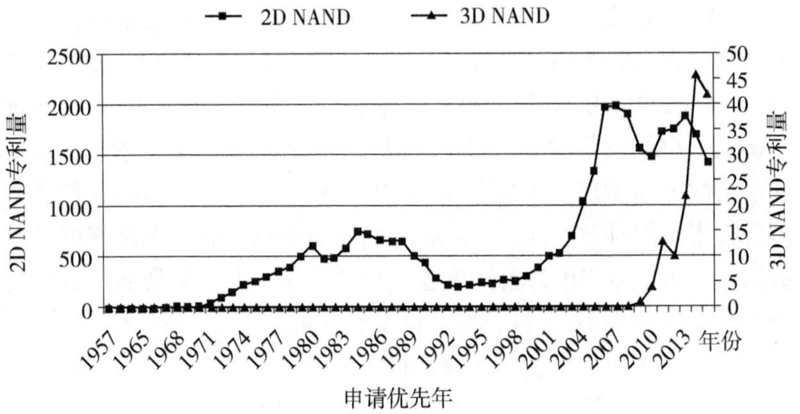

图 4.2　3D NAND 及 2D NAND 技术生命周期

由图 4.2 可知，2D NAND 技术的研发在 20 世纪 70 年代进入成长期，随后经历了长时期的震荡和低迷，2000 年专利申请量再次激增直至 2008 年进入成熟期，目前已进入衰退期。因而，目前如继续 2D NAND 研发和制造将带来巨大的时机风险。3D NAND 研发始于 2009 年，2011 年进入快速成长期，2014 年和 2015 年专利申请量均破 40 件。因而，长江存储直接开展 3D NAND 研发和量产，时机风险较低，有利于在技术蓝海中脱颖而出。

(2)长江存储 3D NAND 立项决策的地域风险预警。为了确定各地区的技术竞争强度，本节分别统计了 2D NAND 及 3D NAND 重要申请地的同族专利申请规模，结果如图 4.3 所示。

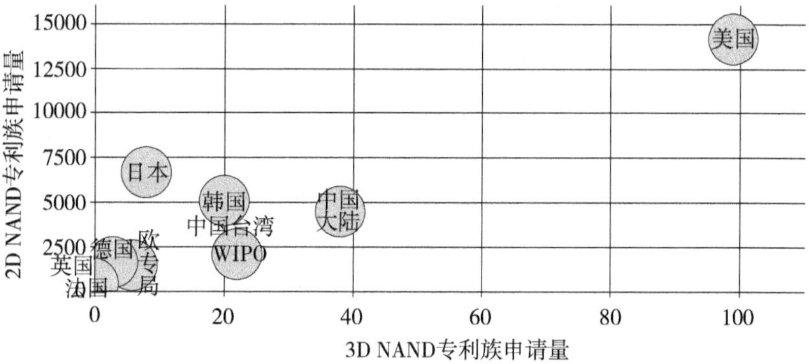

图 4.3　主要国家/地区 2D NAND 及 3D NAND 专利族申请规模①

图 4.3 表明，美国、日本、韩国拥有大量的 2D NAND 专利族。同时，美国还是 3D NAND 技术创新的主要来源地，领先优势显著；中国超越日本和韩国，成为 3D NAND 研发的第二人。由此可知，中国是 3D NAND 及前一代技术 2D NAND 的目标市场及主要发明国之一。长江存储放弃 2D NAND 技术研发，有利于避开美、日、韩积累的技术优势；专注于在国内开展 3D NAND 技术的研发和量产，巧妙地回避了来自美国市场的地域风险。

(3)长江存储 3D NAND 立项决策的侵权主体风险预警。首先，分析了 2D NAND 研发的重要实体，包括：来自日本的东芝、NEC、富士通；源自美国的美光、IBM、英特尔、AMD；韩国的三星、海力士；以及中国台湾的旺宏、欧洲的西门子、意法半导体和飞索等。考虑到 2D NAND 是在先技术，将对 3D NAND 的技术与标准

① 中国台湾地区半导体行业的技术创新类别、模式、发展历程与中国大陆有较大区别，故将二者区别开来。

产生双重影响，应将这些 2D NAND 领军企业视作长江存储项目潜在的侵权主体。其中，旺宏电子、闪迪、美光、三星、希捷、东芝等继续发力 3D NAND 研发，与长江存储项目产生直接竞争。接下来，根据专利被引频次，确定 3D NAND 基础性专利，进而锁定这些专利的权利人，如表 4.1 所示。

表 4.1　　**3D NAND 重要专利及相应权利人**

序号	专利家族	专利名称	权利人	被引频次
1	US9412752-B1；CN106558586-A	3D 阵列存储器	旺宏电子	80
2	US9401369-B1；US2016240548-A1	三维非易失性存储器	旺宏电子	65
3	US2016133568-A1；EP3021360-A1；TW201618229-A；US9418939-B2；CN106206541-A；TW570841-B1	用于三维非易失性存储器件的非阶梯接触结构	旺宏电子	33
4	US2016099059-A1；US9318204-B1	使用存储电荷记录数据的非易失性存储器	闪迪	20
5	US8854890-B1	三层堆栈的非易失性存储器	闪迪	7
6	US2014291603-A1；KR2014118187-A；KR2014118188-A；KR2014118189-A；US9099637-B2	相变存储器	智力发现公司	6
7	US2014264898-A1；CN104051467-A；TW201448176-A；US8981567-B2；TW514554-B1；CN104051467-B	三维集成电路元件	旺宏电子	6
8	US2014226414-A1；WO2014126820-A2；US8824211-B1；WO2014126820-A3；WO2014126820-A4	3 D NAND 串擦除操作方法	闪迪	5
9	US2014193969-A1；US8877624-B2	半导体结构的制造方法	美光	5
10	US8759899-B1；US2014197516-A1	高密度 3D NAND 闪存器件的堆栈晶体管结构	旺宏电子	5

由表4.1可知，中国台湾旺宏电子是3D NAND领域高质量专利的重要拥有者，这可能与其在该领域发表了大量的高水平论文有关。闪迪、美光进一步巩固并扩大了其在2D NAND领域积累的技术优势，在新兴领域取得了高质量的研发成果。由于这些重要专利均掌握在企业手中，大大增加了长江存储项目的侵权主体风险，其危害程度大于时机风险和地域风险。针对这一情况，长江存储在3D NAND技术研发中应善用技术回避策略绕开保护区域；针对难以回避的技术点，尝试通过技术许可来消除或减轻侵权主体风险。

综上所述，3D NAND属于替代性技术，处于技术生命周期的快速成长阶段，大大降低了该项目的时机风险；作为新兴技术，已申请的3D NAND中国专利数量远远低于美国，大大缓解了该项目研发的地域风险；3D NAND重要专利的权属人均为企业，这使得该项目的侵权主体风险高于前两类风险。但总体来看，由于时机风险和地域风险较低，大大减轻了侵权主体风险对该项目的负面影响。因而，该项目立项决策时，综合技术风险可控。

3. 结论与启示

立项决策是企业技术创新的起点，如不能有效识别和控制立项阶段的潜在风险，将对研发、试验、产品化等后续阶段产生负面影响。本节综合专利思维、专利数据和专利分析方法，构建了包括时机风险、地域风险、侵权主体风险三个维度的立项决策技术风险预警模型。以长江存储的3D NAND项目为例，通过收集DII收录的专利数据，对该项目立项决策阶段的综合技术风险进行分析、预警和处置。研究结果表明：该立项的时机风险和地域风险预警级别低，侵权主体风险预警级别高，但总体风险尚可控。

鉴于长江存储3D NAND项目在我国半导体集成电路（Semiconductor Integrated Circuit，SIC）产业发展中的前瞻性作用，最后从风险处置的角度，为长江存储3D NAND项目的发展提出若干对策建议。首先，长江存储应从技术生命周期的角度理性看待时机风险，3D NAND技术尚处于成长期，领域内的竞争环境与利润水平较理想。长江存储如能跟随并追上先行者的脚步，足以弥补与第一梯队间的时机差和技术差。第二，长江存储进军SIC研发与制造业的尖端市场，有利于扭转我国作为高技术输出地国和产品倾销地的窘境。立足国内攻坚 3D NAND，能够充分利用中国的大市场及本土化优势，避免在美国市场展开直接竞争。第三，长江存储应高度重视并妥善处理侵权主体风险，学习我国台湾 SIC 产业由芯片制造进而带动芯片设计的进阶途径，通过技术超越优势破解技术风险和威胁。

二、光纤通信产业的新兴技术识别研究①

当前，世界新一轮科技革命和产业革命兴起，孕育着崭新的、历史性机遇。抢占新兴技术及其相关产业变革的先机，已成为制约新旧动能转换的关键性因素。统计表明，美国的技术创新有 78% 为其首创，技术创新与领跑已成为美国参与全球竞争的重要战略。因此，捕捉新兴技术方向是国内企业从技术追赶向技术并行、技术领跑的基础，是政府、业界及学界共同关注的重要议题。本节以光纤通信产业为例，研究新兴技术的形成机制、识别方法和应用，以期为促进产业技术赶超、辅助产业技术创新决策提供科学建议。

(一)新兴技术识别的重要意义

新兴技术的奠基理论可追溯至熊彼特提出的“创造性破坏”，即新技术带动新产业涌现而迫使现有产业衰退。1997 年，克里斯坦森提出“颠覆性创新”以描绘新技术发展对现有技术轨道的彻底破坏，使得业界的注意力再次聚集于新兴技术的理论研究。与此同时，2015 年美国兰德公司的报告《中国的专利与创新》中认为，中国科技领军企业华为、中兴尽管专利申请规模快速增长，但因缺乏新兴技术研发能力导致企业创新价值低于思科、阿尔卡特等竞争对手。② 目前，我国通过近 40 年的技术跟随战略积累了较强的渐进

① 本节主要内容与周磊、王芮合作发表于《科技进步与对策》，2018 年第 15 期。

② Warner E. Patenting and Innovation in China[D]. Santa Monica: Pardee Rand Graduate School, 2015.

性创新和二次创新能力。但受到全球产业分工深入细化、技术创新复杂性激增、知识扩散壁垒提升等外部因素的影响，国内企业如继续技术跟随创新模式，将进一步拉开与领跑者的差距。

而目前，情报学、科学学、技术创新管理等学科采用的技术创新识别方法大致可分为如下四类：专家评价模型是预测技术创新趋势的原始模型，① 但专家意见的主观性强、获取难度大；技术轨道模型基于技术生命周期的曲线规律，延伸出技术路线图、技术轨道分析、技术生命周期、技术机会发现、技术路线图等模型，② 但新兴技术不宜使用现有技术轨道进行预测；市场绩效模型在考虑市场接受程度的基础上，对技术可行的新技术进行预测，③ 但新兴技缺乏产业化原型或产品，难以预估其市场反应；专利计量模型通过对专利文献的外部特征进行多维计量，预测技术创新的出现，④ 但专利计量指标的庞杂性加大了研究的难度。

(二)技术融合视角下新兴技术的形成机制与识别方法

1. 基于技术融合视角的新兴技术形成机制分析

技术融合理论认为新兴技术是对现有的多研究领域和专利技术的重组(recombination)；⑤ 后续研究发现，建立在全新元件知识基础之上的突破性创新只是少数，更多的突破性创新来自联接知识创

---

① Hussler C, Muller P, Rondé P. Is diversity in Delphi panelist groups useful? Evidence from a French forecasting exercise on the future of nuclear energy [J]. Technology Forecasting & Social Change, 2011(9): 1642-1653.

② 黄鲁成，石媛媛，吴菲菲．基于专利引用的技术轨道动态分析——以太阳能电池为例[J]．科学学研究，2013(3)：358-367.

③ Altuntas S, Dereli T, Kusiak A. Forecasting technology success based on patent data[J]. Technology Forecasting & Social Change, 2015(96): 202-214.

④ Ma J, Porter A. Analyzing patent topical information to identify technology pathways and potential opportunities[J]. Scientometrics, 2015(102): 811-827.

⑤ 周磊，杨威．基于专利挖掘的突破性创新识别框架研究[J]．情报理论与实践，2016(9)：73-76，46.

新。① Verhoeven 等(2016)指出技术知识重组是技术新颖性的重要来源，根据这一特征识别出的新兴技术不仅具有更高的影响力，还与 R&D Magazine 评选出的获奖技术一致。② 周磊等(2016)基于技术融合观点，提出了跨界型突破性创新的识别思路，并开展了实证研究。③

现有研究认为，新兴技术形成的理论源泉来自大跨度、多元化的技术融合。根据这一逻辑，新兴技术形成的基础步骤可总结为：始于广度优先的知识搜索、核心在于对元件知识间的联接性进行重组、最终形成新兴技术体系。(1)广度优先的知识搜索是新兴技术形成的起点，这是因为技术边界的模糊性使得技术突破主要出现在多领域交叉地带，多元化和差异性有助于知识间的碰撞，为新知识的产生拓展广度和提升几率。④ (2)对元件知识间的联接进行重组是促成知识协同创新从量变到质变的关键环节，这是因为深度融合的技术知识组合拥有在多个应用领域重塑产业和技术前景的潜力。(3)新兴技术体系的形成离不开多层次的技术集合支撑，底层是分散的技术专利集合、大量专利汇聚形成有规律的技术领域、多个技术领域共同构成中观的技术部门。综上所述，广泛的技术融合与重组是催生新兴技术的技术根源。新兴技术的内在特征集中表现为其知识联接的跨界与异化。这种差异性、多元化的技术融合也是下文识别新兴技术的核心指标。

2. 基于技术融合视角的新兴技术识别方法设计

技术知识流模型中提出了专利引文、专利共类两种方式作为知

① 翟东升，蔡力伟，张杰，等．基于专利的技术融合创新轨道识别模型研究——以云计算技术为例[J]．情报学报，2015(4)：352-360.

② 江洪，王微，赵凯．基于专利的领域技术知识流动网络特征分析[J]．情报杂志，2014(8)：64-69，73.

③ 周磊，杨威．基于专利的技术知识流特征研究[J]．情报杂志，2016(5)：108-112.

④ Kim DH，Lee BK，Sohn SY. Quantifying technology-industry spillover effects based on patent citation network analysis of unmanned aerial vehicle (UAV) [J]. Technology Forecasting & Social Change，2016(105)：140-157.

识链接的代理。考虑到专利引文的时滞性过长、包括 DII 在内的商业数据库亦难以提供全面、及时的专利引用数据。因而，本节将使用专利共类表示知识链接。同时，借鉴 WIPO 的 IPC 技术索引表(IPC-Technology Concordance Table)，底层为 IPC 小类，中间层为 35 个领域(Field)，上层为 5 个部门(Sector)，通过在 IPC 小类和领域间，领域和部门间建立映射标准，从而在技术发明与产业经济间建立标准化的联系。为了充分体现被融合技术的差异性，本节以 IPC 技术索引表的部门(Sector)作为判断基准。

具体来看，基于技术融合视角的新兴技术专利识别包括 3 个环节，如图 4.4 所示。

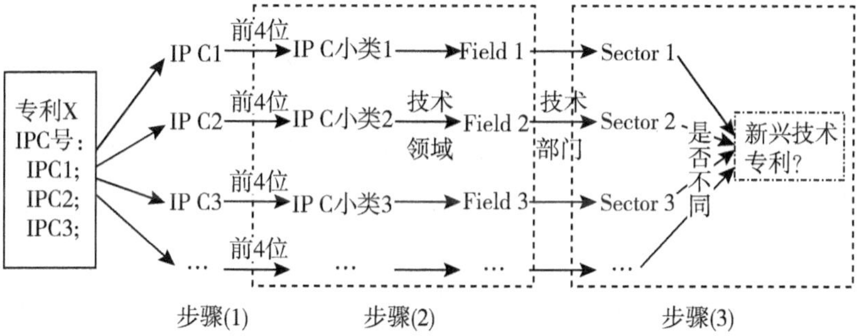

图 4.4　基于技术融合的新兴技术专利识别流程

具体来看，基于技术融合视角的新兴技术专利识别包括 3 个环节：首先，针对每一件专利，提取每一个 IPC 小类，记录专利的 IPC 小类；其次，将每一对 IPC 小类组合映射为领域组合，进而再将领域组合映射为部门组合；最后，分析每一件专利的部门差异性，如存在不同的部门组合，即为新兴技术专利。为了全面理解新兴技术的构成，还需对已识别的新兴技术专利进行更深入的分析。一是基于领域视角，分析新兴技术专利属于哪些领域？又是由哪些领域的融合促成的？二是基于部门视角，分析新兴技术专利属于哪些部门？又是由哪些部门的融合促成的？

综上所述，技术融合是新兴技术形成的内在动力，知识联接的跨界组合是识别新兴技术的核心标准，遵循这一思想及以上操作步骤，从而形成技术专利、技术领域和技术部门三维度的新兴技术识别框架。

(三)基于光纤通信产业的实证研究

光纤通信是我国当前的主导高技术产业，具有通信容量大、传输距离远、抗干扰性强等显著优势。本节将识别全球范围内光纤通信产业的新兴技术专利、领域和部门，并重点分析武汉光谷光纤通信领军企业——武汉烽火通信、长飞光纤光缆，从而提炼出国内企业和武汉地区企业发展的政策建议。

1. 光纤通信产业新兴技术识别

本节以 DII(Derwent Innovations Index)为数据源，检索光纤通信领域的专利申请情况，命中记录 16104 条专利(族)。使用 DII 配套的数据分析工具 TDA(Thomson Data Analyzer)对原始数据进行合并、清理；使用 UCINET 和 NETDRAW 分别计算和展示新兴技术领域、新兴技术部门间的关联性网络。遵循上文提出的新兴技术识别方法，识别出光纤通信新兴技术专利(族)4284 件，占总数的 26.6%。

(1)光纤通信产业新兴技术专利识别。日本、美国、中国位列光纤通信新兴技术专利优先申请国三甲。日本在光纤通信技术研发方面居于世界领先位置，拥有包括在内的重要专利持有人，贡献了大量的新兴技术专利。以康宁为代表的美国企业，是光纤通信技术的缔造者，在该领域积累了雄厚的技术实力。将中国作为优先国的新兴技术专利主要由国内企业、高校和研究所申请，如国家电网、华为、鸿海、长飞、中国科学院下属院所、清华大学、北京交通大学等，这说明在光纤通信领域，中国不仅是技术输出地，也是重要的研发原创国，不过与日、美两国相比，中国权利人中缺乏领军者。最后，对光纤通信产业新兴技术专利的主要权利人进行统计，如表 4.2 所示。

表 4.2　**光纤通信产业新兴技术专利的主要权利人**

专利数量	权利人	专利数量	权利人	专利数量	权利人	专利数量	权利人
338	日本电报电话	119	安捷伦	37	精工晶振	21	信越化学
305	住友	113	松下	32	AT&T	20	理光
191	NEC	64	康宁	32	KKDI	18	特雷卡
185	富士通	62	京瓷	32	国家电网	17	旭硝子
184	古河	49	索尼	27	日本电气	17	捷迪讯
153	三菱	39	三星	23	菲尼萨	14	鸿海
148	日历	37	富士	22	安华高	14	昭和电机
143	藤仓	37	夏普	21	美国通信	13	华为

由表 4.2 可知，以日本电报电话公司为首的日本企业是光纤通信产业新兴技术专利的主要权利人，其对产业重要原创性技术的把控力远超其他国家。由安捷伦、康宁、AT&T、菲尼萨组成的美国企业，以及鸿海、华为两家中国企业的综合实力均远逊于日本军团。短期来看，高水平、多元化的日本企业将继续领跑光纤通信产业的研发创新。

(2)光纤通信产业新兴技术领域识别。光纤通信新兴技术领域有哪些？哪些技术领域间的紧密组合促成了这一产业的新兴技术？为了回答这两个问题，下文利用 IPC 技术索引表已定义的 IPC 和技术领域(field)间的相互关系，确定已识别出的新兴技术专利的 IPC 组合，从而识别出光纤通信产业新兴技术领域，如图 4.5 所示。

由图 4.5 可知，光学、电信是光纤通信产业最重要的两大新兴技术领域，他们与其他技术领域间的互动频繁，二者间的关联性也是所有技术领域间最强的。数字通信、电子机械设备能源是光纤通信产业另两个重要的新兴技术领域，二者与其他技术领域间的贡献频次均超过 1000 次。由于研究对象的相似性，数字通信与电信的关系最为紧密，是催生光纤通信产业新兴技术的技术领域组合。由于研究对象间的互补性，电子机械设备能源与光学的关系最为紧

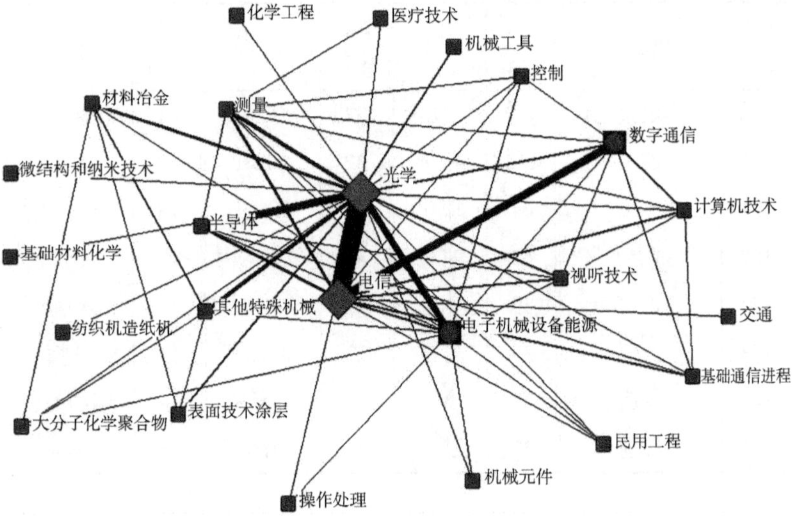

图 4.5 光纤通信产业新兴技术领域的关联性

密，二者的结合有利于促成光学仪器设备的重大创新。除此之外，半导体、材料冶金、测量等技术领域也为催生光纤通信产业新兴技术提供了重要的物质和应用基础。

(3) 光纤通信产业新兴技术部门识别。根据领域(Field)与部门(Sector)之间的对应关系，从新兴技术领域中识别出光纤通信产业的新兴技术部门，如图 4.6 所示。

如图 4.6 所示，光纤通信产业的新兴技术部门依次为设备、电子工程、机械工程、化学、其他。设备既为光纤通信产业提供了光学的理论基础，也提供了仪器设备等必要的实施手段，是该产业原始创新中最重要的技术部门。电子工程为光纤通信产业创新提供与通信技术有关的庞大知识背景和复杂技术系统，是该产业创新中的重要支撑部门。设备、电子工程间两大部门间的技术交流是促成光纤通信产业新兴技术发展的动力之源。机械工程部门的创新有利于提升光纤加工、架设的自动化和效率；化学部门的创新为优化光纤制造工艺提供物质材料；其他部门为光纤通信的应用提供了更加开放和多元化的场景。这些部门间的互动，特别是它们与设备、电子

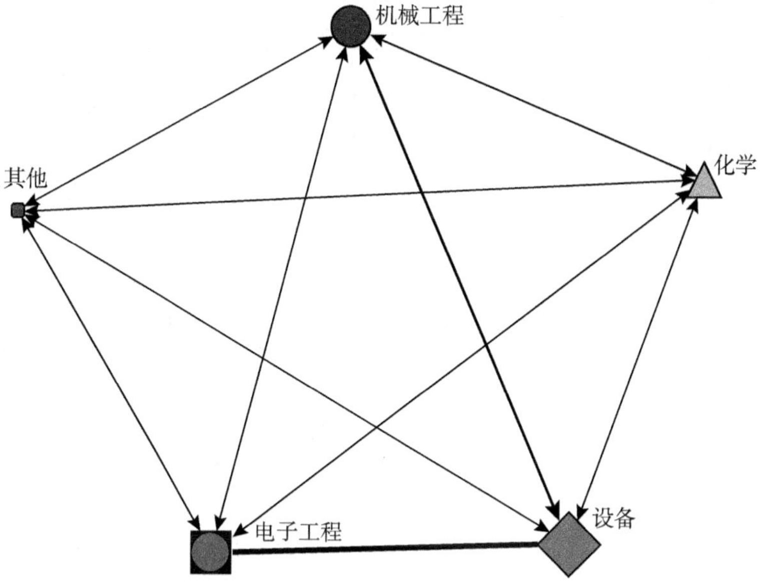

图 4.6　光纤通信产业新兴技术部门的关联性

工程间的技术支撑是光纤通信产业新兴技术发展的重要助推力。

2. 武汉地区光纤通信企业的新兴技术分析

武汉光谷是国家光电子产业基地，聚集了一批以武汉烽火通信、长飞光纤光缆为代表的富有竞争力的光纤通信创新型企业。武汉烽火通信的前身——武汉邮电科学研究院从 1973 年开始研究光纤通信，是国内光纤通信研发和制造的先行者、奠基人和领军人。① 长飞光纤光缆由中国电信、荷兰特雷克、武汉长江通信集团于 1988 年共同投资建立，是国内领先的光纤光缆产品以及制造装备的研发和生产基地。

为了进一步考察两家企业在该产业的技术原创和保护能力，重点分析二者拥有的光纤通信新兴技术专利情况，如表 4.3 所示。

① 卢文全．光通信概述[J]．光通信技术，1997(3)：171-180.

表4.3　烽火通信和长飞光纤光缆拥有的光纤通信新兴技术专利

序号	德温特入藏号	权利人	优先国	优先年	标题
1	2008J29888	烽火	中国	2007	用于高浓缩波长分割通信系统的宽带色散补偿光纤
2	201655641N	烽火	中国	2016	用于通信设备的拉光纤夹钳和光模组
3	2011E24938	烽火	中国	2009	基于光纤通信的声表面波温度传感系统
4	2003458260	长飞	中国	2002	单模光纤，及其制备和应用
5	2008E62369	长飞	中国	2007	低极化分散包层抑制型光敏光纤
6	2005606239	长飞	中国	2004	具有感测和通信功能的混合光缆及其制造方法
7	2003373041	长飞	中国	2002	用于光通信系统的负色散单模光纤
8	2011L60350	长飞	中国	2011	用于光纤通信系统的单模光纤
9	2011J51017	长飞	中国	2010	用于通信应用的柔性绞合光缆
10	2013K82073	长飞	中国	2012	自承式蝶形光电混合束缚电缆

考察这10件专利对应的新兴技术领域及其组合，发现光学、电信是最主要的新兴技术领域，且主要为光学与电信，以及光学与其他领域的组合。进一步考察10件专利对应的新兴技术部门及其组合，发现设备、电子工程是最主要的新兴技术部门，且主要为设备与电子工程，以及设备与其他部门的组合。以上研究发现与光通信产业新兴技术总体特征一致。综合来看，由于新兴技术专利数量

少，烽火科技和长飞光纤光缆与日、美两国的领军企业相距甚远；与我国大陆企业华为、我国台湾鸿海在光纤通信产业创新质量、多元化、国际化等方面的差距也较为明显。

3. 结论与启示

本节以光纤通信产业为研究对象，对产业内的新兴技术专利、领域、部门加以识别，分析结果对国内相关企业的跨越式发展有一定的参考价值。面对美国企业原创性的先发优势和日本军团集聚而成的全球领先优势，中国企业如何才能追赶并超越这些竞争对手，在光纤通信产业中抢占一席之地呢？首先，国内企业的将专利战略应从数量领先转型为质量领先。中国政府出台的专利激励政策催生出本土企业的专利申请热潮，但无论是国家层面还是企业层面，专利激增并未显著提升全要素生产率（TFP），即专利繁荣并未带来实质性的经济效率增长。① 如不能清醒应对国内企业专利申请大而不强的现状，将难以催生技术创新的质变。第二，华为、鸿海集团是中国企业专利战略管理的标杆，但在光纤通信新兴技术研发方面仍与日本、美国的顶尖企业有明显差距。这表明跟随创新、模仿创新、从事低附加值代工已不能应对当前的市场竞争。国内领先企业应将引领创新作为技术发展目标，通过融合多学科、多行业、多领域的知识，不断开发新兴技术和产品，成长为市场竞争的领跑者。最后，烽火科技、长江光纤光缆作为武汉光谷的支柱企业，与光通信产业的全球领先企业间差距较大。这两家企业应学习标杆企业，加强对原始性创新、突破性创新的研发投入；同时增强知识产权保护意识，建立全过程的专利战略管理流程，提升研发成果的经济效益和战略价值。

三、专利导航产业突破性创新的机制研究②

当前，以突破性创新为基础的产业技术领跑战略是当前中国创

---

① Warner E. Patenting and Innovation in China[D]. Santa Monica: Pardee Rand Graduate School, 2015.

② 本节主要内容与周磊、张玉峰合作发表于《图书馆学研究》，2016 年第 17 期。

新驱动发展的重要突破口。习近平总书记要求，“把发展基点放在创新上”，“着力攻克一批关键核心技术”，实现产业技术“从跟随到并行再到领跑”。为更好地服务产业技术创新领跑战略，国家知识产权局(SIPO)2013年正式在地方启动发展“国家专利导航产业发展实验区”，以期通过专利服务支撑产业技术创新。虽然部分学者将专利导航视为包括专利分析、知识产权评议、专利储备运营等知识产权服务业内容的新兴产业(韩黎敏，2016；黄岑宇等，2016)，但专利导航产业发展更多是以专利信息资源利用和专利分析为基础，把专利运用嵌入产业技术创新、产品创新、组织创新和商业模式创新中，引导和支撑产业科学发展的探索性工作(国家知识产权局，2017)。本节将研究如以专利挖掘技术为手段，通过构建具有前瞻性、洞察性和战略性的专利服务的专利导航机制，引导产业突破性创新。

(一)基于定量研究视角的产业突破性创新界定

产业创新模式由跟随、并行向战略领跑的转型升级，要求竞争情报全方位、深度支撑产业技术创新，这对当前专利情报服务模式提出了诸多挑战。中国科学院文献情报系统房俊民团队重点研究了面向产业风险预警的产业竞争情报系统，① 上海商学院吴晓伟团队设计了基于人际网络分析方法的产业集群竞争情报预警机制。② 但由于我国大陆地区知识产权服务起步相对较晚，与发达国家和地区专利服务支撑产业发展模式间的差距明显。如美国专利交易市场活跃度居全球之首，国内顶级智库亦善于利用专利数据洞察产业态势；加拿大政府为中小企业和产业协会提供立体化的技术竞争情报服务；新加坡政府通过开展情报分析服务活动提升企业在知识产权保护和技术转移中的竞争力。国外研究人员已利用NPC(Non-

---

① 张立超，房俊民，高士雷．基于产业竞争情报的产业风险预警体系构建研究[J]. 情报理论与实践，2011(6)：69-73.

② 王广雷，吴晓伟，楼文高等．产业集群信息服务平台预警机制研究——基于人际竞争情报[J]. 情报杂志，2013(12)：165-169.

patent citation)分析法识别行业新兴技术和核心技术;① 综合运用专利文本挖掘、自然语言处理、领域本体等技术方法,识别行业技术空白点和研发热点②、评价专利的新颖性③、预测产业技术路线变迁④等。因而,国内科技情报机构必须尽快引入智能化的专利挖掘方法和技术,推进专利服务工作由文献服务、数据服务向情报服务、知识服务转变。

以突破性创新为代表的大型、复杂系统是关系产业生命力、国家竞争力的技术关键。但是,何为突破性创新?学界观点并不统一。下文根植于突破性创新的本质属性——显著的技术创新程度,由浅及深地界定突破性创新。

(1)跨界型创新。跨界型创新的标志是技术向其他相关行业的转移和应用,一般表现为通过改进性能、降低成本等手段将特殊领域的专有技术引入公用领域。如美国军方研制的 APAR 网经过 50 年的发展,已成功过渡到公共领域,成为日常化的办公和社交工具。目前,越来越多的高精尖技术向民用领域普及和市场化。无线电定位技术就是一个典型的跨界型创新,这一技术来自航空航天、野外救助和军工行业,将其应用于手机通信却不得不说是一种突破性创新。

(2)跃迁型创新。跃迁型创新是在当前技术路线上"深耕细

---

① Choi S, Yoon J, Kim K, et al. SAO network analysis of patents for technology trends identification: a case study of polymer electrolyte membrane technology in proton exchange membrane fuel cells[J]. Scientometircs, 2011 (3): 863-883.

② Yoon J, Park H, Kim K. Identifying technological competition trends for R&D planning using dynamic patent maps: SAO-based content analysis [J]. Scientometrics, 2013(1): 313-331.

③ Moehrle MG, Gerken JM. A new instrument for technology monitoring: novelty in patents measured by semantic patent analysis[J]. Scientometrics, 2012 (3): 645-670.

④ Yoon B, Park I, Coh B. Exploring technological opportunities by linking technology and products: application of morphology analysis and text mining[J]. Technological Forecasting and Social Change, 2014, 86: 287-303.

作”，大幅提升现有技术的“性价比”。这类技术遵循产业突破性创新的经典路径，即根据现有知识和技术轨道，大力提升当前产品的性能或缩减生产成本。如计算机领域的“摩尔定律”描述的正是硬件技术发展中的跃迁型创新：以 18 个月为一个周期，硬件性能将提升一倍或硬件价格将缩减一半。总体来看，跃迁型创新能够有效维护行业技术路线的连续性，成为局外人必须克服的进入门槛，从而不断巩固在位者的既有竞争力。

(3)原始型创新。原始型创新特指基础创新，是由学科理论突破引起的核心技术的重大突破、行业技术新领域的扩展。① 原始型创新是创新程度、技术优越性、影响力最强的“原创性”技术创新。② 这种原创性来源于科学研究活动的突破，并最终促使产业科技的跨越式发展。总体来看，原始型创新面向科学发展的最前端，将科学研究的进步与工程技术的改良紧密地结合在一起，向产业界不断地输送最新的科研成果。

(二)专利导航产业突破性创新的机制体系

SIPO 在《专利导航试点工程工作手册》中强调，应涵盖产业发展实验区、协同运用试点单位、试点企业等多元化主体，建立导航产业专利发展的工作机制。③ 专利服务导航产业突破性创新的机制体系是由运作机制、组织体系、制度保障等要素构成的集合体，旨在明确指出这一机制的工作任务和内容、参与主体、保障措施。

1. 专利服务导航产业突破性创新的运作机制

提升产业重大科技产出能力是破解当前我国产业经济低端化困境的根本途径。因而，专利服务应围绕两项核心任务为引领产业突破性创新保驾护航：一是有效识别产业突破性创新的对象，从而明

---

① 苏屹，李柏洲．大型企业原始创新支持体系的系统动力学研究[J]．科学学研究，2010(1)：141-150.

② 周磊，杨威．竞争情报视角下突破性创新的识别思路[J]．情报杂志，2015(1)：32-37.

③ 中华人民共和国国家知识产权局．专利导航试点工程工作手册[EB/OL]．2016-01-26，http：//www. sipo. gov. cn/ztzl/ywzt/zldhsdgc/.

确技术创新的大方向；二是识别产业突破性创新的主体，从而指明技术创新的途径。这两项任务互为犄角，前者是基础，是专利服务活动的总纲；后者是结果，是专利服务活动的落脚点。本节基于专利情报价值链模型，围绕产业突破性创新的这两项核心任务，设计了专利服务的5步流程，如图4.7所示。

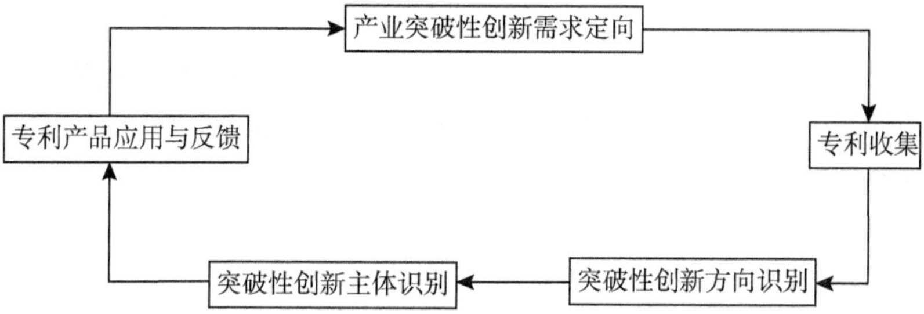

图4.7　面向产业突破性创新导航的专利服务流程

(1)产业突破性创新需求定向。根据上文分析，产业突破性创新需求为呈递进关系的两类，一是指明产业突破性创新方向，二是明确突破性创新主体。针对选定的产业，在初步判断产业技术生命周期阶段的基础上，设计项目方案。

(2)专利收集。根据用户需求，以特定国家的官方专利数据库为目标库，重大项目需要参考USPTO、欧专局、DII等数据库的相关专利。数据采集过程可以利用“滚雪球”方法进行，具体分为3步：①以科技文献的高被引论文和最新文献为种子，确定领域关键词；②整理和筛选关键词后进行预检索，确定主要专利权人及IPC号分布情况；③兼顾查准性和查全性，从关键词、权利人、IPC号三个方面优化检索式。针对大型、复杂系统，还应利用鱼骨图进行技术分解，确定系统的核心组件，为每一组件设计独立检索式。

(3)产业突破性创新方向识别。对专利数据进行预处理后，针对三类突破性创新的特点，利用专利挖掘技术加以识别：①基于IPC挖掘法识别跨界型创新，一件专利中，发明的专有知识被分配给单一的技术号，其他相关知识则被分配给多个副分类号；[①] 也就是说，专利共类的实质是主分类号生产知识而副分类号接收知识。[②] 因而，通过对专利的 IPC 共类关系进行挖掘，可以快速确定该技术知识的源头(主分类号)和应用终端(副分类号)；二者对应的技术领域差距达到阈值水平时，即为跨界型创新。②基于专利文本挖掘法识别跃迁型创新，即利用技术-功效矩阵从非结构化的文本中快速识别出跃迁型创新的两大本质特征——技术性能的提升幅度和成本的缩减幅度。③基于专利 NPC 分析识别原始型创新，该方法通过观察知识流从文献向专利的转移，[③] 判断一项技术是否源于科学文献中公布的最新科研成果。

(4)产业突破性创新主体识别。首先，根据前一步骤识别出的突破性创新方向，从技术规模和技术结构两个方面对产业中各类主体的技术创新能力进行综合评估。大型研发机构设有多个分支单位，需建立权利人间的叙词表，对相关子机构进行合并后再进行统计。这一过程常用的工具包括 Thomson Data Analyzer (TDA) 和 EditPlus。接下来，根据评估结果选择产业突破性创新研发模式：技术规模突出且技术结构完备的结构可采取自主创新模式；技术结构互补的机构间可采用合作开发模式；技术创新能力较弱的机构可考虑模仿创新模式或专利收购策略。

(5)专利产品应用与反馈。将专利分析结果包装为界面友好的产品提供给用户，协助其确认行业突破性创新方向及选择符合自身情况的创新模式。根据用户反馈意见对本轮工作的有效性进行评估，总结经验教训以指导下一轮的专利服务工作。

---

① Breschi S, Lissoni F, Malerba F. Knowledge-relatedness in firm technological diversification[J]. Research Policy, 2003 (1): 69-87.

② Park H, Yoon J. Assessing coreness and intermediary of technology sectors using patent co-classification analysis: the case of Korean national R&D [J]. Scientometrics, 2014(2): 853-890.

③ Tijssen R J W. Global and domestic utilization of industrial relevant science: patent citation analysis of science-technology interactions and knowledge flows[J]. Research Policy, 2001(1): 35-54.

2. 专利服务导航产业突破性创新的组织体系

本节认为建立职能明确、层次分明的专利服务组织体系的关键在于：明确相关参与主体、各自的工作内容及相互间的联系，从而形成产业监管部门积极引导和推进、行业协会充分沟通和反馈、专利信息服务机构全程协助、技术研发机构共同支撑的组织体系，具体内容如图 4.8 所示。

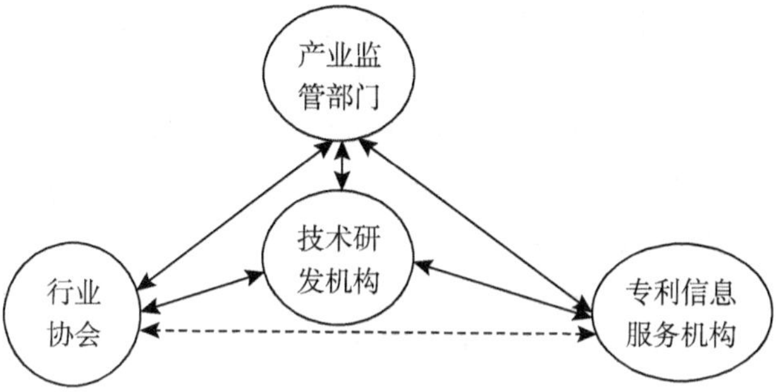

图 4.8　专利服务组织体系

(1)产业监管部门。主要为国家和地方的产业监管和知识产权管理机构。具体分为三大类：一是工业和信息化部、能源部等部委下属的产业发展规划管理部门以及对应的地方产业管理机构；二是国家知识产权局与地方各级知识产权管理机构组成的专利服务监管部门；三是地方政府，如中关村科技园区、武汉东湖新技术开发区等国家专利导航产业发展实验区。产业监管部门是产业政策规划和调整的制定者，为引领产业突破性创新构建良性、安全的宏观和中观环境，引导产业资源的合理配置。

(2)行业协会。主要为由行业从业者自发组成的、代表行业整体利益的社会中介组织，如中国电子材料行业协会、中国石油和化学工业联合会等国家专利协同运用试点单位。行业协会是联系政府与企业的桥梁，接受政府的统一监督，代表行业整体利益，表达企业的共性需求。同时，行业协会也是行业竞争情报的专业提供方，能够为从业者供给有关行业竞争环境、技术变迁和发展趋势的专利服务。

(3)技术研发机构。主要包括生产型研发企业，如武汉邮电科学研究院(集团)、国家电网公司、中兴通讯、腾讯科技等国家专利运营试点(生产型)企业，以及以大学与科研院所为主的纯许可人类研发机构。技术研发机构在产业专利情报活动中扮演者多重角色：首先，作为专利服务的需求方，其需求的内容、层次和结构决定了专利情报提供方的产品供给特征；其次，充当专利服务的研究对象，情报服务机构根据其专利数量、质量、方向、结构进行综合评估，从而遴选出潜在的突破性创新主体并设计合理的创新模式；此外，作为专利服务的自我供给主体和突破性创新的创造主体，机构内部的情报部门提供定制化的技术竞争情报，根据研发部门的产出成效优化情报供给质量和模式。

(4)专利信息服务机构。一是国家和地方各级科技情报研究所，二是以第三方专利咨询和交易平台为代表的新兴力量，如中国专利技术开发公司、北京国之专利预警咨询中心、天津滨海国际知识产权交易所国家专利运营试点(非生产型)企业。这些机构不仅提供专业化的产业情报；未来还将逐步形成服务突破性创新创造、孵化、实施、交易等多项功能。

综合来看，技术研发机构位于该组织体系的核心位置，与其他三类参与主体发生直接联系：遵循产业监管部门的政策鼓励和法规制约、接受行业协会的规划引导和制度约束、接收专利信息服务机构的情报产品。产业监管部门不仅与技术研发机构联系紧密；还通过监督行业协会对产业布局发展产生影响；通过创新科技服务业体制机制，引导专利信息服务机构的业务转型。目前，行业协会与专利信息服务机构间的互动交流仍显不足。事实上，前者对产业技术的深刻理解与后者对情报产品开发的专业化经验具有较强的互补性，如能通过沟通合作实现优势互补，将进一步提升专利服务工作对产业突破性创新的导航作用。

(三)专利导航产业突破性创新的机制建设路径

为了更好地利用专利服务引领产业突破性创新，需要充分发挥产业监管部门、行业协会、技术研发机构及专利信息服务机构的各自职能和互补优势，构建以专利储备和运营为补充的制度体系，为行业重大技术创新全程服务。

(1)增强产业监管部门的引导和推动作用。首先，国务院各部委及其下属行政管理机构应高度关注产业技术创新中的重大共性问题，将其置于产业规划的重要位置。围绕行业突破性创新方向，出台包括技术、税收、人才等方面的综合政策体系，引导社会资源向影响产业转型发展的突破性创新转移。其次，国家及各地区知识产权局应根据产业技术轨道的变迁规律来优化专利信息资源的加工和供给能力。同时，完善覆盖突破性创新创造、保护、实施、运营全程的政策体系，从而为引领行业重大技术创新提供良好的宏观环境。最后，国家专利导航产业发展实验区系创新专利服务的先行者和标杆，应建立全过程、全方位的项目管理体系。针对辖区内选定的试点产业，实施产业专利分析类项目，对产业竞争格局和行业核心专利技术了然于胸。针对重大技术创新项目的立项，优化知识产权评议过程，规避突破性创新研发活动中潜在的知识产权风险。基于技术创新的集成效应和价值创造的协同效应，实施专利储备运营类项目，引导市场主体围绕突破性创新完善专利布局。进一步创新产业专利市场培育类项目，打通突破性创新立项、研发、实施、运营的全过程。

(2)放大行业协会的自我管理功能。首先，行业协会应通过设立专利工作部门和专家顾问团队完善专利服务体系，通过建立行业专利指标监控体系加强行业专利管理体系。其次，大力提升行业专利信息资源开发与利用效率，包括：面向产业关键技术、重大技术、共性技术等技术情报的供给建设行业专利信息库；针对行业突破性创新方向建立多级专利风险预警制度；跟踪行业领军者和重要竞争对手，向企业提供行业竞争情报。再次，推进行业专利协同运用体系建设，包括：围绕突破性创新建立多层次的专利网布局和储备运营体系；吸纳政府、金融、科技情报服务机构共同参与突破性创新协同运用网络；创建行业专利交易平台，方便行业重大技术创新的发布与交易。最后，建立行业专利纠纷应对机制，为维护行业突破性创新知识产权的完整性和专有性服务。

(3)建立技术研发机构的支撑体系和保障机制。首先，作为技术创新和产业化的主体，企业应围绕突破性创新的立项决策、研发、实施优化内部专利情报服务。一是建立专利导航企业重大技术创新决策的工作机制，包括：围绕突破性创新方向构建专利地图；面向企业重大技术项目立项建立知识产权综合评议机制；形成目标市场和主要竞争对手的动态跟踪机制。二是完善专利创造和储备机制，包括：多渠道获取核心专利和基础专利；围绕突破性创新实施多地申请和专利网策略；通过专利资产分级加强价值管理。其次，高校和科研院所应发挥自身优势，积极参与突破性创新的创造、储备和运营工作。一是集中资源，加强对学科基础理论问题和产业发展共性技术难题的攻关，形成具有自主知识产权的技术群；二是加强人才培养，为产业发展提供源源不断的新鲜血液。三是建立产学研协同创新的长效机制：一方面，面向企业需求开展前瞻性研究以催生突破性创新；另一方面，以专利创造与运用为纽带，建立专利协同运用服务平台。

(4)构建专利信息服务机构的全程参与机制。首先，国家和地方各级科技情报研究所在加强科技情报基础理论研究的基础上，应逐步建立以市场需求为导向的专利服务体系。通过与技术研发机构和行业协会的深度合作，围绕技术的行业特性，不断提升情报产品的针对性和精准性。其次，鼓励第三方专利咨询和交易平台嵌入产业重大创新全程，为进一步放大行业突破性创新的经济价值。具体措施包括：建立专利运营服务模式、平台和收益分配机制；提升专利交易业务水平、牵头搭建专利运营服务网络；培养多类型、多层次的专利运营人才。

四、军民融合产业多元化融资思考①

2017年6月20日，习近平总书记主持召开中央军民融合发展

① 本节主要内容与周磊、王敏合作发表于《中国战略性新兴产业》，2017年第37期。

委员会第一次全体会议，指出“当前和今后一个时期是军民融合的战略机遇期，也是跨越发展的关键期”，“推进军民融合深度发展，根本出路在改革创新”。投融资体制是制约军民融合产业发展的重要瓶颈，国防科工局发布《2017年军民融合专项行动计划》30项重点工作中有5项涉及军民融合产业投融资体制。可见，深入研究我国军民融合产业投融资体制改革，具有重要现实意义。

(一)我国军民融合产业投融资的现状与问题

1949年以来，我国军民融合产业投融资机制经历了单一财政拨款、国有银行贷款和市场机制融资的变迁过程，正向市场多元化融资机制方向发展。① 目前我国军民融合企业投融资存在以下问题：

(1)股权融资加快发展，但是证券化率低、上市公司仍然较少。2007年国防科工委、发改委、国资委先后发布了《关于非公有制经济参与国防科技工业建设的指导意见》、《关于深化国防科技工业投资体制改革的若干意见》、《关于军工企业股份制改造的指导意见》和《军工企业股份制改造实施暂行办法》等文件，确立了除实行国有独资或国有全资的企业(少数核心重点保军企业)不允许上市外，其他应改制为国有控股的企业，经审批后均可以采取公开发行股票或者买壳上市方式进行上市，军工企业迎来了资产证券化的高潮。同时，一批有技术优势的民营企业相继参与到国防建设中来，创业板已初步形成“民营企业参军”(简称“民参军”)板块。自从2007年9月第一家军工企业中航光电上市以来，截至2017年3月，A股共有174家军工企业上市公司，但相比于3200多家A股市场，仅占5.24%，② 与国防工业占国民经济的地位不相符合。同时，我国国防科技工业的资产证券化率平均水平为37%，其中资产证券化程度最高的中船重工集团也只有58%，最低的核工业集

① 纪建强，陈晓和．国防工业军民融合融资机制构建与实现路径研究[J]．科技进步与对策，2013(21)：96-100.

② 通过沪深A股交易软件查询得到。

团仅为1.7%，与国外大型军工集团公司的资产证券化率一般处于70%~80%的水平相比，差距甚远。① 目前，我国共有274家军工科研院所，但涉及改制转制的仅不足40家。②

表4.4 **军民融合企业主要融资渠道**

融资渠道	资金来源	融资方式
财政拨款	国家财政部门	拨款和补贴
内源融资	军工企业	留存收益和折旧
银行贷款	国有银行和商业银行	贷款
债券融资	私人资金	发行债券
股票融资	金融市场	发行股票

资料来源：胡民权．军工企业融资问题探析[J]．当代经济，2015(32)．

(2)债权融资结构优化，但是对银行贷款依然依赖较大、债券融资发展不均衡。我国军工企业的融资渠道虽然与过去相比更加多元化，但银行贷款仍是最主要的融资方式。如我国船舶类上市公司融资时大约90%的资金来自银行，非上市船企的融资渠道更为狭窄，对银行存款的依赖性更大。③ 同时，虽然债券融资增长较快，但是存在短期债券多、中长期债券少，大军工企业集团发行多、中小军民融合企业发行少等问题。如2008年，原中国航空工业第一集团公司发行了50亿元人民币的短期融资券，但发行债券的军民融合企业总体较少。

(3)军民融合产业基金快速发展，但是存在政府主导多、民营资本参与相对较少的问题。目前，我国与国防有关的产业基金主要

① 刘建昌，石秀，等．我国军工企业融资模式研究[J]．工业经济论坛，2015(4)：118-126.

② 佚名．军工混改起势，3万亿优质资产在等你[N]．搜狐科技，2018-06-20.

③ 刘建昌，石秀，等．我国军工企业融资模式研究[J]．工业经济论坛，2015(4)：118-126.

以地方政府、军工企业集团、民间军民融合研究和投资机构，联合一些有实力的金融商业机构共同发起一些国防科技型产业基金（如表4.5所示）。不完全统计，当前共有54家央企开展了股权投资基金相关工作，牵头发起和参与的基金达206支，募集资金总规模达到6162亿元。① 这些产业基金为推动国防科技工业和军民融合产业投资基金的设立进行了积极的探索实践，但也存在一些问题：财政资金占比大，利用民间资本较少；投资有局限性，一般投资于成长期、成熟期和重建企业，对于处于种子期、起步期等的企业缺乏支撑；军工集团自己募集，偏重行业的投资。

表4.5 **军民融合产业投资基金**

	基金名字	组成单位	基金金额	投资运作
河北省	河北省军民融合产业股权投资基金（2016）	省国防科工局、中菊资产、北京锦尚高德投资公司	首期10亿元，力争百亿元	政府指导、市场运作、专业管理
贵州省	贵州省军民融合产业发展基金（2016）	省经信委、贵阳市、遵义市、安顺市、贵安新区共同出资	总规模为100亿元	吸引民间资本投资军民融合
成都市	成都市军民融合产业投资基金（2016）	成都市财政局出资5亿元，社会资本参与	总规模达20亿元	支持军民融合公共服务平台建设、军用技术转移转化、军民融合企业改组改制等领域
绵阳市	绵阳科技城军民融合产业发展基金（2016）	四川鼎浩发展股权投资基金管理有限公司与绵阳市人民政府共同发起	首期规模为5亿元	通过股权投资和债券投资的模式实行市场化运作，用于军民融合创新转化、产业培育、人才集聚、开放合作、金融服务等项目扶持

① 倪伟．我国首个军民融合产业发展基金创立［N］．中国航天报，2016-09-07.

续表

	基金名字	组成单位	基金金额	投资运作
航天科技集团	国华军民融合产业发展基金(2016)	航天投资控股有限公司联合13家军工央企、知名金融机构发起	首期302亿元人民币	投资参与军工企事业单位改制、国家重大科技专项、军工资产证券化和军工国企改革
中船重工集团	中船重工军民融合产业发展基金(2016)	中船重工资产经营管理有限公司发起，中船重工集团公司、有关金融机构和国内顶级私募股权基金	200亿元人民币	资产证券化、所属企事业单位的混合所有制改革、军工高新技术在战略新兴产业领域的科技产业化项目

资料来源：作者归纳整理。

(二)军民融合产业投融资不畅的原因分析

1. 投融资体制改革相对滞后

首先，民间资本等非公有制经济进入军工领域要经过国防科工办、军队相关部门的多重审批，且国有军工企业涉密较多，民间资本不敢轻易进入。其次，很多中小型高科技“民参军”企业在间接融资中遭遇到了“规模歧视”和“所有制歧视”的双重压力，并因为其具有轻资产、非线性增长等财务指标特征，商业银行对这些企业存在“惜贷”现象。

2. 融资激励机制运行不畅

首先，投资者很难保障自身权益。我国军工集团法人治理结构往往存在党委、董事会、管理层及多级子公司，关系较为复杂，投资者很难获得公司经营管理决策权，很难准确及时了解资金使用情况，出资人权利体现不够，影响了投资者的积极性。① 其次，现有军品订货制度抑制了投资者的积极性。我国军品订货制度规定投资军

① 殷旭东，李东．国防科技工业投融资体制的改革与重构[J]．统计与决策，2007(8)：52-54.

品项目只允许5%的利润率，与好的上市企业相比投资回报率低。

3. 多层次资本市场运用不足

虽然我国军民融合企业融资渠道有所拓展，但是与国外军工企业相比，我国军民融合企业对资本市场的利用还远远不够。在股权融资方面，上市资产占比较低，并大部分为民品资产；在债权融资方面，较大程度依赖高成本的银行贷款，企业债券发展缓慢。

4. 金融创新工具的引入不够

目前，除军工集团部分下属上市公司外，很多融资活动仍然主要依靠行政审批运行，企业自主融资意愿及能力不足，政策性金融供给、多层次资本市场运作、多模式的创新型金融工作利用还不够，缺乏对以资产证券化为代表的新型融资模式的认知和实践。

(三)国外推动军民融合产业投融资的经验

1. 美国军民融合产业投融资经验

(1)金融机构、共同基金广泛吸纳社会资本。目前，洛克希德·马丁公司、波音公司、雷神公司等美国军民融合重点企业均已上市。表4.6中列出了3家上市公司部分数据，可看出3家公司中金融机构与基金持股数占公司总股份此例都在25%以上。这些机构通过提供资产管理，为市场投资者提供投资分析、进行跨市场资产组合等资本资产运作，广泛吸引了社会资金参与。

表4.6　**美国三家军民融合企业资本结构统计(截至2017年4月10日)**

资本结构	洛克希德·马丁公司	波音公司	雷神公司
主要机构与基金持股总数/总股本(%)	31.27	25.01	27.20
股价(美元)	270.24	178.85	152.96
每股收益(美元)	17.49	7.61	7.44
市盈率	15.45	23.50	20.56
股息/收益率	6.94/2.6	4.69/2.7	2.2/1.5

资料来源：根据 http：//finance.sina.com.cn/stock/统计。

(2)建立发达的基础资产证券化市场。资产证券化是特定资产组合或特定现金流为支持，发行可交易证券的一种融资形式。军工企业资产证券化对于军工企业盘活存量资产，拓宽融资渠道具有重大意义。美国大部分军工企业都有资产证券化实践，截至 2014 年底，美国全年发行 ABS 量为 2387.2 亿美元，较 2013 年全年发行规模同比增长 26.34%。[①]

(3)大力发展军民融合企业债券融资。2000—2009 年美国四大军工企业债券融资占全部外源融资的 70.5%，股权融资所占比例为 26.75%，银行短期借款为 2.75%。可见，美国军工企业融资以直接融资方式为主导，主要采用债券融资和股权融资方式，在这两种方式中，债券融资明显多于股权融资，融资选择先后是：债券融资——股票融资——银行借款。[②] 国外一些军工企业包括洛克希德·马丁、波音等公司都大量发行短期融资券。[③]

(4)建立完善的风险投资机制。美国政府从 1986 年开始通过小企业管理局(SBA)开展 SBIR/STTR/SBIC 计划介入国防科技和武器装备发展的风险投资，1999 年中情局组建投资机构 In-Q-Tel、同年海军成立商业技术转移办公室(CTTO)、2002 年陆军成立"On Point Techologies"、2006 年国防部成立 De Ven CI 等机构，帮助军方识别和筛选国防和军队建设发展需要的新技术，[④] 解决了中小型民营参军企业的融资需求。

2. 日本军民融合产业投融资经验

(1)大力提供长期低息贷款。日本实施"倾斜金融"政策，对军

① 许余洁，任少雄，余志斌．美国资产证券化新规及其对我国市场发展的启示[J]．ABS 行业观察，2015(6)．

② 李心蕊．军民融合背景下军工企业融资影响因素及方式研究[D]．哈尔滨工业大学学位论文，2015.

③ 侯云亮，卢跃．关于军工企业集团公司拓宽投融资渠道的思考[J]．军事经济研究，2010(3)：30-32.

④ 顾桐菲，赵林榜，孙小静．国防科技与武器装备领域军民融合深度发展的多层次金融支持体系构建[J]．第二届军民融合发展高层论坛论文集，2016.

工企业实行长期、低息贷款，政策性银行的贷款利率一般比商业银行要低三至四个百分点。如对于采用高新技术的船舶制造企业，提供年利率4%、计划造船价20%的优惠贷款。①

（2）完善政策性金融机构。日本设立政策性金融机构支持军工企业发展，为融资难的“民参军”企业和创新技术企业提供资金支持，引导社会资金向政策支持的产业方向流动。

（3）通过国际合作利用国际资本。日本的主要军工贸易国家是美国和西欧，其次为东南亚国家，通过国际合作吸引国际资金，提升了产业竞争力。如日美双方计划合作发展导弹拦截系统，日本获准许可证生产拦截导弹爱国者2（PAC2）的高性能传感器；石川岛播磨重工业公司与美国TD公司等签订联合研发军民两用技术的协议，加强在碳纤维等复合材料领域的合作。②

3. 俄罗斯军民融合的融资经验

（1）政府为企业提供贷款担保。2010年底，俄政府批准《关于向承担国家国防订货任务的国防工业组织提供国家担保贷款的决议》，决定由联邦政府进行担保，国有银行向承担装备研制生产任务的国防工业研究院所和企业提供贷款。国家担保使俄罗斯国防工业公司不需要向国有银行申请信用额度，保证公司获得长达五年的信用额度，以完成政府国防生产订单，实施后年利率为最低的12%。③

（2）成立各类型基金支持企业科研。俄罗斯设立了科技界小企业发展基金会、俄罗斯基础研究基金会和技术发展基金会，三大基金会以基金形式为科研项目提供贷款和公开支持，通常在10万美元以内，但有时也会高达几十万美元。

（3）成立专门银行吸引民间资本投资。俄政府在军工企业军转

---

① 佚名．日本军事工业概况[N/OL]．新浪军事，2004-09-11.

② 胡栋梁．我国军民融合产业融资问题研究[D]．东北财经大学学位论文，2015.

③ 杜人淮．国外推进国防工业军民融合发展的借鉴与启示[J]．南京政治学院学报，2013(5)：34-37.

民的过程中，积极创造条件自筹资金，并对资金使用情况实行有效监督；国防部的经济部门，联邦中央银行和财政部共同确定了一批专业银行，由这些银行进行国家订货拨款；以投资形式，吸引私人投资进入军工生产领域①。

(四)推进军民融合产业多元化融资的举措

1. 完善多元化间接融资体系

(1)要引入多元化信贷主体。要大力发展中小金融机构，如设立专业化、区域化和特色化的中小型、新型金融机构和科技型银行，形成一种由大、中、小银行等金融机构的多元化信贷市场，以满足国防领域中大、中、小企业的多样化需求。

(2)鼓励多元化信贷产品及服务。要通过税收减免、坏账补贴等途径，鼓励商业银行积极开展国防知识产权质押贷款业务，允许银行设立科技型企业贷款风险准备金，鼓励开发新型金融服务产品。如全国首家军民融合科技支行在绵阳诞生——绵阳市商业银行军民融合科技支行，专门开发了技改贷、补贴贷、供 e 贷、订单贷、研发贷、“保贷通”等一系列融资产品。截至 2016 年 10 月末，该行已给予 63 户军民融合企业授信总额度 30.06 亿元，贷款户数为 54 户。②

(3)建立多元化的军民融合贷款担保体系。建立政策性、商业性、互助性的多元化的军民融合担保机构体系，加大对军民融合企业融资担保的支持力度。

2. 建立多层次直接融资体系

参与国防科技与武器装备建设的科技型企业，因其类型不同、发展阶段不同和规模不同，适用于不同的融资策略，需要多层次的资本市场，尤其让资本市场惠及民营科技型中小企业。

(1)建立股权投资链。要大力引进国内外天使投资、风险投

① 杜兰英，陈鑫．发达国家军民融合的经验与启示[J]．科技进步与对策，2011(12)：126-130.

② 佚名．首家军民融合科技支行成立[N]．中华工商时报，2017-03-03.

资、私募股权投资(AI/VC/PE)，为“民参军”中小科技型企业(特别是处于种子期和起步期)提供股权融资。

(2)构建多层次资本市场。针对涉军企业的所有制、规模、盈利能力、发展目标、技术创新活跃程度、抵御市场风险能力的不同，要“因企施策”：支持传统大型国有军工企业、军事科研院所改制企业走主板上市路线，支持有实力的“民参军”科技型走创业板上市路线，支持科技型中小企业积极在新三板上市，打造新三板上的“军民融合板块”。

(3)建立区域国防技术产权交易市场。该市场以国防科技成果或军民两用科技成果及国防科技企业产权为标的，通过将国防领域里各类科技成果、项目和资本连接，以解决国防科技成果转化和企业融资问题，同时提高技术与资本两个市场的交易效率。

(4)积极探索发行军民融合企业债券。包括鼓励和支持大型的“军转民”企业，直接发行企业短、中长期债券；探索发行“军民融合中小企业集合债”；探索发行军民融合地方债。

3. 完善多维度政策性金融体系

发挥政策性金融支持机制在间接和直接金融体系中的作用，服务军民深度融合发展需要。

(1)争取国家建立专门的政策性金融机构试点(如国家军民融合发展银行试点)，对参与“民参军”中小科技型企业提供中长期、低息信贷资金支持，让这些需要扶持的中小企业能够获得免息、贴息和低息贷款。

(2)设立专项军民融合贷款，用于涉军企业的技术改造、产品的结构升级等特定用途。地方政府可以与当地金融机构直接商谈，给予地方军民融合企业每年一个专项授信(如争取中国银行每年授予当地军民融合企业专项贷款100亿元等)。

(3)争取国家设立专门的类似投资银行的政策性信托机构试点，从事国防领域的信托投资和投资管理业务，负责国防项目和军民两用项目的融资中介、证券的发行与推广、国防企业之间的并购以及国防融资工具的创新。

4. 探索多模式创新性融资体系

随着军民融合深度发展过程推进，更需要创新性金融支持机制的支持作用。

(1)鼓励军民融合产业基金发展。在完善军民融合产业发展基金的基础上，不断吸引国内外的大型军工集团、军民融合上市企业、股权投资基金等机构，设立分行业、分阶段、分种类的军民融合产业基金，重点投向军工企事业单位改制、军工装备、军工资产证券化、军民融合技术、军工企业并购。

(2)支持员工持股计划。建议开展"军民融合企业员工持股计划"。如美国军工企业大多施行员工持股激励计划，鼓励公司员工持股，使员工股权收益与企业利润保持一致，又能给社会公众投资者信心，使大量公众资金涌入军工企业，进一步促进企业发展。①

(3)探索开展军民融合 PPP 试点。英美等国在国防工业广泛运用 PPP 模式，如美国航空航天署 1994 年推出"技术转移计划"，每年拿出预算的 20% 支持商业合作伙伴协助研发新技术，降低政府进入太空的成本。② 我国嫦娥四号工程实现了向社会资本开放。青岛古镇口军民融合创新示范区、四川省广元市利州区军民融合产业园均采取 PPP 等模式。建议在军民机场、训练场地以及部分武器装备生产线的承建等方面开展 PPP 模式试点。

(4)探索开展资产抵押债券 ABS 模式试点。军民融合企业拥有众多优质的产品、技术、设备设施、品牌等，都可以通过资产证券化的方式将其出售给 SPV(Special Purpose Vehicle，是指接受发起人的资产组合，并发行以此为支持的证券的特殊实体)，再由 SPV 转入市场来获取资金。这样既保证了其经营权，也降低了融资成本。因此，资产证券化是军工企业融资的一种非常可行的融资方

① 胡栋梁．我国军民融合产业融资问题研究[D]．东北财经大学学位论文，2016.

② 魏宏涛．军民深度融合发展与 PPP 模式[N]．中国国防报，2017-03-25.

式。① 结合军民融合企业的特点，具体可以选择应收账款和技术专利作为地方 ABS 的基础资产选择，吸引资本市场上的证券、信托等机构参与。

(5)探索开展国际融资试点。国际融资是指军民融合企业向国外政府、企业或其他机构获取资金，包括吸收外商投借贷、发行股票和债券等。由于军民融合企业中的部分产品涉及我国的军事与商业机密，该种方式在一定程度上受到国家的严格控制，必须获得国家的批准。

参考文献

[1][美]唐纳德．斯托克斯．基础科学与技术创新：巴斯德象限[M]．周春彦，谷春立，译．北京：科学出版社，1999.

[2]国家发展和改革委员会产业经济与技术经济研究所．中国产业发展报告2017——迈向中高端的产业发展[M]．北京：中国财经出版传媒集团，经济科学出版社，2017.

[3]朱贻玮．集成电路产业50年回眸[M]．北京：电子工业出版社，2016.

[4]李欣，黄鲁成．战略性新兴产业研发竞争态势分析理论方法与应用[M]．北京：科学出版社，2016.

[5]孙红．投资项目可行性研究理论综述[J]．华邦电力大学学报(社会科学版)，2008(6)：42-46.

[6]Kim G, Bae J. A novel approach to forecast promising technology through patent analysis [J]. Technological Forecasting & Social Change, 2017(117): 228-237.

[7]Kiebzak S, Rafert G, Tucher CE. The effect of patent litigation and patent assertion entities on entrepreneurial activity [J]. Research Policy, 2016(45): 218-231.

[8]Kim DH, Lee BK, Sohn SY. Quantifying technology-industry

① 张燕，赵辉．我国军工企业融资多元化策略分析[J]．会计之友，2010(7)：76-77.

spillover effects based on patent citation network analysis of unmanned aerial vehicle (UAV)[J]. Technology Forecasting & Social Change, 2016(105): 140-157.

[9]中华人民共和国国家知识产权局. 专利导航试点工程工作手册[EB/OL]. 2017-11-26, http://www.sipo.gov.cn/ztzl/ywzt/zldhsdgc/.

[10]胡栋梁. 我国军民融合产业融资问题研究[D]. 东北财经大学学位论文, 2016.

[11]张利飞, 王杰. 专利引用网络视角下专利池技术关系解析——以MPEG-2专利池为例[J]. 情报杂志, 2016(5): 96-102.

[12]冯媛. 军民融合战略下的国防知识产权制度研究: 基于国内外比较分析[J]. 中国科技论坛, 2016(7).

[13]周磊, 杨威. 基于专利挖掘的突破性创新识别框架研究[J]. 情报理论与实践, 2016(9): 73-76.

[14]周磊, 杨威. 基于专利的技术知识流特征研究[J]. 情报杂志, 2016, 35(5): 108-112.

[15]黄鲁成, 武丹, 张静等. 基于专利的技术竞争态势分析框架——以智能材料技术为例[J]. 情报学报, 2014(3): 284-295.

第五章　企业战略

一、高新企业的技术竞争战略研究①

创新是新旧动能转换的根本动力，而企业是创新的最重要主体。正如创新大师熊彼特指出，技术创新是经济发展的源动力，也是影响行业竞争格局和未来发展方向的根本力量。因而，只有对行业技术演进进行跟踪研究和分析，对企业竞争态势变化进行时序分析，才能揭示出行业中企业间深层的、动态的竞争关系。本节将面向专利情报，重点研究专利引用于企业合作竞争行为的关系，以期为知识转移、专利情报分析与企业竞争的相关研究提供建设性的研究思路，同时为企业技术战略决策提供支持。

（一）高新企业技术竞争中的知识流分析模型构建

近年来，专利情报引用分析被广泛应用于知识转移效率及作用的研究中，这是由于专利情报是最为集中的技术竞争情报来源，以仅占期刊文献总量10%的数量囊括了全球40%左右的新产品信息，并且在数据的获取性、质量以及技术等细节方面的综合表现优于其他类型数据。② 研究人员借鉴文献引用和文献共被引的研究思路将专利引用研究分为两大类：专利共被引研究与专利直接引用研究。

---

① 本节主要内容与周磊合作发表于《科学学与科学技术管理》，2014 年第 3 期。

② Zvi Griliches, Bronwyn H Hall, Ariel Pakes. R&D, patents, and market value revisited: is there evidence of a second technological opportunity related factor [J]. Economics of Innovation and New Technology, 1991, (3): 183-201.

(1)专利共被引关系机制与科学文献共被引机制相似，被同一专利(文献)引用的两专利(文献)存在着很强的知识关联性。文献计量学中将文献共被引关系视为研究个人或研究机构间微妙竞争关系的体现，这一关系在专利共被引分析中依然适用。Wang(2011)等通过采集世界500强企业的全域专利共被引矩阵，构建企业间的技术竞争的专利地图，发现其中的技术集群、技术竞争机构和关键企业。①

(2)理论研究指出专利直接引用动机与文献引用动机二者间存在着较大的差异：科技文献的引用动机多为正面的、积极的引用，体现着知识认同和知识继承；② 专利发明人和其代理律师通过指出前期技术信息的重大不足以证明自身技术的新颖性和突破性，③ 对被引专利持否定态度。蔡虹等人的系列研究指出中国与西方发达国家间由于国家技术集中度的影响而表现出更高的技术相似性，专利引用行为频繁，国家间的直接竞争效应越强。④ Maurseth 等(2002)针对欧洲国家进行的实证研究表明专利引用行为具有明显的行业特征，在技术关联性强的产业中跨国引用行为更加频繁，知识溢出现象明显，发生竞争的可能性越高。⑤ 跨行业研究表明专利引用具有明显的行业特征，同一行业内的企业间存在较强的技术竞争；不同

---

① Wang Xianwen, Zhang Xi, Xu Shenmeng. Patent co-citation networks of Fortune 500 companies[J]. Scientometrics, 2011, 88(3): 761-770；董菲，朱东华，任智军，谢菲．基于专利地图的专利分析方法及其实证研究[J]．情报学报，2007(3): 422-429.

② Adam B Jaffe, Michael S Fogarty, Bruce A Banks. Evidence from patents and patent citations on the impact of NASA and other federal labs on commercial innovation[J]. The Journal of Industrial Economics, 1998(2): 183-205.

③ Giovanni Peri. Determinants of knowledge flows and their effects on innovation[J]. The Review of Economics and Statistics, 2005(2): 308-322.

④ 蔡虹，吴凯，孙顺成．基于专利引用的国际性技术外溢实证研究[J]．管理科学，2010(1): 18-26.

⑤ Per Botolf Maurseth, Bart Verspagen. Knowledge spillovers in Europe: a patent citation analysis[J]. Scand J. of Economics, 2002(4): 531-545.

集群内的企业技术差异大，具备较强的互补性，容易自发形成合作联盟。①

以下来构建模型：

（1）专利直接引用与企业技术竞争。熊彼特将经济发展过程定义为“不断地从内部使这个经济结构革命化，不断地破坏旧结构和创造新机构”，即创造性破坏。② 企业通过研发效用更好的产品来战胜对手，以新产品研发的途径——坏旧产品的相对竞争优势以实现盈利，这种新陈代谢式的替代过程将引导行业技术的不断更新与行业实体的进入和退出。从宏观产业发展来看，技术层面创造性破坏还将引起企业集群及创新过程调整、厂商利润函数和研发决策变动等。③ 同一行业中的竞争者间的专利直接引用行为正是熊彼特提出的创造性破坏在技术研发领域的体现，即企业通过研发效用更好的产品来战胜对手，以新产品研发的途径破坏旧产品的相对竞争优势以实现盈利。因此，专利直接引用中产生的知识净流入是提升企业技术能力的要素之一，据此做出假设：

H1：专利知识的净流入将提升企业技术竞争力。

（2）专利共被引与企业技术竞争。尽管，专利直接引用与专利共被引都与企业技术竞争关系存在着千丝万缕的联系，但从作用机制和效果上来看，二者具有本质的区别。这是因为：前者以直接的知识吸收为目的，借由创造性破坏效应影响企业的技术研发实力，进而影响企业的市场地位和与行业竞争对手间的关系。相比之下，专利共被引是从第三方的视角市场竞争态势，借由第三方企业对外部技术知识的集成式吸收而暴露出潜在的技术竞争关系。正如中国古话中所说的“旁观者清”，第三方在吸收外部知识时倾向于从不同企业的技术专利中，选择产品技术相关或互补的，或者研发能力

① 张曦，王贤文，刘则渊，侯海燕．基于专利计量的企业技术相似性网络测度研究[J]．情报杂志，2011(1)：90-93.

② 约瑟夫·熊彼特．资本主义、社会主义与民主[M]．吴良健，译．北京：商务印书馆，2009.

③ 钟春平，徐长生．技术(产品)替代、创造新破坏与周期性经济增长[J]．经济学(季刊)，2005(4)：865-890.

接近，抑或技术结构相似的知识进行打包学习。这就为企业通过专利共被引分析来搜寻竞争对手提供了启示。因而，专利共被引只作为揭示企业间竞争关系的指示器使用，而不会对企业自身的技术实力的变化产生作用。据此做出假设：

H2：专利共被引与企业竞争态势存在相关关系。

(二)基于 RFID 领域的实证研究

1. 目标样本与数据源

智慧城市是指以数字化、网络化和智能化的信息技术设施为基础，以社会、环境、管理为核心要素，以泛在、绿色、惠民为主要特征的现代城市可持续发展理念和实践。射频识别(Radio Frequency Identification，RFID)是智慧城市的关键技术之一，目前已广泛应用于食品药品物流管理、大型仓储管理、门禁和安全管理等方面，并将作为物联网的物理支撑技术为“感知中国”的建设贡献更大的力量。本节以中国市场上 RFID 相关技术领域的企业作为研究对象，从中国国家知识产权局(States Intellectual Property Office of the People's Republic of China，SIPO)、德温特创新索引(DERWENT Innovations Index，DII)中采集数据。样本数据的收集主要分为 2 个步骤。

(1)确定选择标准。从 SIPO 中调查 2000 年至 2010 年间在中国申请 RFID 领域发明专利的组织，选取专利申请量大于 10 的组织共 16 家。目标机构信息如表 5.1 所示。

表 5.1 目标机构目录

序号	企业名称	序号	企业名称	序号	企业名称
1	中兴通讯股份有限公司	2	富士通株式会社	3	艾利丹尼森公司
4	华南理工大学	5	中国科学院自动化研究所	6	3M 创新有限公司
7	传感电子公司	8	株式会社日立制作所	9	西门子公司

续表

序号	企业名称	序号	企业名称	序号	企业名称
10	NXP 股份有限公司	11	富士通先端科技株式会社	12	传感电子有限责任公司
13	国际商业机器公司	14	华为技术有限公司	15	三星电子株式会社
16	皇家飞利浦电子股份有限公司				

(2)专利数据收集。由于 SIPO 数据库中没有专利引用信息，因此以 DII 为数据源，采集该库中收录的目标企业在 RFID 领域的中国专利信息。

2. 变量测度

(1)知识流入量。从专利引用的方向考察专利直接引用行为，可将其分为前向引用与后向引用两方面。前向引用中，被引企业作为在先专利的所有者是被学习的对象和知识溢出方。后向引用中，企业作为虚心求教的一方，通过吸收外部知识提高自身在特定领域的技术开发能力。从知识存量变化的角度考虑，专利后向引用代表着目标企业知识的流入，专利前向引用代表着目标企业知识的流出，因而，二者之差是企业的知识净流入。又因为技术的研发具有路径依赖性，前期知识的积累是组织进行继续开发的基础，因此，需要考虑企业知识净流入的时间积累效应。本节参考了技术流矩阵中技术溢出的测量方法，以专利的引用频次度量知识流量。综上所述，企业知识流入量表示为：

$$\text{NetFlow}_{it} = \sum_{T=t_0}^{t}(C_{i-iT} - C_{-iiT}) \tag{1}$$

上式为累积到 t 年，目标企业 i 的知识净流入情况。其中-i 表示目标机构中除 i 外的所有机构，C_{i-iT} 为企业 i 在 t 年引用其他机构的专利频次，C_{-iiT} 为企业 i 在 t 年被其他机构引用的专利频次。

(2)专利共被引。如果以专利共被引的绝对次数作为测度量，那么势必会受到机构专利申请规模的干扰。例如，若两机构的共被引频次较高，但难以判断这是由机构间技术的高度重叠性造成还是由于两家机构自身创新规模大而造成。因此，为了排除规模效应，本节选择专利共被引强度作为测度量，测量方法如下：

$$\text{DegreeCo - citation}_{ijt} = \frac{\text{CO}_{ijt}}{C_{-iit} + C_{-jjt} - \text{CO}_{ijt}} \tag{2}$$

其中，CO_{ij} 为机构 i、j 专利共被引频次，C_{-ii}、C_{-jj} 分别为被其他机构引用的频次。

(3)技术竞争力变化。专利申请数量是组织在中国市场上 RFID 领域技术实力的体现。控制其他变量，知识净流入量的正负和大小将会影响组织研发能力的变化。因此，本节通过组织专利申请的份额的变动表示企业技术竞争力的变化，其测量方法如下：

$$\text{TechAdvance}_{it} = \sum_{T=t_0}^{t} \frac{P_{it}}{P_{wi}} - \sum_{T=t_0}^{t-1} \frac{P_{it}}{P_{wi}} \tag{3}$$

上式为第 t 年，目标企业 i 的技术市场份额较上年的变动。其中 P_{it} 为目标机构 i 第 t 年的专利申请数量，P_{wt} 为目标机构集合第 t 年的专利申请总量。

(4)竞争态势。研究指出，组织技术规模的接近性是影响企业间竞争激烈程度的重要诱因之一。① 企业通常根据对手技术实力的强弱来确定竞争策略。基于此，本节将研发规模的接近性作为衡量组织间竞争态势的标准，技术规模越接近，则竞争越白热化，反之亦然。其测量方法如下：②

$$\text{TechSim}_{ijt} = \frac{\min(P_{it},\ P_{jt})}{\max(P_{it},\ P_{jt})} \tag{4}$$

上式表示第 t 年，目标企业 i 和 j 的技术规模的一致性。其中

---

① 贾彦龙，于巧玲．竞争对手识别研究方法述评[J]．情报杂志，2011(7)：14-18.

② 向希尧，蔡虹，裴云龙．跨国专利合作网络中 3 种接近性的作用[J]．管理科学，2010(5)：43-52.

P_{it} 和 P_{jt} 分别为机构 i 和 j 第 t 年的专利申请数量。

3. 研究方法

(1)线性回归分析。通过一元线性回归分析检验知识流入量与技术竞争力变动间的关系。主要分为两个步骤进行，一是考察变量之间的线性相关性，二是考察自变量对因变量的解释力度如何。通过该过程，可检验前文中 H1 的真伪性。

(2)QAP 相关分析。机构专利共被引关系矩阵中各个观察值之间不相互独立，许多标准的统计程序不适用于网络矩阵形式的关系数据，否则会计算出错误的标准差。本节采用社会网络分析中的二次指派程序(Quadratic Assignment Procedure，QAP)研究关系矩阵间的联系。QAP 是一种对两个方阵中各值的相似性进行比较的方法，给出两个矩阵之间的相关系数，同时对系数进行非参数检验，QAP 方法的统计结果具有相对无偏性。[①] 下文将利用 QAP 相关分析方法对 H2 进行检验。

4. 实证结果与讨论

(1)专利直接引用与企业竞争的回归分析。中兴通讯股份有限公司是全球领先的综合通信解决方案提供商，是中国最大的通信设备上市公司。根据调查发现，该公司是中国市场 RFID 技术领域专利申请最多的本土企业，故而，本节以该公司 2000—2010 年的专利数据为例，揭示专利知识溢出与企业技术竞争力变动间的关系。

由图 5.1 可知，在观察时间内，中兴公司一直处于知识净流入的状态中。也就是说，该公司对外部专利的直接引用频次大于其被引频次。这说明中兴公司是一家善于对外学习、吸收和整合的企业(主动引用频次高)。但也暴露出该公司可能处于行业追随者的角色(被引频次低)。大多数后发型企业知识累计流入图形都与上图类似，即处于行业技术知识开放性流动环境中，领导者通过专利制度获取垄断利润时不可避免地要与他人分享知识，同时追随者通过引用他人专利而“站在巨人的肩膀上”进行知识的再造与创新。

由图 5.2 的 11 个点(点(2，0)出现了 5 次，故而没能完全呈

① 刘军．整体网分析讲义[M]．上海：格致出版社，2009：280.

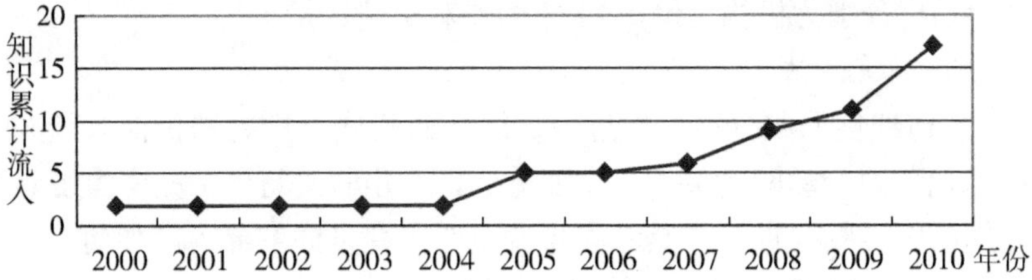

图 5.1　知识累计流入散点图

现出来)的分布情况可以看出，尽管存在一些干扰，知识累计流入与技术份额变化间应存在一定程度的相关关系。计算两变量的 Pearson 相关系数，发现二者的相关系数为 0.806(Sig. = 0.003)，说明组织知识累计流入与其技术市场份额的变动具备较强的相关关系。选择一元线性回归方程研究自变量(知识累计流入)对因变量(技术份额变化)的揭示力度。考虑到组织对外部知识的吸收包括专利分析、深度研究、融合再造，是一个需要时间积累的过程。也就是说专利的直接引用是组织知识创新的起点，中间还需要经历研发、设计、实验、决策等步骤，最后才会进行申请专利，这一现象与有关 R&D 投入与专利申请关系的研究有异曲同工之妙。① 诚如前文所揭示的那样，专利引用与企业技术进步有因果联系，两者的发生可能存在一定的时间滞后性。因此，本节采用滞后期分别为

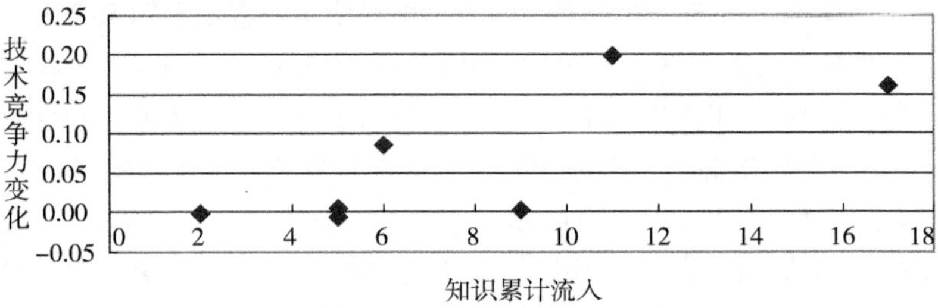

图 5.2　技术份额变化与知识累计流入散点图

① 张传杰，乔永忠．跨国公司对我国企业技术溢出的滞后效应研究——基于行业专利产出面板数据模型的分析[J]．科学学研究，2011(2)：215-219.

1 年和 2 年的专利申请数据作为因变量代入一元线性回归方程，结果如表 5.2 所示。

表 5.2　**一元线性回归方程的概要与参数估计**

	模型概要			参数估计	
	Adjusted R^2	F	Sig.	constant	b
(1)滞后期=0	61.1%	16.71	0.002	−0.029	0.012
(2)滞后期=1	69.6%	21.64	0.001	−0.047	0.020
(3)滞后期=2	65.6%	16.24	0.005	−0.053	0.026

由表 5.2 可知，考虑滞后水平后，模型在拟合程度有所上升。综合考虑模型的拟合程度和显著性水平，模型(2)的表现最佳。就中兴公司在 RFID 领域的技术开发而言，当知识流入超过 3 个单位时，企业的技术竞争力会提升。并且，该公司技术投入与技术产出之间的滞后期为 1 年，即企业需要 1 年时间将外部的知识溢出转换为内部的技术优势，这说明在中国市场上 RFID 领域模仿创新较快。然而，专利从申请到公开通常需要经过较长的一段时间，如我国的时间间隔为 18 个月。也就是说，促进中兴公司技术进步的外部技术知识的新度有待提升。另外，我们还可以从中得到三点启示：①假设 H1 成立，即组织获得的知识净流入水平越高，其技术竞争力提升越显著。②行业知识的流动为当前高技术企业进行研发创新提供了友好的环境和便利的条件。尽管外部吸纳外部知识以及二次创新存在一定的成本，但对于后发型企业和国家而言，仍是实现追赶型竞争和跨越式发展的途径之一。③IT 企业对行业知识的更新高度敏感，善于跟踪行业技术动向，偏好学习最新知识。事实上，存在这样一个有趣的现象：亚洲国家和地区，如日本、韩国等，更喜欢引用最新专利，擅长于渐进性而非基础性的发明，这种特质与本节的发现是相一致的。

(2)专利共被引与企业竞争的 QAP 相关分析。使用 UCINET6.0 软件的 QAP 相关分析功能对上文提出的假设 H2 进行验证。由于专利共被引和专利引用行为类似，后期专利均需要长达 18 个月的时间才能接触到先期专利，所以应考虑滞后性的效应。考察 2000—2010 年 11 年的序列数据，得到分析结果如表 5.3 所示。

表 5.3　　三种模型的 QAP 相关分析

correlation	Sig.	correlation	Sig.	correlation	Sig.	correlation	Sig.	correlation	Sig.
(1)专利共被引(t)-竞争态势(t)，t=2010-2000									
0. 098	0. 265	0. 113	0. 196	0. 200*	0. 077	0. 125	0. 206	0. 179	0. 122
0. 178	0. 134	0. 340**	0. 019	0. 289**	0. 023	0. 115	0. 161	0. 071	0. 461
0. 041	0. 178	—	—	—	—	—	—	—	—
(2)专利共被引(t)-竞争态势(t-1)，t=2010-2001									
0. 108	0. 208	0. 198*	0. 077	0. 143	0. 164	0. 184	0. 124	0. 148	0. 155
0. 345**	0. 022	0. 269**	0. 032	0. 217	0. 054	0. 211**	0. 050	0. 059	0. 194
(3)专利共被引(t)-竞争态势(t-2)，t=2010-2002									
0. 190*	0. 086	0. 146	0. 160	0. 201*	0. 100	0. 123	0. 210	0. 346**	0. 020
0. 273**	0. 040	0. 187*	0. 082	0. 342**	0. 004	0. 244**	0. 022	—	—

注：* 表示 $P<0.1$，** 表示 $P<0.05$。

由表 5.3 可知，无论在哪种情况下，总有部分年份，专利共被引与组织竞争态势间不具备统计学意义上的线性相关关系。在拒绝水平 $\alpha=0.05$ 和 0.1 两种情况下，模型(3)的表现均为最优。从中我们可以得到三点启示：(1)假设 H2 基本成立(77.8%的时序分析达到显著性水平)，即组织间的专利共被引程度与企业技术规模存在正相关的关系。被第三方同时引用的两家企业间的技术实力更为接近，二者的竞争态势激烈。(2)尽管专利共被引水平可在一定程度上反映出企业研发规模的接近性，但这种揭示作用是有限的。这一发现也对利用专利共被引矩阵总结企业间竞争关系的研究范式提出了挑战，至少说明这一研究思路还存在需要改进和完善的地方。(3)专利共被引对企业竞争态势的揭示也存在滞后性，且滞后期为 2 年。由此提醒研究人员在利用专利数据预测市场竞争时需充分考虑到知识溢出的滞后性，确保研究的科学性和准确性。

5. 结论与启示

本节以中国市场上 RFID 领域的 16 家组织为研究对象，通过采集目标组织的专利数据，探讨了引用行为与企业竞争间的关系。对相关企业的建议有两点。第一，高技术行业中的追随者，既要努力夯实独立研发和产业化基础，提高企业吸收能力；同时应灵活分析行业技术专利引用网络，定位学习目标和竞争对手，采用定标比超①(Benchmarking)方法指导和量化企业的学习内容和进度。根据自身发展情况和市场定位，充分利用开放性的知识流环境，吸纳外部知识并进行二次创新，实现企业的跨越式发展。第二，国内企业要善于利用本土科研资源，走产学研合作、互利共赢的道路。如华南理工大学、中国科学院自动化研究所等高校和科研院所在 RFID 领域收获了较丰富的技术成果，为本土企业整合外部资源、加快科技成果产业化发展道路奠定了技术基础。大力推进企业、高校和科研所在基础研究、产品创新、技术研发、产品化和市场化方面的合作，将为我国高技术产业的更好更快发展创造便利条件。

① 定标比超法就是将本企业各项活动与从事该项活动最佳者进行比较，从而提出行动方法，以弥补自身的不足。

二、知识联盟中企业演化博弈策略分析①

20世纪80年代起，战略联盟作为实现合作竞争的组织形式随之产生。战略联盟有助于成员获取互补资源，实现规模经济，分享知识与信息，从多方面提升企业核心竞争力。随着知识经济时代的到来，知识对企业发展的影响日益显著，知识联盟作为新兴的战略联盟亦成为企业管理领域研究与实践的热点。国外研究中将知识联盟称为学习联盟(Learning Alliance)，并将知识联盟作为研究战略联盟的一个视角——学习性视角而非一个独立的联盟形态。② 有调查显示，71.43%的加盟企业表示其入盟最重要目的不是为了获取资金，而是获取先进技术信息、共享知识资源。③ 当前，国内外知识联盟研究热点集中于合作的机制框架、前因、合作特征、合作收益，研究方法多是静态的、微观的，缺乏动态性和宏观性。④ 演化博弈论模仿生物进化视角研究社会问题，通过揭示事物发展规律及运行机制以寻找可能解，适合于本节对联盟企业知识吸收内在机制及动态演化过程的探讨。下文将构建演化博弈分析模型寻找演化均衡(Evolutionary Equilibrium，EE)状态和演化稳定策略(Evolutionary Stable Strategy，ESS)，以揭示知识联盟中企业知识吸收规律。

(一)联盟企业知识吸收能力影响要素

企业吸收能力(absorptive capacity)最初由Cohen和Levinthal

① 本节主要内容与周磊合作发表于《科学与管理》，2012年第2期。

② 任慧，和金生，韩林烽．基于知识螺旋增长模型的知识联盟作用机理探究——以传媒领域内容联盟为例[J]．情报理论与实践，2010，33(7)：45-50.

③ 张爱丽．跨国企业联盟知识管理过程的实证研究综述[J]．兰州学刊，2008(8)：200-202.

④ 孙悦，赵大丽．动态联盟知识共享的演化博弈分析[J]．运筹与管理，2009(1)：92-97.

(1990)提出，是指企业识别评价、消化、应用外部新知识的能力。① Zahra 与 George(2002)从动态视角出发，将企业吸收能力定义为企业获取、消化、转化和利用知识产生组织动态能力的惯例和流程。② 本研究认为企业知识吸收能力是对企业知识创新、知识采纳、知识利用能力的综合评估。如简兆权等(2008)指出企业吸收能力通过知识整合这个中介量促进高科技企业组织创新能力的提升。③

前因研究是对现象产生原因的剖析，是深层分析的基础，知识联盟中企业吸收能力影响因素研究是当前知识联盟领域的研究热点。总体来说，可将各类影响因素划分为三大类：知识特性因素、知识基础因素、盟员互动因素。

(1)知识特性因素：根据知识获取的方式，知识管理理论将知识划分为显性知识与隐性知识。前者是指能够以现实数据和编码的形式进行系统而便利的沟通，可以清晰地表达并完整地向他人转移的知识，包括事实、数据、报告、提案等；后者是指更深层次的、个人拥有的知识，是无形而且不易被形式化，很难与他人共享、交流和理解的知识，包括：信念、直觉、洞察力、经验等。④ 大量研究表明，隐性知识的转移难度远大于显性知识，而隐性知识的学习与转移正是企业参与知识联盟的重要目的。⑤ 此外，目标知识与企

---

① Cohen W, Levinthal D. Absorptive Capacity: A New Perspective on Learning and Innovation [J]. Administrative Science Quarterly, 1990(91): 128-152.

② Zahra S A, George G. Absorptive Capacity: A Review, Reconceptualization, and Extension [J]. Academy of Management Review, 2002(2): 185-203.

③ 简兆权，吴隆增，黄静. 吸收能力、知识整合对组织创新和组织绩效的影响研究[J]. 科研管理，2008(1)：80-87.

④ 卢兵，岳亮，廖貅武. 企业通过联盟进行隐性知识转移的三阶段模型[J]. 管理工程学报，2008(1)：16-23.

⑤ 于培友，靖继鹏. 企业战略联盟中的知识转移[J]. 情报科学，2006(5)：758-762.

业原有知识基础间的联系也会影响知识转移水平,① 知识的复杂性越高，其转移难度及整合难度越大。最后，企业专有知识通常作为企业隐性知识存在，是企业核心竞争力的重要组成部分，知识源企业对专有知识的保护意识高，知识泄露的几率较小。②

(2)知识基础因素：Cohen 与 Levinthal 尤为重视企业先验知识，认为企业自身知识水平(closely related to prior knowledge，又称为先验知识)影响企业的学习能力，吸收能力既是企业过去研发活动的副产品，也影响着后续的研发行为，其形成过程具有路径依赖性(path-dependency)。企业自身的知识基础以及知识整合经验影响其接受伙伴知识的效果;③ 员工的学习动机、参与热情也将对其知识接受的效果造成影响。④

(3)盟员互动因素：大量研究表明，联盟成员间的动态关系，如成员间的信任、合作关系、沟通能力等，对企业知识吸收有着重要影响。⑤ 其次，企业间的文化与组织差距也会影响联盟各方的相互理解与日常交流,⑥ 例如成员企业在语言、主流价值观、组织文化、组织结构、管理模式等方面的不同。此外，不同的联盟治理与控制模式以及联盟的发展阶段是预测联盟企业知识吸收绩效时需注意的要素。

---

① 周建，周蕊．论战略联盟中的知识转移[J]．科学学与科学技术管理，2006(5)：84-89.

② 吴晓波，高忠仕，胡伊苹．组织学习与知识转移效应的实证研究[J]．科学学研究，2009(1)：101-110.

③ 张成考，吴价宝，记延光．虚拟企业中知识流动与组之间学习的研究[J]．中国管理科学，2006(2)：129-135.

④ 吴晓波，高忠仕，胡伊苹．组织学习与知识转移效应的实证研究[J]．科学学研究，2009(1)：101-110.

⑤ Peter J. Lane. The reification of absorptive capacity：a critical review and rejuvenation of the construct[J]. Academy of Management Review，2006(4)：833-863.

⑥ Kogut B.，Zander U. Knowledge of Firm，Integration Capabilities，and the Replication of Technoloty[J]. Organization Science，1992(3).

(二)基于演化博弈视角的联盟企业知识吸收机理分析

演化博弈论是演化思想与博弈论分析的结合体，在生物学和数学中已经取得了相当的发展，演进式模型有助于研究各种动物模型在不同环境中的行为和理解生物进化的过程。① 目前，演化博弈论已用于分析社会规范、制度或体制的自发形成规律。根据演化博弈理论，企业知识吸收能力的提升不是预先设计的，而是那些适应环境和社会变化的新东西被不断发现，而更为理想的成本被保存下来，即在适应性演化的过程中产生的。② 下文中将社会博弈行为的支付函数表示为生物学上的适应性，如果某群体的适应能力超过种群的平均水平，那么该群体的个体比重将会增加，反之则降低。

1. 演化博弈模型

本节构建了一个非对称性两人博弈模型，假设在知识联盟中有数量很多的两类企业(分别记为 A 类企业与 B 类企业)，不同类别的企业之间进行随机配对博弈。企业可以采取“开放”和“封闭”两种策略，企业采取开放策略表示其愿意进行知识交流与共享，而采取封闭策略则表示既不愿意分享自身知识也不愿意接受外部知识。采用不同策略时企业的支付函数见图 5.3。

		企业 B 开放	企业 B 封闭
企业 A	开放	$(\pi_1 + VD_1 + VS_1 - C_1,\ \pi_2 + VD_2 + VS_2 - C_2)$	$(\pi_1 - C_1,\ \pi_1)$
	封闭	$(\pi_1,\ \pi_2 - C_2)$	$(\pi_1,\ \pi_2)$

图 5.3 博弈双方的支付矩阵

① 刘良灿，张同健．组织隐性知识转移的演化博弈——基于互惠性企业环境[J]．技术经济与管理研究，2011(2)：38-41.

② 赵驰，姜昕．基于知识的企业内生性成长研究——一个演化博弈的分析框架[J]．西安交通大学学报(社会科学版)，2009(2)：24-29.

π_i 是企业 i 依靠自身力量可获得的正常收益；VD_i 是企业 i 通过知识交流从外部直接增加的收益，该收益受到知识特性要素 K_i、知识基础因素 B_i、盟员互动因素 I_i 的综合影响，$VD_i = a_{i1}K_i + a_{i2}B_i + a_{i3}I_i + \varepsilon_i$，其中 K_i 为博弈对手的知识特性程度，即表示为知识的显性程度、公有化程度、简易程度，B_i 为企业 i 的知识基础，即表示为企业自身的先验知识、员工个人知识水平及企业的研发投入等，I_i 为盟员互动要素，即表示为企业间的信任、合作关系、知识分享与接受意愿，a_{i1}、a_{i2}、a_{i3} 为对应独立变量的系数，ε_i 为随机扰动变量，且服从正态分布 $N(0, \sigma)$；VS_i 是企业 i 进行知识共享时产生的额外的协同知识的价值，即企业专有知识进行融合而新获取的知识；C_i 是企业 i 采取开放策略时产生的成本，例如知识转移过程中对人力资源的消耗、企业合作产生的协调成本。

从图 5.3 可以看出如果博弈双方具有完全理性，那么静态博弈的结果是族群内所有的企业同时采取开放策略，(开放，开放)成为该博弈唯一的纳什均衡解。若假设种群内 A 类企业与 B 类企业采用开放策略的比重分别为 x、y，此时 $x=1$，$y=1$。但是有限理性的博弈双方并不可能在一开始就找到并采取最优策略，通常的情况是采用两种策略的企业共存，企业的支付同时取决于自己的策略和对手的策略类型。对于 A 企业，采用开放策略时，支付函数 $\mu_{AO} = y(\pi_1 + VD_1 + VS_1 - C_1) + (1-y)(\pi_1 - C_1) = (\pi_1 - C_1) + y(VD_1 + VS_1)$；采用封闭策略时，支付函数 $\mu_{AC} = y\pi_1 + (1-y)\pi_1 = \pi_1$；企业 A 的平均支付函数 $\mu_A = x\mu_{AO} + (1-x)\mu_{BC} = \pi_1 - x[C_1 - y(VD_1 + VS_1)]$。对于 B 企业，采用开放策略时，支付函数 $\mu_{BO} = x(\pi_2 + VD_2 + VS_2 - C_2) + (1-x)(\pi_2 - C_2) = (\pi_2 - C_2) + x(VD_2 + VS_2)$；采用封闭策略时，支付函数 $\mu_{BC} = x\pi_2 + (1-x)\pi_2 = \pi_2$；企业 B 的平均支付函数 $\mu_B = y\mu_{BO} + (1-y)\mu_{BC} = \pi_2 - y[C_2 - x(VD_2 + VS_2)]$。要使 $\mu_{AO} > \mu_A$ 成立，即企业 A 采取开放策略的支付较大，必须满足 $(\pi_1 - C_1) + y(VD_1 + VS_1) > \pi_1 - x[C_1 - y(VD_1 + VS_1)]$，即：

$$(1-x)[y(VD_1 + VS_1) - C_1] > 0 \tag{1}$$

同理可证明企业 B 采用开放策略，当且仅当：

$$(1-y)[x(VD_2+VS_2)-C_2]>0 \tag{2}$$

故当且仅当式(1)、式(2)同时满足时，演化博弈最终达成(开放，开放)的状态。

2. 模型的扩展

(1)动态复制方程。由于演化稳定策略仍停留在静态分析的层面，因此需要进一步对联盟企业知识吸收能力的变化进行动态的描述。本节采用"动态复制方程"方法描述博弈方决策随时间变化的过程，其实质是特定策略在一个种群中被采用的频度的动态微分方程。

企业 A 的动态复制方程分别表示为：

$$\frac{dx}{dt}=x(1-x)[y(VD_1+VS_1)-C_1] \tag{3}$$

令式(3)= 0，有 $x=0$，$x=1$，$y=\frac{C_1}{VD_1+VS_1}$。当 $y=y^*=\frac{C_1}{VD_1+VS_1}$ 时，$\frac{dx}{dt}\equiv 0$，意味着所有 x 值都是稳定状态；当 $y=y^*\neq\frac{C_1}{VD_1+VS_1}$ 时，$x=x^*=0$ 和 $x=x^*=1$ 是两个稳定状态。其中，$y=y^*>\frac{C_1}{VD_1+VS_1}$ 时，$x^*=1$ 是进化稳定策略；$y=y^*<\frac{C_1}{VD_1+VS_1}$ 时，$x^*=0$ 是进化稳定策略。图 5.4 的三个相位图分别给出了上述三种情况下 x 的动态趋势及稳定性。

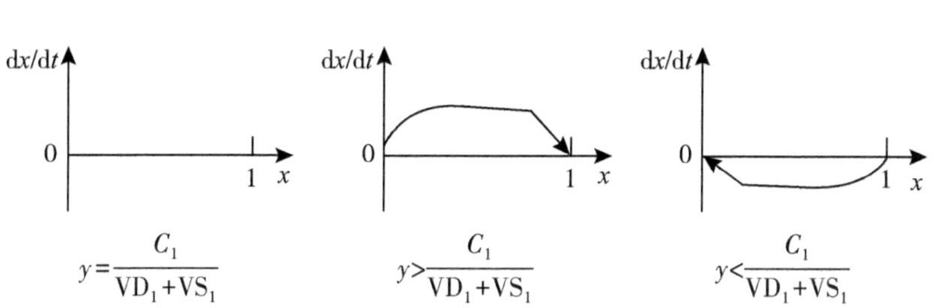

图 5.4　企业 A 复制动态相位图

企业 B 的动态复制方程分别表示为：

$$\frac{dy}{dt}=y(1-y)[x(VD_2+VS_2)-C_2] \tag{4}$$

令式(4)= 0，有 $y=0$，$y=1$，$x=\frac{C_2}{VD_2+VS_2}$。当 $x=x^*=\frac{C_2}{VD_2+VS_2}$ 时，$\frac{dy}{dt}\equiv 0$，意味着所有 y 值都是稳定状态；当 $x=x^*\neq\frac{C_2}{VD_2+VS_2}$ 时，$y=y^*=0$ 和 $y=y^*=1$ 是两个稳定状态。其中，$x=x^*>\frac{C_2}{VD_2+VS_2}$ 时，$y^*=1$ 是进化稳定策略；$x=x^*<\frac{C_2}{VD_2+VS_2}$ 时，$y^*=0$ 是进化稳定策略。图 5.5 的三个相位图分别给出了上述三种情况下 y 的动态趋势及稳定性。

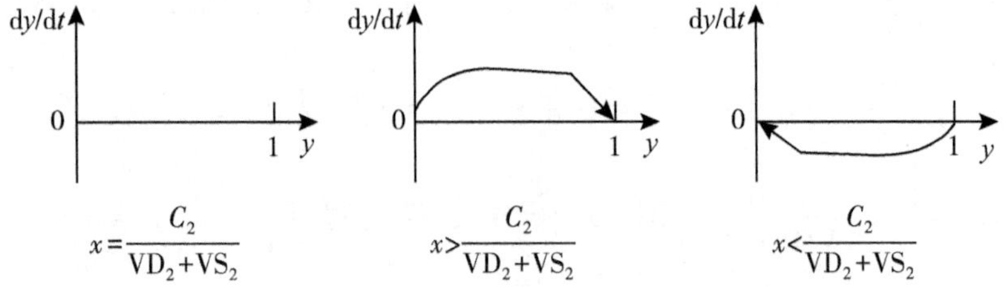

图 5.5　企业 B 复制动态相位图

把上述两个企业比例变化复制动态的关系用一个坐标平面图表示，如图 5.6 所示。

由图 5.6 可知，该博弈中有 5 个局部平衡点，其中 A、B 是不稳定平衡点，D 是鞍点，C 点和原点是稳定点，是演化稳定策略，分别对应于(开放，开放)和(封闭，封闭)两种状态。盟员企业的策略选择系统要经过一定的时间才能演化到稳定状态。系统的支付参数决定企业的具体演化路径，联盟成员通过不断权衡其收益与成本比来调整自身的博弈行为。

(2)演化博弈模型动态复制分析。从以上动态演化博弈模型和

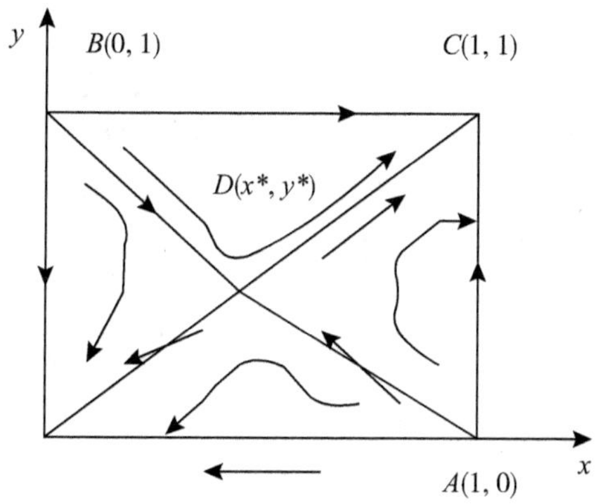

图 5.6　博弈策略的动态演化图

静态的微观博弈过程可知，企业的行为最终将可能稳定于(开放，开放)，也可能稳定于(封闭，封闭)，究竟沿哪条路径演化使系统收敛于不同的均衡点取决于博弈的支付矩阵以及某些参数的变化。接下来将讨论几个参数变化对系统演化行为的影响。

知识特性要素 K_i。知识特性要素 K_i 越小，代表知识吸收对象的隐性化程度越高，与共有知识的相似性越低，知识的可理解性越弱。若知识越容易理解，吸收的可能性越大，成员从合作中获得的收益也会越大，则成员将倾向于选择开放策略。在图 5.6 中，K_i 数值上升显示为鞍点 D 向图的左下方运动，即稳定状态落于(开放，开放)的概率增大；否则往相反方向运动，稳定状态落于(封闭，封闭)的概率增大。

知识基础因素 B_i。由于企业对知识的吸收能力表现出较强的路径依赖性，故而联盟企业在知识的传递与分享过程中，会根据自身的知识存量与知识结构决定是否进行知识的交流。知识基础因素 B_i 越大，代表知识接受方企业的先验知识越丰富，员工个人知识储备越充足，企业对研发投入越重视，则企业发现有用知识的可能性越高，其参与知识共享与创造活动的积极性越高，从中获得的收益也越多。在图 5.6 中，B_i 数值上升显示为鞍点 D 向图的左下方运动，即稳定状态落于(开放，开放)的概率增大；否则往相反方向运动，稳定状态落于(封闭，封闭)的概率增大。

盟员互动因素 I_i。盟员互动因素 I_i 越大，代表知识联盟中盟员的合作关系越紧密，沟通渠道越畅通，联盟中的信任机制越牢固，盟员在语言、企业文化、价值观等方面的差异越小。组织间的距离越接近、合作氛围越友好，知识共享与知识再造活动越频繁，企业对新知识的消化与吸收效率越高。在图 5.6 中，I_i 数值上升显示为鞍点 D 向图的左下方运动，即稳定状态落于(开放，开放)的概率增大；否则往相反方向运动，稳定状态落于(封闭，封闭)的概率增大。

其他因素。(开放，开放)策略下不同来源的知识在相互作用过程中产生的协同价值 VS_i 是影响博弈方决策的另一重要因素。VS_i 越大，表示合作为企业带来的附加价值越大，博弈方在多次试错的过程中将逐渐发现相互配合将实现帕累托最优解。C_i 是博弈方实现开放策略时需要付出的成本。C_i 越大，则博弈方在进行合作时获得的最终收益越小。在图 5.6 中，VS_i 数值上升且 C_i 数值减小显示为鞍点 D 向图的左下方运动，即稳定状态落于(开放，开放)的概率增大；否则往相反方向运动，稳定状态落于(封闭，封闭)的概率增大。

3. 结论与启示

知识联盟的兴起是知识经济时代企业适应市场竞争的必然产物，知识联盟的良性发展离不开企业间的协同工作，合作策略不但有利于组织个体的知识吸收也有利于联盟知识总量的递增。企业行为策略随着时间变化，受到知识特性因素 K_i、知识基础因素 B_i、盟员互动因素 I_i 等影响，知识可理解性越高，企业支持存储越充分、成员间关系越紧密，企业最终实现合作共赢的几率越大。此外，知识共享成本 C_i、知识协同价值 VS_i 也对组织行为产生影响。

对联盟盟主企业的政策启示在于：首先，应重视外部机制对知识联盟起始状态的强制性调节作用与触发作用，在联盟形成初期应通过适当干预与引导使合作型企业的比重超过阈值；其次，应加强组织间沟通，降低知识交流成本，并引导异源知识的深层次、多方面的融合。通过以上途径保证联盟成员沿合作路径最终稳定于共赢状态并实现联盟知识总量的最大化。

三、家族企业管理困境及对策研究①

2016年，波士顿咨询《中国企业的变革之道》调研报告显示，当前中国企业普遍面临三大转型痛点：多数中国企业习惯中央集权制度，面对组织规模扩张，无法寻求收与放之间的妥善平衡；传统组织设计使企业面对变化反应迟缓、合作不畅，无法做到以客户为中心，难以及时应对新市场新趋势；在人才"新旧交替"中遭遇吸引保留不力、能力断档、基因传承的挑战。② 家族企业是人类历史上最古老，也是世界上最普遍的企业组织形式，在新旧动能转换中也有可能成为最有生命力和竞争力的企业形式之一。如目前中国家族企业在民营企业的比重已达到80%，而国外"隐形冠军"企业中65%是家族企业。③

从家族企业的生命周期来看，家族企业成长面临着管理转型的"成长危险期"的挑战。钱德勒研究表明，管理革命是美国家族企业走向现代企业的前提。④ 尤其是我国家族企业多属于中小民营企业，大部分集中在制造业领域，在当前面临着融资难、用工荒、成本高、利润薄等多重挑战，经营状况不优。因而在当前新旧动能转换背景下，研究家族企业管理困境及创新具有重要意义。

(一)我国家族企业的管理困境

家族企业从创立伊始就面临着"家族情感逻辑"和"企业能力逻

① 本节主要内容与周磊、王甘合作发表于《湖南财政经济学院学报》，2012年第1期。

② 波士顿咨询．中国企业的变革之道[R]，2016.

③ [德]赫尔曼·西蒙．隐形冠军：未来全球化的先锋[M]．张帆，等，译．北京：机械工业出版社，2015.

④ 李新春．家族化企业的"管理革命"[J]．学术研究，2001，(5).

辑”之间的冲突(代吉林和张支南，2010)。① 虽然家族化管理模式适应了家族企业早期发展，但是随着家族企业规模的扩展，业务的增多，技术含量的提高以及经营活动半径的扩大，家族有限的人力资本，特别是管理型人力资本显然无法满足家族企业管理复杂性大幅度提高的这一要求，能否有效地融合社会人力资本，特别是经理管理资源是当前中国私营家族企业成长的关键问题(储小平，2002)。②

各类家族企业管理模式如表5.4所示。

表5.4　**家族企业不同管理模式的比较**

	家族化管理模式	现代化管理模式
股权结构	家族“一股独大”	股权多元化
目标追求	家族利益最大化	所有者利益最大化
传承选择	家族成员	职业经理人
信任基础	家族内部信任	外部信任
交易方式	人格化交易，关系治理	非人格化交易，契约治理
管理权威	人治，家长单边权威	法治，管理者权威
决策方式	家长集权决策	经理人专业化决策
人才配置	任人唯亲	任人唯贤

资料来源：作者归纳整理。

1. 家族化管理破坏心理契约，家族企业人才流失严重

心理契约是指成员与组织间的期望与承诺，它直接影响到员工的工作绩效、工作满意度、对组织的情感投入以及成员的流动率

---

① 吉林，张支南．家族企业成长困境与解决机制探析——基于家族逻辑和企业逻辑视角[J]．外国经济与管理，2010，32(11)：58-65.

② 储小平．职业经理与家族企业的成长[J]．管理世界，2002(4)：100-147.

(Levinson, 1962)。[①] 家族企业在人才管理与运用中也存在诸多问题，破坏了外来人才对于家族企业的心理契约，导致了过多的人才流失。

(1)迷信经验，忽视人才。家族企业主作为成功的创业者，具有强烈的自我认同和权威偏好，迷信个人经验，凡事亲力亲为，忽视对于中层管理者的授权，人才的积极性和创造性得不到发挥。

(2)任人唯亲，排斥人才。企业主在选择人才时往往首先考虑关系亲疏、忠诚程度而非能力高低(郝云宏、杨松，2007)，[②] 将企业员工分为“自己人”与“外人”，进行明显的区别对待。

(3)缺乏信任，拒绝人才。中国文化中的差序信任格局和特殊主义原则，使得家族企业主对外来人才天生有一种不信任感，出于商业机密泄露、控制权丧失的担心，在企业中的重要部门和关键岗位，往往使用亲戚家人，拒绝外来人才参与，或者采取“以亲制疏”的监督方式。道德和能力的双重信任危机，也使得外来人才无法充分施展才华(李新春等，2008)。[③]

(4)缺失激励，留不住人才。家族企业往往不愿使用股权激励，升职存在天花板现象，使得激励不足，同时重短期激励轻长期激励、重物质激励轻精神激励、激励缺乏制度化、透明化和灵活性、绩效考核不充分。据调查，民营企业的中高层人才，在公司工作年龄普遍较短，一般为 2~3 年，最长的也不过 5 年；人才流失率接近 30%，而优秀企业的人才流失率应在 15%左右。[④]

2. 决策机制落后，家族企业压抑人才发挥空间

决策贯彻管理的全过程，企业管理的核心就是决策(Simon, 1945)，企业决策直接关系到企业竞争成败。美国兰德公司经过调

① 吴兴华，杨从杰．论家族企业与职业经理人之间的心理契约[J]．华中科技大学学报，2004(7)：103-106.

② 郝云宏，杨松．中国家族企业内部冲突分析[J]．南京社会科学，2007(3)：6-13.

③ 李新春，储小平．民营企业成长研究报告[M]．北京：经济科学出版社，2008：110.

④ 辜胜阻．“四不”难题挡住民企创新[N]．中华工商时报，2006-09-26.

查发现，世界上破产倒闭的大企业中，85%是因为企业治理者决策失误所致。① 我国家族企业中，企业主往往处于决策中心地位。调查显示，私营企业战略决策中，72.4%的是由董事长或总经理做出的(见表5.5)，董事会及经理班子仅占26.3%。

表5.5 **企业战略最终决策者情况(%)**

	董事长/总经理	上级主管机构	董事会	经理班子	企业党组
国有企业	12.7	35.3	17.5	28.3	6.2
私营企业	72.4	0.7	16.2	10.1	0.7
股份有限国内公司	39.1	4.1	50.2	6.4	0.1
有限责任公司	47.1	2.3	43.2	7.1	0.2
外商及港澳台投资企业	49.7	3.7	42.6	3.5	0.5

资料来源：中国企业家调查系统．中国企业战略：现状、问题及建议——2010·中国企业经营者成长与发展专题调查报告[R]．中国企业家调查系统网，2010.

家长集权决策，具有封闭、集权、独裁和重视个人理性、程序简单等特征，在一定程度上节约了决策时间，保证了决策过程的迅速性，能够顺应市场变化，适应力较强，但是不能克服企业主的个人有限理性和人性弱点所带来的约束与风险，无法解决“信息过载”(information overload)问题，缺乏集体讨论和民主协商，决策风险极高。对于外部人才而言，决策的封闭性使得外部人才积极性和主动性被抑制，也会使决策成员迎合企业主的权威，产生某种形式的决策惰性。

① 李庚生．关于完善企业民主决策机制的几点思考[J]．天津经济，2005(3)：1-4.

3. 人治色彩过浓，关系治理过多，家族企业内部劳动力竞争机制低效

家族企业管理中具有鲜明的“人治”特征，即企业管理不是由家族文化和制度等要素来完成，而是由家族企业领导个人来执行(陈灿，2006)。[①] 家族企业主拥有管理的绝对权威，员工对企业主绝对服从，使得人治方式具有较强的灵活性和较高的执行效率。但是，人治的管理方式主要依靠个人经验与智慧、情感的好恶等来管理企业，管理的主观随意性大，缺乏全面的制度化、规范化和程序化，容易造成管理混乱，也会导致基层的创新与主动性不高(Redding，1990)。[②] 家族企业使用模糊的亲情法则代替明确的制度规章，使用人格化交易方式，如血缘亲情、声誉、道德等非正式机制来管理企业，大大增加了为建立认同感而产生的事前交易费用，也大大增加了圈内人与圈外人之间的交易费用，引发“怠工”或“离职”行为，导致企业优秀人力资源的流失(郭立宏，2001)。[③] 同时，关系治理的模糊性和弹性较大，使得工作绩效无法考察，锦标赛(tournament)激励机制难以实施，也不能形成合理的制衡和约束机制。

4. 利益协调机制缺乏，家族人力资源配置失效

理论研究表明，利他主义有利于增加家族成员间的忠诚和信任，促进沟通、合作和决策执行，是家族企业竞争优势的来源之一。但是另一方面，由于家族企业实际上是由家庭与企业两个重叠系统所构成(Gersick，1998)，[④] 随着企业规模的扩大，成员间角色冲突和利益冲突将会逐渐扩大，利他主义有效性逐渐降低。特别是在信息不对称的情况下，家族成员将会采取如偷懒、搭便车等机会

---

① 陈灿．关系治理与绩效：中国家族企业治理行为研究[M]．北京：经济科学出版社，2007：133.

② 陈灿．关系治理与绩效：中国家族企业治理行为研究[M]．北京：经济科学出版社，2007：142.

③ 郭立宏．家族管理模式的优势与劣势[J]．经济管理，2001(4)：16-23.

④ 朱卫平．论企业家与家族企业[J]．管理世界，2004(7)：100-147.

主义行为。同时家族成员也会利用自身的特殊身份来进行“亲情寻租”，使得家族内部有限资源配置时倾向于“自己人”而非能使资源产生最大效用的外部员工。但是，现实中大多数民营企业没有通过正式设立家族委员会等家族非正式组织来协调家族成员关系(李新春、储小平，2008)。家族企业需要吸收新的管理人才，但是家族成员普遍在企业管理层任职(如表5.6所示)，尤其是创业元老和家族成员占据了高层管理岗位，但是企业又没有正式的退出机制。

表5.6　　家族成员在管理层情况以及职位名称

部门	比例	所任职务名称
高层管理部门	95.63%	正副总经理、厂长、外贸部经理
人事部门	34.78%	人事经理
财务部门	98.43%	财务总管、会计、出纳
办公室	60.87%	办公室主任
生产部门	73.91%	车间主管、生产主任、生产科长、生产部经理
经营部门	60.87%	经营经理
后勤部门	52.17%	后勤主管

资料来源：应焕红．温州乐清家族企业调查数据分析//张厚义，等．中国私营企业发展报告(2002)．北京：社会科学文献出版社，2003.

依靠血缘亲情来协调家族成员间利益关系，导致了家族内部人才管理的失效，家族成员间代理成本不断增加，亲情优势丧失。

(1)“清官难断家务事”。由于夹杂着复杂的血缘、亲缘关系，使得企业领导者在处理利益关系时会处于很复杂甚至是两难的境地。

(2)增加内部交易成本。借助于亲情的“人治”虽然在某方面节省交易成本，但当家族成员之间利益与亲情纠缠在一起时，有时将比陌生人共事所花费的交易成本更大。

(3)约束机制失效。由于缺乏有效监督和惩罚，家族成员间的人格化契约失灵。

（4）扭曲企业决策。家族成员的“非理性”，会导致信息传递失真，有时候会扭曲业务决策和正常的管理决策。此外，“亲情寻租”破坏了家族企业内部的正式激励机制和竞争机制，产生了内部劳动力市场上的逆向选择；而退出机制的缺乏也阻碍了优秀外部人才的进入。

5. 继承人选择范围过窄，家族企业面临代际传承危机

由于中国传统“家文化”的根深蒂固，基于家族声誉和潜在享受等偏好，创业者往往倾向于将企业传承给子女。但是随着中国计划生育政策的普遍实施，第二代或第三代家族企业在家族内部可以选择的代际传承人数量大大减少，[①] 甚至直接“交棒”给刚刚毕业的学生。如 2017 年《中国家族企业年轻一代状况报告》显示，我国家族企业继承者中由学生直接成为企业主的比例高达 28.15%，而创业者的相应比例仅为 8.96%，这给家族企业持续经营带来了风险。方太集团创始人、波家业长青接班人专修学校校长茅理翔宁甚至惊呼，我国近 200 万家家族企业未来将在传承中淘汰。[②] 因而，如何选择合适的接班人、做“百年基业”是当前家族企业主不得不考虑的战略问题。一般而言，家族企业接班人的选择来源有家族成员、企业内部职员和外部职业经理人，但是三者在信任程度、代理成本及风险方面存在显著差异（如表 5.7 所示）。

表 5.7　　家族企业代际传承对象不同选择的比较

	家族成员	内部职员	外部职业经理人
信任程度	高度信任	比较信任	低度信任
关系亲疏	关系亲密	关系稳定	关系一般
能力水平	不确定	管理经验丰富	专业化水平较高
委托代理成本	低	较低	高
风险程度	低	较低	高

① 辜胜阻，张昭华．家族企业治理模式及其路径选择［J］．中国人口科学，2006（1）：33-41.

② 茅理翔．家业长青［M］．杭州：浙江人民出版社，2008.

续表

	家族成员	内部职员	外部职业经理人
信息对称程度	完全对称	高度对称	不对称
约束机制	亲情伦理	社会习俗和公司章程	声誉机制和契约
激励成本	低	较低	高

资料来源：作者自己归纳。

(二)家族企业管理创新的路径选择

1. 优化内部治理模式，建立现代人力资源管理制度，重构心理契约

(1)构建家族成员和职业经理人共同参与的内部治理模式。要推进由家族成员和职业经理人共同参与的内部治理模式(如表5.8所示)，通过经营信息资源、管理权和剩余索取权三方面共享；规范企业的财务管理制度，提高信息透明度，逐步建立家族企业主与职业经理人以及家族企业与社会的双重互信机制；逐步健全公司治理结构，建立股东大会、董事会与监事会的专业化分工与制衡机制，通过投票权、对管理者的监督控制权以及对战略决策的最终决定权对管理者进行约束，逐步建立起合理的授权结构和契约治理机制，实现“家人”与“外人”共同治理。

表5.8 **家族企业不同治理模式的比较**

	家族化治理模式	互信共治模式	职业化理模式
信任基础	家族内部信任为主	“家人”与“外人”互信	外部信任为主
经营主体	所有者与经营者合一	控制权分享	所有者与经营者分离
领导权威	家长单边权威	权威二元化	管理者权威
管理决策	家长集权决策	决策权共享	经理人专业化决策
股权结构	家族“一股独大”	股权多元化	股权多元化

资料来源：辜胜阻，张昭华．家族企业治理模式及其路径选择．中国人口科学，2006，(1)：33-41.

(2)建立家族企业现代化人力资源管理制度。人力资源的重要性要求企业从传统的人事管理模式转向为现代的人力资源管理模式(德鲁克，1954)。家族企业主必须建立现代人力资源理念，重视人才；规范人才选拔标准，任人唯贤；完善业绩考核标准，建立科学的人力资本薪酬制度和产权激励制度，将短期激励与长期激励结合起来，以薪酬、股票、期权、文化、情感和事业留人。企业要给员工提供不断提高的平台，如工作机会、发展空间、创业机会等(陈西宜，2010)。[①] 家族企业要重视对人力资源的培训，加大企业投入、完善培训机制、加强考核提升、建立内部学习型组织，为家族企业持续成长培养和储备人才。通过建立合理的选才、用才、育才、激才和留才等制度，[②] 重构双方心理契约。

2. 改革决策机制，推进民主、科学决策，扩大人才参与发挥空间

决策的民主化和科学化，一方面能充分发挥职工积极性和创造性、集思广益，提高企业决策质量，另一方面又能提高参与人员对于决策结果的认同和执行承诺，提高决策的执行效果(Amason，1996)。[③] 决策的重要性和高风险性要求家族企业改革决策机制，由家长式集权决策走向现代化规范决策。

(1)优化决策理念。家族企业需要克服企业主的权威偏好和集权情节，由重个人经验转向重集体智慧、由重个人权威转向重组织权威、由集权决策走向分权决策、由独裁专断转向民主协商，为民主决策、科学决策创造良好的氛围和条件。

(2)构建决策框架。家族企业需要完善股东大会、董事会、监事会、管理层、职工代表大会和家族委员会等机构参与决策的功能，组建专家委员会、顾问团等构建企业决策层，推行事业部制基

① 陈西宜．目前我国家族企业的管理瓶颈及其突破[J]．河南师范大学学报，2010(3)：112-114.

② 张弘，赵曙明．人力资源管理理论辨析[J]．中国人力资源开发，2003(1)：9-13.

③ 李庚生．关于完善企业民主决策机制的几点思考[J]．天津经济，2005(3)：1-4.

础上的分权决策，灵活借用外脑、充分利用中介机构的专业特长和信息优势，实现信息处理的专业化优势和集体决策的优势。

(3)完善决策程序。家族企业要制定决策流程，保证决策的各个环节有章可循、规范运作，由随机决策转变为程序决策；推进程序民主，鼓励管理层、普通员工和产权所有者对企业进行参政议政；建立决策的约束机制，如跟踪、评价、纠正和追究制度，及时纠正决策错误，控制决策风险。

(4)更新决策方法。家族企业主需要克服单凭经验和主观印象来决策的落后方法，引进市场调研分析、专家咨询、项目论证等先进决策方法；建立家族企业决策支持信息系统，在财务、营销和管理等方面为企业决策提供科学、准确和及时的数据信息。

3. 推动人治向法治转变、促进关系与契约治理相结合，健全内部劳动力竞争机制

成功的家族企业不会采用一人当家的做法，而是有一个良好的经理班子(德鲁克，1995)。为推动家族企业规范化、职业化管理，家族企业需要：

(1)完善管理制度。家族企业需要制定完善、系统、规范的公司管理章程，引进先进的管理制度，如全面预算管理、全面质量管理(TQM)、ERP 管理、绩效考核制度和内部审计制度等，将家族企业所有生产、管理活动纳入规范化制度约束下，进行现代管理的规范运作。推行制度化管理方式，严格按照规则办事。

(2)明确职责边界。家族企业需要加强契约治理，使任职者由对企业主负责转变为对岗位负责，减少关系治理所带来的模糊性。进行详尽的岗位设计和工作分析，建立可量化的考核标准，消除考核、赏罚的特殊主义和多重标准，对企业员工与家族成员同等约束、同等待遇。

(3)将法治、德治和情治有效结合起来(茅理翔，2008)。在规范管理的基础上，加强企业主与员工的情感交流和心理沟通、加强对于员工的人文关怀、情感教育，合理利用道德规范、亲情原则来约束员工，增强其凝聚力、自觉性和归属感，营造企业内部温馨的氛围，增强企业稳定性。

4. 完善家族组织和章程，健全利益协调机制，有效配置家族内部人力资源

家族与企业是两个性质不同的组织，需要不同的利益协调机制。处理家族成员间利益冲突时，关系治理存在不确定、难测度和软约束等弊端，很难突破道德、情感等权威界限。这需要引入契约治理的做法，在一定程度上弥补企业管理章程对于家族成员的正式约束漏洞。

(1)要成立家族委员会等组织，定期开展活动，就企业发展、福利分配、子女教育等关系整个家族利益的事情开展广泛讨论和协商，加强沟通、增进感情，为家族成员间利益矛盾提供一个发现、规避、协调、仲裁的平台。利用其亲情关系、感情手段和家长权威缓冲和处理利益矛盾、协调纠纷。

(2)要由家族委员会制定家族约束章程，完善利益协调工具。如家族宪法、家族条例等，就家族成员任职、行为标准、激励和约束等制定明确的规定，同时成立专门的监督机构来监督家族成员行为，保证家族章程执行。同时，通过功劳评价标准、岗位调整机制、信息沟通机制、激励和约束机制、产权划分办法、利益补偿方法和家族强制手段等，为有效处理好家族成员间矛盾提供解决框架。

(3)建立家族成员退出机制，逐步淡化家族化特色，促进家族成员和企业元老退出。或者，通过培训等提升家族成员或原创业成员的专业化管理水平。

5. 扩展接班人选择范围，完善传承方式，实现企业家资源的稳定供给

(1)扩展接班人选择范围。引进外部经理人需要冒较大的委托代理风险，从企业内部挑选接班人可以避免因信息不对称而导致的高风险和高代理成本，无疑是当前的最佳传承方式。要避免举人唯亲，重视企业内部成长起来的人才，将家族继承人员与企业成长人才同时列为候选接班人，在赛马中相马、“优胜劣汰”，选出合适的接班人。

(2)未雨绸缪，尽早制订家族企业继承计划。由家族和企业成

立的专门机构，就选择对象、选择方案、传承步骤等制定系统、完善的家族企业继承计划。在传承过程中，应该充分发挥董事会、家族委员会、管理层参与讨论的积极性；为保证选择的客观性和公正性，甚至可以聘请权威的人力资源测评机构，对候选人进行专业测评。

(3)加强对接班人的培育和帮扶。制订有针对性的培育计划，从理论知识和实践管理两方面入手；加强人际关系传承，使创业者苦心经营的社会资本能够顺利为接班人所继承；发挥创业者的个人权威，帮助接班人获取企业员工等利益相关者的信任和忠诚，为继承人接班创造良好环境。

(4)推进家族企业文化创新。在代际传承中，创业者应该鼓励接班人实现企业文化的创新、突破企业对于创业者个人的经验迷信，建立适应现代企业制度的业缘、事缘理念，建设管理规范、考评公正、决策民主和开拓创新的现代化的企业文化。

四、企业文化建设的“5W”对策研究

有统计发现，世界最长寿的组织是大学和宗教组织，如佛教起源于公元前6世纪，最古老的大学——牛津大学创立于1167年，①都有数千年或近千年历史，却依然欣欣向荣。它们的共同点都在于无形的精神文化维系着有形组织的长久兴盛不衰。有些企业也悟到了这个道理，认为一个企业的短期发展靠领导，长期发展靠制度，持续发展靠文化。如可口可乐总裁道格拉斯·达夫特曾说，如果可口可乐在世界各地的厂房被一把大火烧光，只要可口可乐的品牌还在，一夜之间它会让所有的厂房在废墟上拔地而起，这就是企业文化的魅力所在。目前，关于企业企业文化建设的研究汗牛充栋，但是有针对性、可操作性强的建设策略依然研究不够。本节借鉴了工程技术步骤，将无形的企业文化建设有形化，提出了企业文化建设的“5W”策略，供读者参考。本节用Why(为什么建设)、Who(谁

---

① 郑文全．组织长寿研究——基于企业、大学与宗教组织的比较[J]．经济与管理研究，2010(9)：93-100.

来建设)、What(建设什么)、When(何时建设)、Which Channel(怎么建设)来概况企业文化建设的一般策略。

(一)为什么要建设企业文化

要建设企业文化，必须首先明白建设原因，要在企业全员学习讨论的基础上，明确企业文化建设的意义，从而才能产生企业文化建设的动力。管理学家威廉·大内在20世纪70年代意识到日本企业竞争力逐渐超越美国企业时，经过深入研究发现了日本企业内的信任、微妙性和亲密性等文化是其成功的奥秘，从而最早提出了企业管理要重视建设文化以提升竞争力的观点。事实上，优秀的企业文化，有凝聚功能，能使得企业内部更加团结，避免恶性竞争；有激励功能，能够激发员工更加投入的工作，提升企业业绩；有约束功能，能够规范员工行为，实现软约束；有导向功能，能够指引企业发展战略方向，实现企业可持续发展。如美国领导学大师科特在经过12年对200多家优秀企业的研究发现，拥有高绩效企业文化的公司的销售收入增长是普通同行的4倍，员工人数增长是其8倍，股票市值增长为后者的11倍，净收入增长为后者的750倍。①国际管理学大师德鲁克也曾说：让平凡人做出不平凡的事，其本质在于企业精神，而企业的精神在于能唤醒员工内在的奉献精神，激励他们努力付出，这决定了员工究竟会全力以赴，还是敷衍了事。

因而，建设企业文化要动员企业家、管理层、普通员工参与讨论企业文化的重要性，通过征文、培训、研讨等形式培育企业文化建设氛围，形成企业文化变革共识。

(二)建设什么样的企业文化

要明确企业文化建设内容及重点，主动吸收国内外传统文化及优秀企业文化的精华，结合行业及企业实际，塑造有自己特色的企业文化。一般而言，企业文化包括三个层次：表层文化，即有形的、可以感知的如公司LOGO(标志)、口号标语；中层文化，即公

① 杲占强．企业文化与企业过冬[J]．管理学家，2009(4)．

司章程、员工礼仪等制度文化；深层文化，即公司全体人员所内含的价值观念、思维方式等。

因而，塑造企业文化的内容，应该从内到外，先是企业价值观、企业愿景，再到规章制度、员工礼仪，最后是口号标语、宣传册。国际著名咨询公司麦肯锡的研究就表明，世界500强胜出其他公司的根本原因，就在于这些公司企业文化中的四大特质：团队协作精神、以客户为中心、平等对待员工、激励与创新。在提炼企业价值观时，要大力借鉴国内外传统文化精华，总结成功企业的共性文化基因，深入挖掘和发扬企业内部沉淀的优秀文化，并凸显特色。如北京同仁堂"炮制虽繁必不敢省人工，品味虽贵必不敢减物力"的企业精神，雅戈尔"装点人生，服务社会"的企业追求，海航的"精进人生，造福众生"文化，松下"把干毛巾再拧出一把水"的企业理念，IBM"24小时到位"的服务文化等。

(三)谁来建设企业文化

要明确企业文化建设主体，形成企业家带头、管理人员分工负责、全体员工共同参与的模式，将自上而下(企业家和管理层制定宏观战略与制度)与自下而上(员工参与建设和反馈成效)相结合。首先，要重视企业家作用。从某种程度来讲，企业文化是企业家精神的升华，因为企业家倡导、缔造和推行了企业文化建设，对企业文化建设方向和战略的影响至关重要。很多时候，企业家尤其是创业企业家的个人意志对企业文化起非常重大的影响，如华为的任正非、万科的王石、比亚迪的王传福等。海尔的张瑞敏明确指出，企业家在企业文化建设中"第一是设计师，在企业发展中使组织结构适应企业发展；第二是牧师，不断地布道，使员工接受企业文化，把员工自身价值的体现和企业目标的实现结合起来"。张瑞敏1985年将全厂库存近20%的缺陷电冰箱全部砸毁，亲手砸毁第一台冰箱，以此在员工心中刻下"质量决定企业竞争力"的海尔文化。

但企业文化建设还离不开员工认同和参与。现实中，企业可以成立企业文化建设委员会，由企业家主导，企业各部门负责人为委员，同时各部门另选出一名员工负责本部门文化建设执行工作，协助企业和部门负责人推进企业文化建设。要实施“大家文化大家建”的思路，鼓励员工建言献策，充分调动普通员工积极性与创造性。

（四）何时建设企业文化

要把握企业文化建设时机，在企业发展不同的阶段明确企业文化的弊端和变革方向，从而取得企业文化建设最好效果。任何企业都有自己的文化，支撑了前期发展，可能也制约了后续发展。在建设企业文化过程中，既要把握企业文化建设时机，又忌急于求成，要按步骤分单元，一步一步来。为此，要从定性与定量两个角度，利用中国文化管理学会《中国企业文化管理测评标准 3.0》或者聘请专业咨询公司，对本公司文化进行系统测评，找出本公司企业文化的弊端与不足，从而适时而动、变革文化。

以华为为例，其企业文化先后经历了狼性文化为主、竹笋文化为主、国际跨文化为主等转变。在创业初期一直到成长期，华为所处电信行业竞争激烈，企业 CEO 任正非倡导狼性文化，企业员工团队作战、敢打敢拼，从国内的“巨大中华”第四名跃升为第一名。但在 2000 年后，随着行业利润摊薄、国际技术创新加快，开始借鉴 IBM 的 IPD 研发模式，通过流程再造来对文化进行重塑：将整个公司的成本大多折算到了各个产品线上，形成“竹笋文化”——“竹笋的每一层，其包围的核心都是高绩效”。2005 年以后，海外市场首次超过国内市场，国际化加快，开始逐步形成国际跨文化模式。任正非强调，华为的游击作风还未褪尽，而国际化的管理风格尚未建立，要打造“以客户为导向”的思维方式，系统地学习全球化商业规则、语言，甚至思维方式。为此，华为的管理层拿出 70%的时间来倾听全球客户的“声音”，① 目前已成长为通信市场全球第一、手机市场中国第一。

① 谢鹏．变化中的华为企业文化[J]．企业文化，2007(6)．

(五)建设企业文化的途径

目前，国内企业的文化建设存在两个误区：一是将企业文化等同于文体活动，二是将企业文化等同于CI(企业形象)，于是热衷于举办各类型比赛、文艺表演、旅游聚餐，或者过度关注企业口号、设计厂服和厂旗、唱厂歌、贴标语等。这些策略，具有一定作用，却很多时候容易陷入形式化、表面化。

(1)推进企业文化故事化，找到体现企业精神的典型案例，以故事来传承文化。被美国优秀企业奉为圣经的《追求卓越》一书中写道："优秀公司价值体系通常并不是以成文的方式传递的。它们经常通过更加柔性的方式传播，特别是我们曾听过的故事、神话等……为了支持他们的基本信条，优秀公司成了各种故事、传说和神话老练的收集者与讲述者。"①如惠普公司在庆祝50华诞时，从第一线员工到高层主管身上搜集到了一百多个口耳相传的惠普故事。② 为此，企业可以积极收集内部真实的、趣味的、融入一定企业文化要素的，发生在普通员工身边的各种小故事、小笑话，以此作为传播企业文化的载体。

(2)推进企业文化人格化，采取星火燎原的方法来逐步推进，以榜样来推广文化。迪尔和肯尼迪在其合著的《公司文化》一书中，把英雄楷模人物作为企业文化五大构成要素之一，认为没有英雄人物的企业文化是不完备的文化，是难以传播和传递的文化。③ 事实上，榜样模范是企业文化的人格化体现，能够教育人、感染人，为其他员工提供学习模仿的对象和标杆。如海尔公司创造的"6S大脚印"方法，每日创造榜样来激发员工贯彻其"日事日毕，日清日高"文化。实践中，企业可以评比"劳动模范"，设置"最佳进步奖"、

① 邓正红．让优秀员工成为企业形象代言人[N]．世界品牌实验室，2007-07-23.

② 李伟伟．塑造形象：先把自己的故事准备好[J]．青年记者，2011(16).

③ 陈艳．组织传播与新闻媒体文化建设[J]．今传媒，2006(8).

“企业文化之星”等不同荣誉，给予相应的物质、精神与职务晋升奖励，创造人人学榜样、人人争榜样的氛围。

(3)推进企业文化仪式化，借鉴宗教仪式的体验与内化模式，以礼仪来内化文化。宗教中的忏悔仪式对净化教徒心理，强化精神认同，创造归属感等具有重要作用。事实上，仪式带来体验，而体验才是文化内化的关键机制。GE 前 CEO 杰克·韦尔奇甚至表示，企业文化就是洗脑，就是让员工逐渐把自己的思想交给企业来管理，企业文化是宗教般的虔诚文化。① 以“全美 100 家最值得工作的公司”玫琳凯公司为例，公司创造的仪式文化成为全球公司效仿的典范，是美国 12 家商学院学生的必读案例。玫琳凯创造了入职、颁奖、晋升、庆典等丰富的的企业仪式，通过员工的普遍参与、角色扮演等使企业文化深入员工心灵最深处，极大激发了员工的工作激情。② 为此，企业可以一方面将已有的会议、培训、入职、晋升、节庆等活动仪式化，另一方面根据企业发展历程、特殊历史事件及模范事迹等活动，设立新的仪式，如感恩仪式、质量事故纪念日、××学习日、厂耻日等，并为员工生日等提供小型仪式化庆祝等。

参考文献

[1][德]赫尔曼·西蒙．隐形冠军：未来全球化的先锋[M]．张帆，等，译．北京：机械工业出版社，2015.

[2][美]约瑟夫·熊彼特．资本主义、社会主义与民主[M]．吴良健，译．北京：商务印书馆，2009.

[3]辜胜阻．民营经济与创新战略探索[M]．北京：人民出版社，2009.

[4]刘军．整体网分析讲义[M]．上海：格致出版社，2009.

① 毛宏勋等．企业整合后的文化改造和融合[N]．商业文化，2012-10-25.

② 朱知．企业组织传播中的仪式研究——以玫琳凯的企业仪式为例[D]．华中师范大学学位论文，2010.

[5]李新春，储小平．民营企业成长研究报告[M]．北京：经济科学出版社，2008.
[6]朱知．企业组织传播中的仪式研究——以玫琳凯的企业仪式为例[D]．华中师范大学学位论文，2010.
[7]茅理翔．家业长青[M]．杭州：浙江人民出版社，2008.
[8]陈灿．关系治理与绩效：中国家族企业治理行为研究[M]．北京：经济科学出版社，2007.
[9] Wang Xianwen, Zhang Xi, Xu Shenmeng. Patent Co-citation networks of Fortune 500 companies[J]. Scientometrics, 2011, 88(3): 761-770.
[10] Peter J. Lane. The reification of absorptive capacity: a critical review and rejuvenation of the construct [J]. Academy of Management Review, 2006(4): 833-863.
[11] Giovanni Peri. Determinants of knowledge flows and their effects on innovation[J]. The Review of Economics and Statistics, 2005(2): 308-322.
[12]储小平．家族企业传承之难：企业家精神[J]．管理学家，2011(1)：119-120.
[13]贾彦龙，于巧玲．竞争对手识别研究方法述评[J]．情报杂志，2011(7)：14-18.
[14]张曦，王贤文，刘则渊，侯海燕．基于专利计量的企业技术相似性网络测度研究[J]．情报杂志，2011(1)：90-93.
[15]张传杰，乔永忠．跨国公司对我国企业技术溢出的滞后效应研究——基于行业专利产出面板数据模型的分析[J]．科学学研究，2011(2)：215-219.
[16]刘良灿，张同健．组织隐性知识转移的演化博弈——基于互惠性企业环境[J]．技术经济与管理研究，2011(2)：38-41.
[17]蔡虹，吴凯，孙顺成．基于专利引用的国际性技术外溢实证研究[J]．管理科学，2010(1)：18-26.
[18]向希尧，蔡虹，裴云龙．跨国专利合作网络中3种接近性的作用[J]．管理科学，2010(5)：43-52.

[19]孙悦，赵大丽．动态联盟知识共享的演化博弈分析[J]．运筹与管理，2009(1)：92-97.

[20]吴晓波，高忠仕，胡伊苹．组织学习与知识转移效应的实证研究[J]．科学学研究，2009(1)：101-110.

[21]卢兵，岳亮，廖貅武．企业通过联盟进行隐性知识转移的三阶段模型[J]．管理工程学报，2008(1)：16-23.

[22]周建，周蕊．论战略联盟中的知识转移[J]．科学学与科学技术管理，2006(5)：84-89.

[23]董菲，朱东华，任智军，谢菲．基于专利地图的专利分析方法及其实证研究[J]．情报学报，2007(3)：422-429.

[24]辜胜阻，张昭华．家族企业治理模式及其路径选择[J]．中国人口科学，2006，(1)：33-41.

[25]钟春平，徐长生．技术(产品)替代、创造新破坏与周期性经济增长[J]．经济学(季刊)，2005(4)：865-890.

[26]朱卫平．论企业家与家族企业[J]．管理世界，2004(7)：100-147.

第六章　若干思考

一、正确认识新旧动能转换

（一）新旧动能转换是一个老问题

新旧动能转换从本质上讲，不是一个新话题。改革开放后，1980—1982年我国经济理论界就开始反思旧增长方式和探索新增长方式。1980年12月，中央工作会议总结了30多年间中国经济建设的经验教训，提出要实行经济发展道路的转轨。2007年9月，时任国家主席胡锦涛首次提出转变经济发展方式的概念；2007年10月，党的十七大将加快转变经济发展方式确立为关系国民经济全局紧迫而重大的战略任务，要求实现"三个转变"：促进经济增长要由主要依靠投资、出口拉动向依靠消费、投资、出口协调拉动转变，由主要依靠第二产业带动向依靠第一、第二、第三产业协同带动转变，由主要依靠增加物质资源消耗向主要依靠科技进步、劳动力素质提高和管理创新转变。① 党的十八大以来，党中央提出了"五大发展理念"，进一步要求实现发展方式转型。从国外来看，目前成功的工业化国家都实现了多次新旧动能转换，才能保持经济稳定发展。由此，新旧动能转换伴随我国经济发展始终，是讲述"老问题"的新话题。

---

① 郑有贵．中华人民共和国经济史（1949—2012）［M］．北京：当代中国出版社，2016：251.

（二）新旧动能转换是一场新变革

推动我国经济由高速增长阶段转向高质量发展阶段，关键在于经济发展动能转换。促进旧动能转型升级和新动能主导发力要深化供给侧结构性改革，用改革的办法推进结构调整，减少无效和低端供给，扩大有效和中高端供给，提高全要素生产率。

这种变革是一场思想变革。长期以来，许多干部遇到问题习惯“向后看”，即遇到新矛盾新问题首先看有没有成规惯例可循、有没有现成经验可用，这是无法解决新旧动能转换问题的。因此，党员干部必须解放思想，摒弃单一的 GDP 增长速度情结，强化集约发展和质量效益意识；抛弃守旧守成、政策依赖的思想惰性，强化改革创新、敢为人先意识。

这种变革是一场利益变革。“触及利益比触及灵魂还要难”。淘汰化解落后过剩产能，加快僵尸企业出清，无一不是刀刀见血、箭箭穿心。如 2016 年、2017 年，全国已退出煤炭、钢铁产能分别超过 4.4 亿吨和 1.15 亿吨，如湖北省累计取缔关闭造纸、制革、印染等行业污染企业千余家，取缔长江干线各类码头 1098 个，拆除围网养殖 120 多万亩。

这种变革是一场体制机制变革。鼓励新动能、约束旧动能牵涉到深层次矛盾和问题，需要全方位体制机制的改革创新。要建立有利于新兴产业培育壮大、创新创业发展的机制，破除垄断利于生产要素自由流动的机制，深化改革降低新旧动能转换的交易成本。要建立激励约束机制，完善地方考核、建立与新旧动能转换成效挂钩的转移支付分配机制，形成“动能转换越快、成效越大，得实惠越多”的导向。

（三）新旧动能转换是一个长期过程

新旧动能转换是一个长期性工程，不能指望一蹴而就。

一方面，动能失衡期会持续较长时间。新旧动长期并存将是经济新常态的一个重要特征。Nordhaus（2015）指出：随着新技术的发展成熟，它们的价格急剧下降，因此它们的相关产业对经济的贡献也迅速下滑：这意味着，相对落后的产业，而非新产业才是经济增长的关键。① 成长为支柱产业的新动能在技术冲击下会逐渐演变为旧动能，旧动能在相当长一段时间内仍是经济增长的重要动力源，传统产业也仍是新旧动能转换的主战场。

另一方面，动能再造期也是曲折的。新动能的新兴产业技术门槛高、投资风险大、回报周期长，决定了新兴产业发展速度快，但体量小、占比低，对经济平稳增长的支撑带动作用不够强；传统产业中的资金、设备、人才存在相对固化效应，转型升级相对缓慢。尤其是在市场经济体制不健全的情况下，“市场出清”机制作用不明显，导致新旧动能转换周期长。

因此，在积极培育发展新动能的同时，要充分发挥传统比较优势，运用新技术新模式新业态改造提升传统动能，让旧动能换发新活力，如深圳将传统产业“改造变身”为时尚产业，为培育壮大新动能创造条件，实现新旧动能的有序转换、平稳接续。由此可见新旧动能转换既是一场攻坚战，又是一场马拉松。

（四）新旧动能转换是一项系统工程

新旧动能转换不仅是表层的新兴产业与传统产业间迭代，更涉及深层次的改革、创新和开放，受到产业、人才、资金、技术、文化、营商环境等诸多因素的影响，离不开社会各界的鼎力支持和共同参与。要想实现新旧动能的成功转换，必须将其作为高质量发展的根本路径和发动机（王晓东，2018），② 以此统筹各部门各企业。从供给侧看，要强化高端生产要素投入、深化体制机制改革、突出新市场主体的培育、发展战略性新兴产业、强化传统产业的改造升级等；从需求侧看，要提升消费、出口和高质量投资；从创新侧看，要激励企业产品创新、完善技术创新体系、加强市场创新力度

① 陈永伟．人工智能与经济学：关于近期文献的一个综述［J］．东北财经大学学报，2018(3)．

② 王晓东．充分发挥科教优势，加快产业动能转换，推动湖北经济高质量发展［N］．荆楚连线，2018-04-27.

（西部大开发、“一带一路”、城乡统筹、城市群等）、重视要素创新（激发各种新的生产要素活力，发展共享经济等）、深化制度/管理创新等。因而，地方政府必须增强“三力”：增强战略定力，跳出“快出政绩”的小我格局，树立久久为功的大局意识；增强改革魄力，敢于啃制约新旧动能转换的“硬骨头”、敢于“刀刃向内”；增强执行能力，更加突出部门协同、政策落地。

（五）新旧动能转换要以实业为本

习近平总书记在党的十九大报告中指出，“建设现代化经济体系，必须把发展经济的着力点放在实体经济上”，在 2018 年 10 月 22 日珠海考察时进一步强调，“从大国到强国，实体经济发展至关重要，任何时候都不能脱实向虚”，而“制造业是实体经济的一个关键”。因而，推动新旧动能转换要落在实体经济上、落在制造业上。

一方面，实体经济尤其是制造业决定经济体的核心竞争力和可持续发展。研究显示，过去 60 多年间，由工业产品复杂性所反映的一国制造业能力是所有预测性经济指标中能够最好地解释国家长期增长前景的指标，制造业本身所蕴含的生产能力和知识积累关系一国经济长期发展绩效，国家间的制造业能力差异能够解释国家间收入差异的至少 70%（Hausmann 和 Hidalgo，2011）。① 制造业本身也可带动服务业发展，如日本制造业 2017 年调查数据显示，产品制造过程中创造出的 40% 就业机会属于非制造业，尤其是服务业。② 德国、日本制造业占 GDP 比重长期在 20% 以上，美国虽然只有 11.6%但是制造业的核心环节和高端领域仍然牢牢掌握。

另一方面，要努力避免过度过早服务业化、产业空心化。实业

① Hausmann R，Hidalgo C. A. et al. The Atlas of Economic Complexity：Mapping Paths to Prosperity [J]. http：//www. cid. harvard. edu/documents/complexityatlas. 2011

② 日本经济产业省．日本制造业白皮书 2017 [R]. https：//www. innovation4. cn/library/r16086，2017-06-06.

是国家经济的根基，如果一个国家实业出现贫血，根基不牢，对于整个国民经济而言都是非常危险的(辜胜阻，2012)。[①] 一些地方盲目实施“退二进三”，一味追求互联网“新技术”、“新业态”、“新模式”等虚拟经济，表面看三次产业结构升级了、就业增加了，但是带来的产业空心化问题会制约经济长期发展。如美国在 2000—2010 年裁减了 570 万制造业工人，造成了“底特律鬼城”、“锈带州”等问题，甚至有观点认为 2008 年金融危机本质上就是美国的产业空心化导致的。[②] 当前，世界各国均在推进“再工业化”，如美国的“重振美国制造业框架”、欧盟的“欧洲制造 2030”计划、德国“工业 4. 0”战略、法国“新工业法国”战略、日本“日本产业复兴计划”、韩国“制造业创新 3. 0 战略”等，均着力于振兴实体经济、强化制造业发展。

对于中国这样一个大国而言，不仅仅在于制造业直接创造了多少产值和就业，而是从中涌现的创新驱动力对于国民经济的可持续发展意义。但目前我国形势不容乐观，2011—2017 年制造业投资增幅由 37. 7%下降 3. 1%，制造业投资占全部固定资产投资的比例由 33. 9% 下降到 30. 6%，制造业对全部投资增长的贡献率由 47. 9%下降到 16. 4%。[③] 2018 年 11 月，官方制造业 PMI 指数仅 50，创 2016 年 7 月以来新低。面对这种情况，我们要高度重视实体经济，学习德国将制造业转型升级作为新旧动能转换“主战场”，不走发达国家“回头路”，避免产业“脱实入虚”。即便是推进“一带一路”倡议，也要重视将关键产能、高端制造环节和核心业务领域留在国内，激励本土实业不断转型升级，而避免资本逐利性而将企业产能转移出国“一走了之”。2008—2018 年我国经济学家、消费者及企业家信心指数如图 6. 1 所示。

---

① 辜胜阻．实体经济发展不足导致企业家实业精神衰退[N]．中国经济网，2012-03-09.

② [加]瓦科拉夫·斯米尔．国家繁荣为什么离不开制造业[M]．李凤海，刘寅龙，译．北京：机械工业出版社，2017：135.

③ 佚名．中国制造业投资增速尚处低位　亟待组合施策[N]．经济日报，2018-06-29.

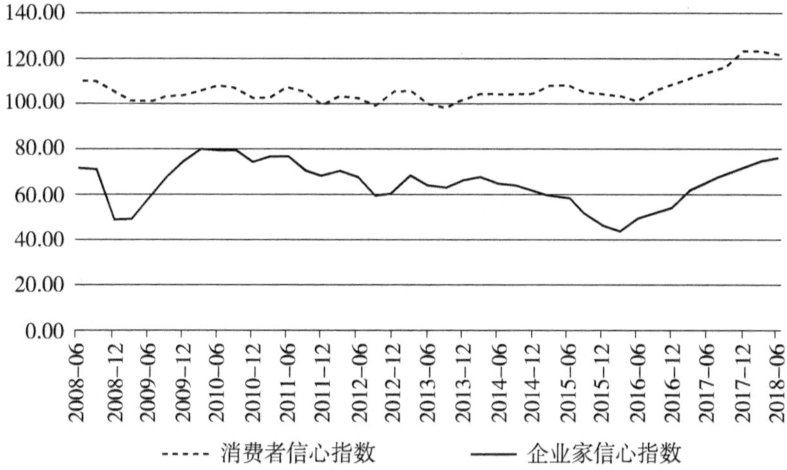

图 6.1　2008—2018 年我国消费者及企业家信心指数

资料来源：WIND 数据。

(六)新旧动能转换要以双创为魂

2017 年政府工作报告中，李克强总理指出，“双创”是推动新旧动能转换和经济结构升级的重要力量。熊彼特(1934)认为，创新是经济周期波动的根本原因，创新不足不仅导致有效需求不足，也会导致有效供给不足。而创新创业密切相关、紧密相连，企业家是创新的最重要主体，只有市场化的创新(形成了创业)才能形成新的产业，只有大规模创业才能培育大量企业家，因而当前我们推动新旧动能转换要重视大众创业、万众创新。

事实上，改革开放以来，我国先后经历了 3 次创业浪潮，也与主导产业迭代升级、新旧动能转换高度契合：第一次是 1978 年党的十一届三中全会以后，以创办乡镇企业、城镇个体户和私营企业为特征的“草根创业”；第二次是 1992 年邓小平南方谈话以后，以公职人员下海经商为特征的创业浪潮；第三次是 2000 年后，伴随着互联网技术、风险投资以及资本市场的发展，以互联网新经济为特征的创业；当前我国正在形成新一轮创业创新浪潮（辜胜阻，2015）。[①] 由于我国社会主义市场经济体制是一个不断建立健全的过程，只有通过不断激发社会创新创业活力，培育一批又一批创业者、企业家，来实现各种生产要素的优化配置、主导产业升级，才能源源不断的形成新的发展动能。

（七）新旧动能转换要以人才为基

2014 年 8 月 18 日，习近平总书记在中央财经领导小组第七次会议上指出，“人才是创新的根基，是创新的核心要素。创新驱动实质上是人才驱动”；习近平总书记“三个第一”重要论断中，也强调人才是第一资源。无论是新动能的培育，还是旧动能的升级，都需要一大批人才。地方需要搭建适应本地产业禀赋的人才“金字塔”，支撑新旧动能转换。要着力引进和培养一批掌握行业先进技术，拥有自主研发能力和产业化经历，能引领产业发展的领军人才。尤其是要放手发动青年科研人才的创新积极性，有对世界 1249 名杰出科学家所获得的 1928 项重大科学成果的统计分析显示，科学发现的最佳年龄区在 25 岁与 45 岁之间，峰值年龄在 37 岁左右。[②] 如上海助力青年科学家冒尖，在全国率先为 35 岁以下年轻人开辟了“启明星”项目，为 32 岁以下年轻人开辟了“扬帆计划”。

要激励一大批干部人才，在中国当期的文化背景和现实条件下，政府部门及所属企事业单位集聚着数量广大的一批精英人才。如何克服干事创业的责任豁免机制不健全、激励约束不平衡等问题，实现改革者有权、实干者有利、创新者有空间，将会极大地提升政府部门及所属企事业单位的效率，直接或间接助推新旧动能转换。

---

① 辜胜阻．详解新一轮创业创新浪潮的六大特征［N］．经济日报，2015-08-20.

② 冯之浚，赵红洲．现代化与科学家［M］．北京：知识出版社，1985：116.

(八)新旧动能转换要防止"一刀切"

实践要尊重规律，包括产业规律、科学规律等。新旧动能转换在不同地方、不同阶段、不同行业有着不同的矛盾和瓶颈，表现形式不一样，本地的旧动能可能是落后地区的新动能、此时的新动能不远将来也可能会变成旧动能，因而工作重点和对策也不同，必须做深入调查研究，有的放矢、充分预案，减少转换中的阵痛、摩擦，切实防止出台政策措施"一刀切"。

要因地制宜。各地发展基础不同，发展阶段不同，资源环境优势也不同，制定本地新旧动能转换工作方案时必须坚持问题导向，在结合实际上做文章。很多县市其实是没有条件发展高新技术产业的，无论是资金、技术、人才等等缺乏基础，必须把更大精力放在传统产业转型升级上。

要因时而异。根据产业发展进展情况、经济发展阶段、政策形势变化，适时调整政策重心，不可能一劳永逸。

要因业施策。"没有夕阳产业，只有夕阳技术"，不能搞高新技术产业对传统产业的简单替代。既要加大力度支持新技术、新模式、新业态、新产业，实现"无中生有"；又要致力于传统产业转型升级，实现"有中出新"。只有两者相辅相成、有机统一，才能顺利实现新旧动能接续转换。

(九)新旧动能转换要避免三种错误

由于新旧动能转换以产业升级为外在表现形式，而学术界、业界对于产业升级概念的界定分歧，可能造成一定程度的产业升级误区(如表 6.1 所示)，进而影响新旧动能转换。

(1)只有产业结构升级的错误观点——产业升级一定要发展高技术产业？简单地跨行业结构调整——如从服装等劳动密集型产业转变到电子等高技术产业——并不是真正的产业升级，法国、意大利等发达国家的鞋、包、服装在品牌设计及附加值创造上居于全球首位，而我国的电子产业中大部分企业则主要为外资提供加工组装，利润微薄。如中国对美出口的"高技术产品"，大多只是在华

表 6.1 新旧动能转换过程中的三种错误观点

只关注一方面	现实表现	现实危险	案例
产业结构升级	“腾笼换鸟”发展新兴产业；对传统产业不屑一顾	产业“虚假高度化”；新兴产业重复投资；附加值低	中国光伏产业、风电产业
产业素质升级	“精耕细作”原有产业领域；对新兴产业不屑一顾	缺乏行业预见性，被新市场契机和技术淘汰	美国柯达公司、芬兰诺基亚公司
产业价值链升级	过度研发或营销	市场化失败	日本模拟数字电视、英国超音速商业飞机、美国铱星卫星手机

资料来源：作者归纳整理。

完成劳动密集型加工环节，包含大量关键零部件和中间产品的进口与国际转移价值(国务院新闻办，2018)。① 因而，也需要重视产业价值链的提升，而非一味追求产业结构高度化。

(2)只有产业价值链升级的观点——产业升级一定要往研发和营销转移？当前，有一种观点建议中国企业需要从价值链曲线的制造环节向两端提升：研发设计环节和市场营销环节。这也值得推敲：事实上，中国企业的制造环节并不是已经做到最好了，产品质量急需提升，盲目向两端提升可能导致陷入“制造优势丢掉而研发营销优势又培养不起来”的尴尬局面，过度研发甚至带来市场化失败风险。实际上，依据产品属性和生产过程，制造业可以分为流程类(工序复杂、生产链条长，如化学工业、石油加工等)、模块类(对研发和营销要求高，如计算机、纺织服装等)和架构类(对组装工艺要求高、技术集成度强，如机床、飞机、集成电路等)三种，

① 中华人民共和国国务院新闻办公室．关于中美经贸摩擦的事实与中方立场[R]．新华通讯社，2018-09-24.

其产品附加值分布特征分别为：价值平均分配、高价值在两头、高价值在中间，[①] 高精尖的芯片、发动机、零部件制造环节附加值甚至是全产业链最高的。如德国始终专注在制造业环节，对精密制造、核心零部件和机器设备的制造占据垄断性地位，也能获取大量产品附加值。因而，企业在产业升级时应该判断所属类型，选择最佳路径。

（3）只有产业素质升级的观点——产业升级一定要立足原有产业“精耕细作”？这种情况一般出现在行业龙头企业身上，在发达国家层出不穷。这是因为创新按照对市场的破坏程度，可以分为改善型或渐进型创新（Incremental Innovation）和突破型创新（Breakthrough Innovation），前者会提升和发展当前技术，从而巩固在位者的实力，后者将给领导者带来巨大挑战。[②] 如果龙头企业一直在原有产业领域“精耕细作”，可以不断提升其核心竞争力和企业素质，产业素质和生产效率也可以得到不断提升，但是却有可能丧失对新的技术创新趋势和市场需求前沿的把握。如最早发明数码相机的柯达公司，在其120余年的5/6的生命里一直是领先者，由于缺乏长远的战略性规划，仍然将产品重点和研发重心放在已有的胶卷、印像和冲洗业务，最终被数字时代所淘汰。[③] 最早发明智能手机的诺基亚公司，每年在研发方面的投入占了销售额的10%，拥有3万多项通信专利技术，智能手机概念机比iPhone早了10年，触控技术比苹果早3年，Ovi比苹果App Store早了1年，但是过于执着于功能机的提升与成本控制，没有把握智能机趋势，最终被苹果公司所打败。由此可见，产业升级中如果不顺应时代发展趋势和销售需求，仅仅只是“精耕细作”的加强创新，也是难以持续生存的，最终将被淘汰。

---

① 国家发改委产业经济与技术经济研究所．中国产业发展报告：2017——迈向中高端的产业发展[M]．北京：经济科学出版社，2017：46.

② Mensh Gerhard. Stalemate in technology: innovations overcome the depression[M]. Cambridge, MA: Ballinger, 1979.

③ 温玉顺．深度解析132年柯达如何走上末路[N]．北京晚报，2012-02-04.

(十)新旧动能转换要防范六种风险

(1)“潮涌现象”导致的投资过剩风险。发展中国家在发展新兴产业时很容易由于投资决策“盲目”产生“潮涌现象”,① 一窝蜂地重复投资发展新兴产业，使得地区间产业结构同质化。如有数据统计，当前全国有至少18个省市自治区提出“建造新能源基地”的口号，许多地方将光伏、新能源汽车作为支柱产业。这就导致了许多新兴产业陷入了产业过剩、恶性竞争局面，行业内集中度不高、企业生产规模偏小、技术创新不足、价格战剧烈，表面上产业结构升级了，传统产业比重下降、新兴产业比重提高，新旧动能实现了转换，但实际上属产业“虚假高度化”问题。

(2)抛弃传统产业导致的产业空心化风险。现在的传统产业也是曾经的新兴产业发展过来的，现在甚至将来也会在经济体中占据重要体量，满足着国民经济运行和消费者衣食住行的基本需求，是不可或缺的、不可轻言放弃的。如2003年美国、日本、德国传统制造业占制造业比重分别为60.81%、60.66%、61.70%,② 而到了2007年制造业中的非研发密集型产业增加值占比依然较高，如欧盟14国平均73%、美国53%、日本51%、德国42%。③ 同时，传统产业是新兴产业发展之基，“产业更迭不会是突发的，工业会呈现多样化发展，但是必然与以前的主导部门有所联系”(罗斯托，1960),④ 很多新业态、新模式、新产品也是基于提升传统产业的初衷而创造出来的，不是“空中楼阁”。如潜江市通过“小龙虾”标准化、品牌化、电商化等手段，不仅实现了小龙虾养殖、加工出口

---

① 林毅夫，巫和懋，邢亦青.“潮涌现象”与产能过剩的形成机制[J].经济研究，2010(10).

② 张立群，陈昌盛，任泽平.加快转变经济发展方式干部读本[M].北京：人民出版社，2010：195.

③ [德]奥利弗·索姆，等.德国制造业创新之谜[M].工业4.0研究院，译.北京：中国工信出版集团，2016：46.

④ [美]罗斯托.经济增长的阶段[M].郭熙保，译.北京：中国社会科学出版社，2001.

等传统产业的升级，也延伸发展了形成集选育繁殖、餐饮旅游、冷链物流、电子商务、精深加工、节会文化等新兴产业。新旧动能转换中完全抛弃传统产业追求新兴产业，将会是像追求“无本之木”、“无源之水”一样不可得。

(3)过度干预市场导致的政策失灵风险。进入经济新常态以来，虽然我国一直倡导“政府引导、市场主导”，但使市场在资源配置中起决定作用的体制机制并没有完全建立。政府部门出台大量规划、政策、战略，虽然起到了一定引导市场的作用，但是过度过量、相互掣肘、难以落实却客观导致了“战略麻木”、“规划疲劳”和“政策失灵”。如钱雪松(2018)基于中国2009年出台的十大产业振兴规划实施效果的实证研究发现，产业振兴规划出台显著降低了企业全要素生产率，降低了企业资本配置效率。① 当前，许多地方政府用文件贯彻文件、用政策落实政策，流于形式、停于表面、含金量低，使得基层学习宣传不够、企业知晓少、政策也无法兑现。对此，在推动新旧动能转换过程中，务必要学习借鉴广东江苏浙江沿海地区的经验，合理界定政府与市场、社会的边界，扶持壮大商协会等中介组织；加强对战略、规划、政策的清理，提倡“少而精”、“管用能兑现”。

(4)迷信国企导致的“民企挤出”风险。长期以来我国民营企业特别是民营中小企业面临着“三荒两高”的发展困境(用工荒、钱荒、电荒；高成本和高税负)，陈泽民(2018)等一些民营企业家甚至形容为“三山”(融资的高山、转型的火山、市场的冰山)和“三门”(市场准入门槛高如玻璃门、弹簧门、旋转门)。② 尤其是“三去一降一补”中民企相比国企承受了更多改革代价。1995—2015年的实证研究也发现，公共投资会通过挤占民营部门投资的信贷资金

① 钱雪松，康瑾等．产业政策、资本配置效率与企业全要素生产率——基于中国2009年十大产业振兴规划自然实验的经验研究[J]．中国工业经济，2018(8)：42-59.

② 佚名．发改委解惑：民间投资新时期如何发力[N]．中国经济导报，2018-09-11.

可得性而客观造成了对民营投资的“挤出效应”(田林海，2017)。①2018年1—9月国有工业企业利润同比增长23.3%，而私营工业企业同比仅增长9.3%。

应该认识到，在新兴产业领域民资民企有天然的活力优势，在传统产业领域民资民企又占据主流，尤其是在当前传统经济利润率微薄、大量民间资本“脱实入虚”背景下，如果新旧动能转换不能调动民资民企积极性，新旧动能转换是很难成功的，新旧动能转换中“国进民退”必然导致独木难支。对此，要落实2018年以来习近平总书记“毫不动摇地发展公有制经济，也毫不动摇地支持、保护、扶持民营经济发展、非公有制经济发展”，“民营企业和民营企业家是我们自己人”等重要指示要求，推动民间投资新36条落实落地，实现基础设施、公共事业、垄断行业领域对民企的开放，促进新动能的发展壮大。

(5)劳动力市场冲击导致的社会风险。美国在新旧动能转换中，将大量产业的低端制造环节、中低端营销服务环节转移到发展中国家，产生了大量“锈带”州，大量蓝领工人失业，又缺乏必要的员工转岗培训，导致了美国社会“撕裂”。我们在推进新旧动能转换过程中，务必要重视传统产业转型升级中落后产能淘汰中的失业员工转岗再培训、新技术冲击就业岗位的问题，防止失业危机导致社会风险。有研究显示，从2015年到2018年5月，黑色矿采、黑色冶炼、有色矿采、煤炭采选等供给侧结构性改革的重点行业都出现了明显减员，工业企业累计减员总量超过1200万人。② 同时，新技术也会大量冲击劳动力市场。麦肯锡(2017)估计，到2030年，自动化将使中国20%制造业工作岗位不复存在，近1亿劳动者需要更换职业类型。③ 事实上，这一冲击正在发生。2017年以来的

① 田林海．中国公共投资对民营投资挤出效应的实证研究——基于一个动态新古典投资模型的分析[J]．经济研究参考，2017(4)：39-51.

② 李迅雷．被忽视的失业——供给收缩带来的结构问题[N]．证券市场周刊，2018-08-10.

③ 麦肯锡全球研究院．流失就业、新增就业，自动化时代的劳动力转型[R]．2017.

调研显示，苏州市实施机器换人后的企业70%用工减少，东莞市“机器换人”三年行动计划累计减少用工25万人。① 面对巨大的劳动力市场冲击，我们需要提前做好社会保障体系、教育体系、职业技术培训体系、就业体系等多方面的准备工作。

(6)区域差距进一步加大导致区域分化风险。东部地区基于产业、创新、人才等优势，新兴产业发展和传统产业升级远远超过中西部地区，在市场竞争“马太效应”下，会进一步强化其竞争优势，而东中西地区发展差距也会进一步拉大。

二、新旧动能转换的工作方法论

在分析总结国内外新旧动能转换的经验时，尤其是省域新旧动能转换中的实践经验，本节提出了以下工作方法，供读者参考借鉴。

(一)领导挂帅

分析地方推进工作落实的经验，领导挂帅尤其是主要领导挂帅是决定工作推进力度的重要决定因素之一。一是地方新旧动能转换领导小组及常设性办公室，由地方党委及政府主要领导挂帅，研究全域层面的新旧动能转换的重大战略、重大政策和重大改革、重大项目。二是地方领导分类挂帅新旧动能转换的各专项、子任务，协调推动相关专项、子任务、重点项目、具体产业方面的政策实施、改革推进。三是市县领导挂帅各市州县新旧动能转换的执行落实任务。形成一级一级有分工、一级一级抓落实的工作机制。

(二)专班推进

专班推进可以确保工作任务始终有人跟踪、有人推进，重大交办事项有人落实，如山东省“10+3”工作机制。一是常设性专班，服务于领导挂帅。专班成员由任务所涉及相关部门、行业商协会、

---

① 中国发展研究基金会，红杉资本中国基金．投资人力资本，拥抱人工智能：中国未来就业的挑战与应对[R]．2018.

重大项目企业等抽调。实行“虚体机关，实体运营”模式（如武汉市招才局、科技成果转化局等），人员固定、集中，承担新旧动能转换的各专项、子任务的研究、协调、督察等工作。二是机动性专班，负责临时攻坚任务。专班成员可以除了以上来源之外，还可以从高校院所、产业联盟等单位临时借调人员参与攻坚。

（三）高位嫁接

高位嫁接外来要素，是推进地方落后工作迅速“破题”的重要经验。

（1）要实现人才嫁接。积极用好博士服务团、专业人才挂职方式。如山东省：2013 年起连续 3 年从“一行三会”（央行、银监会、证监会、保监会）中选派 30 余名干部到各市州挂职“金融副市长”，推进“金改 22 条”落地实施；连续 5 年选派 77 名省内优秀律师到各市州区（县）政府挂职“律师副区长”（或政法机关及省属国企副职），推动法治政府建设。如贵州省：2017 年从国家部委、高校院所、大型央企中选派 49 名干部及教授到省市大数据领域有关机构、县（市、区）挂任科技副职，推动大扶贫和大数据战略落地实施。如武汉市：2017 年选派中央及省直 93 家单位的 129 名优秀干部到武汉市市直单位、区及市属国企挂职，通过干部人选大调研选拔 108 名“狮子型”到全市改革发展的主战场、维护稳定的第一线、服务群众的最前沿去攻坚克难。

（2）要推进产业嫁接。产业嫁接要充分撬动国内先进科技园区的产业输出、技术输出、人才输出和体制机制输出。可以按照“投资—建设—管理—运营”一体化深度融合思路，打造国内先进园区“园外园”、“合作园”。如贵阳嫁接中关村科技园的大数据产业。可以鼓励中关村、光谷、张江等高新区，清华启迪科技园、华夏幸福等国内产城一体化园区托管、合管、共建省级以下高新区、开发区，发挥这些企业的招商引资优势。如启迪科技园集合产、学、研、商、住、办一体，与地方政府共建孵化器、科技园、科技城 160 多个，开发面积上千万平方米，为当地输入了大量新兴产业、培育了一批创新创业企业。

(四)重点突破

新旧动能转换工作在实践中可以通过以下方面来抓重点，实现以点带面。

(1)政策焦点。党中央、国务院的各项规划、政策是谋划地方新旧动能转换的依据，是争取上级政府资金、项目、政策支持的出发点。“不谋万世者，不足谋一时；不谋全局者，不足谋一域”。在更高的政治站位、更广的视野里谋划本地新旧动能转换，将本地的发展诉求与上级的战略布局相结合往往具有更大的优势和成功概率。

(2)企业痛点。辖区内各产业内企业发展面临的各种痛点，无论是招工、融资、销售、研发、管理、税收等方面面临的困难，都可以成为政策发力点。强化企业的共性问题和个性问题收集、研判，从而为政策创新提供现实依据。

(3)民生难点。新旧动能转换不仅仅是产业问题，从发展的目的来看，都是为了解决“人民对美好生活的追求”。现实中民生存在的各种难点，尤其是各种小事，解决好了往往能显著提升居民幸福感和获得感，能为本地新旧动能转换营造更好的氛围。解决民生难点是一个慢变量，但也是地方竞争的一种软实力。

(4)科技产业前沿热点。当前，世界正处在科技创新突破和科技革命的前夜，一些重要的科学问题和关键核心技术发生革命性突破的先兆已日益显现。地方政府积极关注国际国内科技产业前沿、消费前沿等焦点，有利于把握先机、赢得主动。如贵州发展大数据产业就领先于国内，深圳建设全球创新创业之都也是在理念上始终领先国内其他城市。

(五)三图两库

在具体工作机制上，各地也提供了丰富的经验，从省级层面来看：

(1)制定“三张图”。要围绕新兴产业培育发展、传统产业转型升级，研究制定省级产业链拓扑图，加强产业发展规划、招商引资。要制定省级产业布局地图，统筹引领各市州产业发展方向，力争形成规模等级合理、空间布局有序、大中小协调发展的全省产业布局体系，避免同质化竞争、招商引资恶性拼抢和低水平重复建设。要根据全省新旧动能转换工作部署，制定实施路线图，明确任务清单、时间表，实现“挂图作战”。

(2)要建立“两个库”。建立全省新旧动能转换的重大项目库，将重大项目及储备项目纳入，建立健全重大项目调度服务机制，实现每年“开工一批、建成一批、投产一批、储备一批、招引一批”的项目梯度推进、滚动实施模式。建立省级新旧动能转换的问题库(共性及个性问题)，收集省市县政府改革层面、政策需求层面、要素保障层面等方面的问题及意见建议，加强督办，实行“问题销号”制。

(六)六链融合

新旧动转换的根本动力是创新。2016 年 5 月 30 日，习近平在全国科技创新大会上指出：“创新是一个系统工程，创新链、产业链、资金链、政策链相互交织、相互支撑，必须全面部署、协调推进。”

(1)完善人才链，建好“栖息地”。将招商引资与招才引智统一起来，推广招才局、“院士经济”、“城市合伙人”等成功经验，集聚诺奖得主、外籍院士、千人计划等一批高端产业创新人才。针对人才“痛点”，不断促进人才环境优化、人才服务提升、人才体制改革，建设最佳人才宜居宜业“栖息地”。

(2)优化资金链，打破“篱笆墙”。发展多层次资本市场，实施上市公司倍增计划。创新政府各类创业投资基金和产业投资基金管理体制机制，更好服务地方产业升级和新产业培育。加速新型金融机构集聚，创新投融资体制机制，大力推进银企对接。加速推广知识产权质押贷款、投贷联动、科技保险等新型金融业务。打破资金流向实体经济的各种“篱笆墙”。

(3)打通创新链，克服“自闭症”。我国大学素有“封闭的象牙塔”之称，急需深入推动产学研结合。要围绕主导产业和优势产业，支持重大创新平台建设，攻克一批“中场突破”技术、“临门一脚”技术，超前布局前沿引领技术、颠覆性技术。针对产业共性关键应用技术、行业瓶颈技术、企业创新难点，推广产业技术研究院、产业创新联盟、“项目英雄帖”、“科技悬赏奖”、研发众包、云设计、科技创新券等成功经验。支持地方围绕地方特色产业，与高校院所合作共建各类产业创新平台，支持校企共建科技园区、中试基地及技术公共服务平台。推广科技成果转化局经验，大胆探索高校院所成果转化激励、考核及免责机制、技术转移专业化工作体系、国有无形资产专项管理办法、知识产权证券化交易试点等。

(4)健全产业链，加快“补短板”。要瞄准当前全球产业生产和服务重构机遇，积极推进优势产业、领军企业嵌入全球生产链和价值链，增强本地产业外向度。要结合各地、各园区的产业定位和比较优势，围绕主导产业的产业链薄弱、缺失环节，谋划实施一批对产业提升具有明显拉动力的补链项目和产业配套项目，尤其是龙头型、基地型产业项目。大力推进精准招商、精准落地，加快上下游关联产业集聚。积极引导龙头企业向产业链上游延伸、下游拓展。

(5)创新政策链，消除“中梗阻”。要全面系统梳理本地各部门出台的产业相关政策、标准、规划，促进各项政策的集中集聚、集效集成。要强化规划落实、政策落地，加快建设单一的“政策兑现窗口”、规划执行的“第三方评估”，消除产业政策落实的“中梗阻”。

(6)完善服务链，避免“独角戏”。德国制造业强大背后离不开“两个70%”(服务业占GDP的70%、生产性服务业占服务业的70%)，而我国服务业占GDP仅51.6%、生产性服务业占服务业仅30%左右。[①] 对此，要加强金融、会计、法律、研发、品牌、质量、标准、商务、成果转化等中介服务机构发展。尤其是借鉴日本的企业诊断师、美国克劳斯比学院企业质量咨询等，培育和引进一批专业化管理咨询机构，为企业转型升级提供专业咨询服务和系统

① 迟福林．转型抉择2020：中国经济转型升级的趋势与挑战[M]．北京：中国经济出版社，2015：9.

解决方案。

(七)锦标赛机制

地区经济发展竞标赛机制，是我国经济快速发展的重要成功经验之一。政治晋升也是激励地方新旧动能转换的重要手段之一。基于1945—1990年130个国家和地区的经验研究发现，领导人变更显著影响了经济体的政策选择和经济增长绩效(Zhiyue Bo，1996)。① 基于2001—2012年中国地方政府的实证研究也发现，政绩考核观转型后的政治晋升有利于促进地方经济效率提升(蒋德权等，2015)。② 在当前背景下，地方推动新旧动能转换可以充分运用以下手段：

(1)开展地区拉练。以重点项目、重要改革、重大政策推进落实情况，开展地区间拉练竞赛、开展试点示范。通过打分排名、情况通报、巡回开现场工作会等手段推动地方竞相开展新旧动能转换。

(2)督查考核。开展新旧动能转换的专题督查，将督查考核结果纳入地方、部门考核，同时积极运用考核结果，将其作为省级资金分配、评优提拔的重要依据，从而调动干部积极性。

(3)营造氛围。通过评选新旧动能转换工作中的先进区域、先进部门、先进企业、先进个人，挖掘典型经验、树立榜样，开展社会广泛宣传，让各界了解、关心、支持新旧动能转换，形成良好社会氛围。

(八)矩阵式政策

当前，我国大部分政策是选择性产业政策，选择特定的产业类型、企业类型进行财政补贴、税收减免、市场进入等政策扶持。对

① Zhiyue Bo. Economic performance and political mobility: Chinese provincial leaders[J]. Journal of Contemporary China, 1996 (12).

② 蒋德权，姜国华，陈冬华．地方官员晋升与经济效率：基于政绩考核观和官员异质性视角的实证考察[J]．中国工业经济，2015 (10)：21-36.

于经济处于追赶型阶段而言，选择型产业政策有利于提升本地企业竞争力。美国首任财长汉密尔顿就是早期的“幼稚产业保护论”倡导者，为了追赶英国经济，他于1791年向美国国会提交了涵盖钢铁、铜、煤、谷物、棉花、玻璃、火药、书籍等众多产业的制造业发展计划，从而开启了美国政府通过产业政策推动工业化的正式篇章(周建军，2017)。[①] 后期，日本、韩国则在产业政策上有了更大发展。2016年，张维迎、林毅夫等经济学家掀起一场“要不要产业政策”的争论。

应该承认，产业政策对于经济发展具有重要贡献，但是对于不同行业则需要区别对待。如汽车、家电、战略性新兴产业等实施产业政策所取得的绩效也不一致。基于2002—2009年的企业微观数据的实证分析表明：产业政策实施时要扩大惠及面，使更多的企业能够享受到产业政策的效果(李强，2016)。[②] 实践也表明，当一国经济进入转型阶段时，更多需要从选择性产业政策转型，更多营造公平竞争环境。2010年，欧盟开始推进矩阵式产业政策，[③] 即将横向政策(主要是普适性政策如完善基础设施、人才培养、知识产权保护等)，与纵向产业政策(主要是针对特定产业的财政补贴、税费减免、专项政府采购等)等紧密结合起来。

对此，当前我们在推进新旧动能转换过程中要适应行业发展特征和需求，优化政策工具组合，为具体行业量身定制产业政策，实现“一业一策”。在政策制定时，可以引进“循证决策”(Evieence-based Policy Making)，重视政策证据搜集和效果循证。如英国《21世纪的专业政策制定》明确提出了“循证决策”概念，要求“政策制定者的决策(倡议)是建立在最佳的可利用的证据的基础上，这些证据来自一系列广泛资源；所有关键利益相关者都能够在政策发展

① 周建军.美国产业政策的政治经济学：从产业技术政策到产业组织政策[J].经济社会体制比较，2017(1)：80-94.

② 李强.产业政策、技术创新与企业出口绩效——基于不同产业集聚程度的分析[J].世界经济研究，2016(5)：77-86.

③ 李晓萍，罗俊.欧盟产业政策的发展与启示[J].学习与探索，2017(10)：105-112.

的初始阶段就参与进来并且经历整个政策过程；所有相关证据，包括那些来自专家的，都会以一种重要的和通俗的格式提交给政策制定者”(王喜文，2017)。① 这方面，欧盟具有丰富的实践经历，欧盟产业政策制定和执行是一个包括欧盟机构、成员国政府、产业、企业、消费者、非政府组织、专家学者等在内的几乎所有利益相关者之间的多层互动过程，通过高层小组(政府部门、行业协会、产业企业界等)、技术平台(企业代表、商协会代表、专家代表、消费者协会等)、特别工作组和论坛来实现(孙彦红，2012)，② 许多产业政策出台前运用行业数据库、随机试验等获取的历史绩效数据，会有一个评估性通报，再进行政策的决策，因而更能“量身定做”。日本经济产业省按照政策重点设置了若干小委员会，由官员、产业界、社会科学界、科技界等专家学者组成，负责该领域的政策制定和评价(黄群慧、贺俊等，2015)。

(九)沙盒式监管

沙盒(Sandbox)是计算机安全领域的一种虚拟技术，为部分应用程序测试提供一种受限访问权限而不影响整个系统安全。“沙盒式监管”则是指行业主管部门在无法突破现有监管体制的前提下，划定一个小范围允许一部分高科技、互联网领域新企业在“安全空间”内试错、进行创新，实现新业态发展与旧监管体制之间的平衡，类似中国的“先行先试”。

目前，监管体制改革跟不上新业态、新模式发展是全球普遍现象，也阻碍了新动能培育壮大。据英国金融行为监管局(2016)测算，由于监管者的不确定性，会让创新业务上市时间延后1/3，增加的成本达到产品生命周期收入的8%，创新型企业的估值大约会

① 王喜文．新产业政策[M]．北京：新华出版社，2017：91.

② 孙彦红．欧盟产业政策研究[M]．北京：社会科学文献出版社，2012：126.

降低15%，很多企业无法实现融资。① 对此，英国于2016年启动全球首个“规制沙盒”项目，允许金融科技新企业、新业态在宽松的规则下模拟经营、自由探索，以实现风险控制和业态创新的双赢。随后，这种弹性监管方式也在澳大利亚、新加坡等国得到推广。正如李克强总理在2017年6月21日国务院常务会议上所言：“如果仍沿用老办法去管制，就可能没有今天的微信了。”对此，建议政府对“四新经济”实行“沙盒式监管”这种包容审慎监管、弹性监管，给予规制部门和新经济企业一定的缓冲空间，不能“一出事就收紧”或做出封杀整个行业的极端措施。②

（十）闭环式管理

闭环（Closed-loop）是电气自动化领域中的一种反馈控制系统，本意是指系统输出量的测量值与所期望的给定值相比较，由此产生一个偏差信号，利用此偏差信号进行调节控制，使输出值尽量接近于期望值。由此所衍生出的闭环管理方法，目前已在医疗、安全、预算等领域广泛运用。其管理核心是要确立预期目标、评定活动成效、消除管理偏差，从而不断减少误差，达到预期目标。企业全面质量管理中的PDCA循环理念，将质量管理分为计划（Plan）、执行（Do）、检查（Check）、处理（Act）4个阶段，强调检查实施效果与处理，本质也是闭环式管理。③

事实上，新加坡实行“政策检讨”制度就是闭环式管理在政策管理方面的具体运用。新加坡建国半个世纪以来坚持对政府的决策、行为及其实际效果定期进行检讨，回顾与反思政策得失，从而不断巩固和提升政策效果。④ 当前，我们在政策规划制定方面还存“执行短板”，政策失灵现象较多。虽然也有智库的第三方“中期评

---

① 赵杰，牟宗杰，桑亮光．国际“监管沙盒”模式研究及对我国的启示[J]．金融发展研究，2016(12)：56-61.

② 戚聿东，李颖．新经济下政府规制改革方向：智慧监管与规制沙盒[J]．中国工业经济，2018(3)：5-23.

③ 万融．商品学概论[M]．北京：中国人民大学出版社，2013.

④ 郭纲．狮城奇迹的三大支柱[N]．中国经济周刊，2014(36).

估”，但对政策受众调研不够，对政策实施效果缺乏真正的检讨反思。对此，地方政府需要在新旧动能转换工作中，依据闭环管理的原理，要有明确量化的目标标准，有科学务实的测评考核，有可操作细化的纠错改善的手段，加强一线企业经营者、研究人员的意见吸收，强化政策检讨，从而确保政策目标能够不断逼近。

三、当前新旧动能转换中面临的障碍

本书从创新的视角来剖析新旧动能转换的内涵、机制、阶段、特征，而企业是创新的最重要主体，即便是政府深化改革、体制机制创新最终也仍是为企业创新发展创造良好环境。因而，基于针对性强、可操作性等原则要求，本节所提供的对策建议将从新旧动能转换中的企业创新障碍着手。

（一）机制不畅障碍

（1）企业创新推动产业升级的要素配置机制不畅。在现实中，由于要素优化配置的市场体系不健全，或者要素价格机制无法自由变动，从而阻碍了要素的再配置，进而阻碍了产业升级的顺利实现和新旧动能转换。如我国的土地、资本、劳动力市场等都不是完全市场化的，受到政府的强力监控，同时垄断国企对部分原材料生产等具有极大的市场影响力，反映资源稀缺程度、市场供需程度及环境污染治理成本的要素价格体系不健全，最终阻碍了要素配置机制的顺利实现。如目前我国油、气、电、地、物流等要素成本均较高（见表6.2）。

表6.2 **我国主要工业能源、物流、用地、劳动力成本与美国比较**

国家	汽油价（2017年12月）	工业用天然气成本（2015年8月）	工业用电成本（2015年8月）	工业用地成本（2017年12月）	物流成本（物流费/GDP）	劳动力成本
中国	6.78元/升（含税）	0.59美元/立方米	9美分/千瓦时	120美元/平方米	14.6%	12.47美元/小时

续表

国家	汽油价（2017年12月）	工业用天然气成本（2015年8月）	工业用电成本（2015年8月）	工业用地成本（2017年12月）	物流成本（物流费/GDP）	劳动力成本
美国	4.4元/升（含税）	0.13美元/立方米	7美分/千瓦时	46.5美元/平方米	7.7%	22.32美元/小时
中国/美国	1.54倍	4.5倍	1.3倍	2.6倍	1.9倍	0.6倍

资料来源：WIND数据库，赛迪智库赵芸芸、程楠，恒大研究院。

（2）企业创新推动产业升级的劳动分工机制不畅。企业创新会加速劳动分工深化，进而推动产业升级。但是如果劳动分工深化的机制受到阻碍，则产业升级也难免不受负面影响。在研究日本企业的管理创新创新时提到了“下包制”，这就是典型的劳动分工深化，大企业与中小企业分工合作，共同推进产品创新和工艺革新。然而目前中国的信用体制不健全，限制了外包等分工深化的发展，而且大中小企业间关系不正常，存在一种大企业过度挤压中小企业的问题。如大企业对中小企业的供销、债款、技术转移等方面，缺乏有效合作，同时我国政府在此方面也缺乏像日韩、欧美等国家和地区的促进大中小企业技术转移、分工协作等相关的政策法规，这都导致了中国劳动分工深化的机制不如日本、欧美。

（3）企业创新推动产业升级的交易费用机制不畅。交易费用的不断降低是推动产业升级的重要中间变量，但是我国企业创新推动产业升级的交易费用降低机制却受到了较大阻碍。这表现在两个方面：一方面，中国是关系型社会，“人治”重于“法治”，这就导致了企业创新带来的些许交易费用降低在关系社会中无足轻重，久而久之，企业更重视“政商关系”而忽视了企业管理创新在降低交易费用中的重要作用，也就无法产生降低交易费用的管理创新。另一方面，中国法律对于企业的监管相对较严。“放管服”改革自2013年实施以来成效显著，世界银行《营商环境报告2019》显示中国营商环境世界排名46/190，但部分领域仍然较为滞后，如在“办理施工许可证”领域目前排名第 121 位，营商环境仍有较大改进空间。

(4)企业创新推动产业升级的市场需求机制不畅。企业创新带动市场消费需求变动，进而促进产业升级。然而目前，我国的市场消费需求机制存在较大障碍，这表现在两个方面：一是收入分配结构不合理且社会保障不健全。全社会的城乡、行业、职业收入差距极大，居民收入普遍较低，对耐用消费品、旅游文化等产品和服务的消费力低，制约了对于产业结构升级的带动作用，而高收入群体又往往去国外消费，使得消费收入机制对于产业升级的带动作用被削弱了。2015 年，我国政府在国民收入分配的占比(18.5%)高于美国(17.2%)和日本(17.5%)，居民部门在国民收入分配的占比61.6%低于美国(79.6%)、日本(75%)、德国(77.2%)和法国(73.7%)等。二是居民消费权益保护仍然不够完善。大量假冒伪劣产品、虚假广告的存在，不仅侵害了居民消费权益，而且损坏了民众对于国货的信心和认可度(如毒奶粉、假疫苗等)，无法形成一个“苛刻的，挑剔的”消费者阶层，也就无法形成企业改善产品功能、推动产业素质升级的有效外部压力。持续的消费升级才能带来持续的产业升级，在缺乏对国内消费者足够关注的情况下，是无法有效推动本土产业升级的。我国企业、政府、居民在国民经济可支配收入中的占比如图 6.2 所示。

(二)创新不足制约

(1)企业创新动力不足，不想创新。企业家精神的高低是企业创新意愿的重要指标，而当前我国的企业家在很大程度上受到不优的实业经营环境制约。《2016 中国企业经营者问卷跟踪调查报告》显示，23.6%的企业生产情况处于“停产”或“半停产”状况。中小企业企业用于 R&D 的经费支出强度，也可以看出企业的创新意愿是否强烈。事实上，目前我国企业的创新意愿是不足的。如科技部调查显示，2017 年我国规上工业企业 R&D 经费投入强度仅为1.06%，40 个工业行业 R&D 经费投入强度超过 1%的仅 14 个(表6.3)。创新动力不足还与实业经营利润有关系，当前中国“炒房”、“炒矿”、“炒钱”(高利贷)等虚拟经济的利润畸高，极大地遏制了

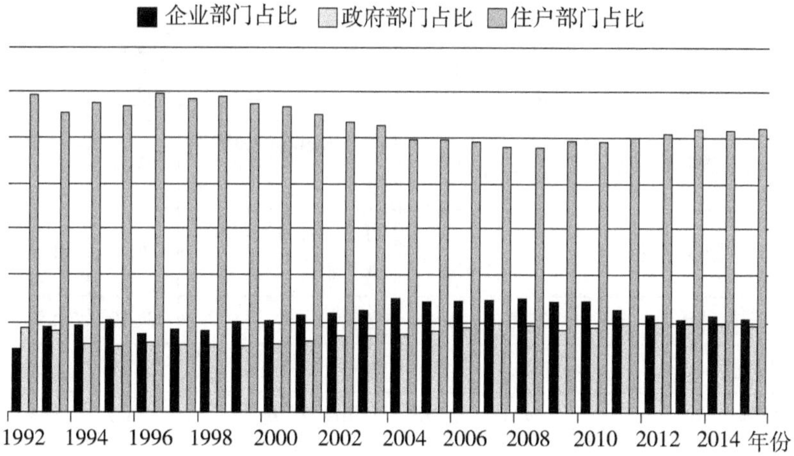

图 6.2　我国企业、政府、居民在国民经济可支配收入中的占比

资料来源：WIND 数据库。

中国企业的创新热情，正如荷兰的投机风潮、英国企业过度对外投机使得资金大量配置到虚拟经济中，从而阻碍了实体经济领域中的企业创新资金来源。

表 6.3　　**2017 年分行业规模以上工业企业研究与试验发展(R&D)经费情况**

行业	R&D 经费(亿元)	R&D 经费投入强度(%)	行业	R&D 经费(亿元)	R&D 经费投入强度(%)
合　　计	**12013**	**1.06**	化学原料和化学制品制造业	912.5	1.11
采矿业	281.8	0.59	医药制造业	534.2	1.97
煤炭开采和洗选业	148.9	0.6	化学纤维制造业	106.1	1.34
石油和天然气开采业	57.3	0.76	橡胶和塑料制品业	307.2	1.01
黑色金属矿采选业	7.3	0.18	非金属矿物制品业	362.8	0.61

续表

行业	R&D经费(亿元)	R&D经费投入强度(%)	行业	R&D经费(亿元)	R&D经费投入强度(%)
有色金属矿采选业	31.2	0.61	黑色金属冶炼和压延加工业	638.7	0.99
非金属矿采选业	11.9	0.28	有色金属冶炼和压延加工业	461.6	0.85
开采辅助活动	25.4	1.62	金属制品业	343.2	0.95
制造业	11624.7	1.14	通用设备制造业	696.8	1.53
农副食品加工业	274.6	0.46	专用设备制造业	636.9	1.78
食品制造业	148.1	0.67	汽车制造业	1164.6	1.38
酒、饮料和精制茶制造业	99.8	0.58	铁路、船舶、航空航天和其他运输设备制造业	428.8	2.53
烟草制品业	19.8	0.22	电气机械和器材制造业	1242.4	1.73
纺织业	233.2	0.64	计算机、通信和其他电子设备制造业	2002.8	1.88
纺织服装、服饰业	110.5	0.53	仪器仪表制造业	210.2	2.11
皮革、毛皮、羽毛及其制品和制鞋业	65.1	0.46	其他制造业	32.6	1.31
木材加工和木、竹、藤、棕、草制品业	60.3	0.47	废弃资源综合利用业	16.3	0.42
家具制造业	55.4	0.63	金属制品、机械和设备修理业	14.7	1.35
造纸和纸制品业	144.6	0.97	**电力、热力、燃气及水生产和供应业**	106.4	0.16
印刷和记录媒介复制业	53.9	0.69	电力、热力生产和供应业	85.8	0.15

续表

行业	R&D经费(亿元)	R&D经费投入强度(%)	行业	R&D经费(亿元)	R&D经费投入强度(%)
文教、工美、体育和娱乐用品制造业	100.5	0.63	燃气生产和供应业	11.1	0.18
石油加工、炼焦和核燃料加工业	146.6	0.36	水的生产和供应业	9.6	0.4

资料来源：国家统计局. 2017年全国科技经费投入统计公报[R]. 2018-10-09.

(2)企业创新能力不足，不能创新。企业创新能力在很大程度上取决于企业内部创新型人才的积累。2017年调查显示，开展创新活动的企业中有超过70%认为高素质的人才和员工非常重要，居于最前列。① 但是目前我国企业所拥有的高素质人才仍然不够，如科技部调查显示2010年，我国大中型工业企业R&D人员175.9万人，占大中型工业企业从业人员的3.3%，到2016年也仅上升到196.4万人。2014年OECD统计显示，我国每千名职员中的研究人员仅4.8人，而德国、日本、韩国则分别达到14.14人、13.73人和16.83人。② 较少的创新人才存量直接制约了企业创新能力，导致了较低的创新产出，也影响了产业素质升级。较少的创新人才积累，与传统的应试教育密切相关，某种程度上遏制了创新人才培养；同时企业对员工缺乏必要的技术及管理技能培训，也限制了内部人才供应。

(3)企业创新环境不好，不利创新。企业总是生存在一定环境中，创新行为作为企业微观决策总是受到现实利弊权衡的影响，而创新环境则对企业创新行为产生较大的影响。如税费负担、融资难

① 科技部. 2016年我国企业创新活动特征统计分析[R]. 2018-03-20.

② 国家发展和改革委员会产业经济与技术经济研究所. 中国产业发展报告2017——迈向中高端的产业发展[M]. 北京：中国财经出版传媒集团，经济科学出版社，2017：67.

度、知识产权保护状况、社会看待企业创新及冒险行为的态度、政府对于创新的财税扶持等等。《2017 年全球创新指数报告》显示，中国创新指数排名居全球第 22 位，但是在制度指标(排名第 78 位)、小额信贷指标(75 位)、中小投资者保护(104 位)等方面落后较远；企业总税率(占利润的百分比)为 67.3%，在世界处于较高水平(为美国的 1.7 倍)，社会保险(五险一金)的企业缴费率为 43%(高于美国 13.65%)。① 创新支持政策的惠及面也相对较小，2016 年在开展创新活动的规下企业中，有 52.8%的企业未享受到创新相关政策，而享受到平台支撑、人才保障和金融服务政策的企业也分别只占 17.9%、12.2%和 9.2%。②

(4)企业创新策略不优，不会创新。调查显示，目前我国企业创新主要以技术引进为主，用于先进技术的消化—吸收—再创新费用很少，也严重制约了我国企业创新能力的积累。统计显示，2016 年我国大中型高技术产业企业消化吸收经费支出与引进技术经费支出比仅 5.89%，与日本的 7∶1 差距非常之大。在阻碍企业合作创新的因素中，知识产权保护、合适的合作模式及工具选择、产学研合作是较为重要的，因而也是促进我国企业合作创新的政策着力点。

基于以上分析，本节认为当前中国企业创新对于产业升级、新旧动能转换的制约存在以下两个方面(具体如表 6.4 所示)：一是企业创新影响产业升级的机制障碍，包括要素配置、劳动分工、交易成本和市场需求等，阻碍了企业创新对于产业升级的推动力效应；二是企业创新不足对于产业升级的制约，包括企业创新动力不足、创新能力不强、创新环境不好以及创新策略不优，就直接制约了企业创新的出现。概括来讲，就是两点：一是企业创新(包括技术创新和管理创新)少，无法形成促进产业升级推动力，进而无法推动新旧动能转换；二是企业创新促进产业升级的机制不畅，大大削弱了推动力，制约了新旧动能转换。

---

① 任泽平．中国是该减税了，放水养鱼[R]．券商中国，2018-09-03.

② 科技部．2016 年我国企业创新活动特征统计分析[R]．2018-03-20.

表 6.4　　　　当前企业创新对于产业升级的障碍

类型	负面影响	细分障碍	具体原因
企业创新因素不足对产业升级的制约	推动力不足	企业创新动力不足	企业家精神不足、社会存在“炒房”等投机暴利
		企业创新能力不强	应试教育弊端、企业忽视员工培训
		企业创新环境不好	社会缺乏冒险精神、政府缺乏有效财税激励、融资较难
		企业创新策略不优	知识产权保护不够、产学研不够
企业创新影响产业升级的机制障碍	推动效应下降	要素配置机制不畅	行业垄断，户籍制度阻碍人才合理配置，排污等要素价格机制不畅
		劳动分工机制不畅	社会信用机制不全，“三角债”等制约企业间分工协作
		交易成本机制不畅	“人治”社会，行业监管严
		市场需求机制不畅	收入分配不合理、城镇化滞后、消费者权益缺乏有效保护等

资料来源：作者归纳整理。

四、推动我国新旧动能转换的政策建议

（一）弘扬创新创业精神

不仅荷兰、英国和美国等发达国家在渐进式产业升级中具有强烈的企业家精神，敢于冒险、不断创新创业，而且日本、韩国等后发新兴国家的企业家也有强烈的实业报国精神，因而推动了产业的不断迭代升级、新旧动能的不断转换。基于我国的实证研究也发现，企业创新动力相比企业创新能力对于产业升级的贡献更大，必须高度重视企业家精神的培育（杨威，2013），为企业创新提供强大动力。

（1）通过典型引路、榜样激励和教育革新等多重手段，积极

在全社会培育创新创业文化。研究表明，创新文化能够通过创造、激励、渗透、整合、导向与规范等机制影响创新的制度安排，能够形成培育企业自主创新的土壤(辜胜阻、洪群联、杨威，2008)。要通过加强社会舆论宣传、推进大学与产业交流互动等途径培育包括创新创业精神、冒险拼搏意识、合作信任文化等内容的全社会创新价值观，支持众筹、众研、众包、众创等开放式创新遍地开花。

(2)推进企业文化建设，形成创新的企业习惯。创新也是一种习惯，创新习惯需要在企业文化的潜移默化影响下形成。因而要鼓励企业通过加强经费投入和人员配备，注重挖掘企业历史故事，发挥企业家引领作用以及提倡员工全面参与等途径，积极建设符合企业发展实际、崇尚创新的企业文化。同时，企业需要改变传统的依靠技术引进及模仿的观念，积极加强创新人才及资源储备，加强员工技术创新与管理创新的综合激励等措施，逐步培养企业创新习惯。

(3)鼓励更多企业家诞生。如果缺乏企业家诞生的沃土，则企业家不可能源源不断地出现，企业家精神必然也难以成为社会主流价值观，进而难以推动产业升级的有效实现。应该承认“美国梦”蕴含的白手起家、发财致富的企业家创业梦是推动美国不断进行技术创新和管理创新，进而推动产业升级、新旧动能转换的重要动力。要采取多种措施，打造“双创”升级版、营造创业致富的氛围。加大企业家保护力度，加快推进“编纂民法典”等法制建设工作，纠正侵犯创业产权的错案冤案，按“负面清单”原则支持民企进入垄断行业。①

(4)遏制国内虚拟经济“爆炒致富”的不良风气。推进金融防风险攻坚战，缩小实体经济与虚拟经济间的利润差，让“实业致富”思想成为社会主流思想。要学习德国对房价控制的经营，通过征收“暴利税”限制“炒房”、“炒矿”、“炒钱”，让更多资金进入实体经

① 贾康．支持民营企业发展的制度环境建设与政策优化[N]．贾康学术平台，2018-09-02.

济领域，为企业创新提供支持。

(二)提升企业创新能力

人才是企业创新最宝贵的财富，不仅包括企业家、研发人才也包括高素质技术工人。美国持续产业升级居全球首位离不开对全球创新人才的集聚。我国推动新旧动能转换，实现经济高质量发展更是需要重视创新型人才的培育和引进。

(1)改革学校教育，加强技术创新人才和管理创新人才的培育。学校是社会培养人才最主要的场所和最重要的来源。要面向未来创新型社会，借鉴《斯坦福大学2025年计划》中“开环大学”等新教育理念，深化高等教育改革。重视培养青少年儿童关注科学、关注实际的兴趣和爱好，加强高中、大学中对创新创业的课程开设，创新创业能力的培训和实践。

(2)加强职业技术教育，大量培养高素质技术工人。要加大对于中等及高等职业技术教育的投资投入力度，向全社会大力弘扬重视技术教育的理念和精神，设立国家级的技术工人科技创新奖励及荣誉制度，改善技术工人待遇，引进德国“双轨制”职业技术教育模式。

(3)重视员工在职培训，不断加强企业内部创新人才储备。加强对于企业培训的政府资金投入力度，开展对于重点产业领域的共性技术的免费培训并进行考核。支持企业计提员工培训基金，对企业开展员工培训、海外学习等提供一定程度的费用列支。借鉴韩国经验，立法强制规定劳动密集型产业、资本密集型产业和技术密集型产业不同产业类型中企业每年必须对不同员工比例进行义务培训。

(4)积极引进海外高端人才，为国内企业创新提供强大外力，实现“弯道超车”。借鉴英国、美国吸引海外技术工人、科学家、企业家的政策经验，加大海外高端人才的引进力度。尤其是在当前美国特朗普政府移民限制政策背景下，要在人才引进、职称评定、工资待遇、服务管理方面实现更大政策突破。

(三)优化企业创新策略

美国高校与产业界的产学研合作保持了其产业升级的无穷动力；日本企业间联盟分工协作的创新策略提高了其创新能力、推进了产业升级。基于中国的实证研究也发现，独立创新每提高1%，产业本土附加值率会提高1.27%；合作创新每提高1%，产业劳动生产率会提高2.76%(杨威，2013)。

(1)加强基础性技术及瓶颈技术的开发。落实习近平总书记“强化基础研究，实现前瞻性基础研究、引领性原创成果重大突破”要求，进一步加大基础研究及科研人员的稳定性支持、差异化评价、个性化考核，鼓励挑战未知、宽容研究失败。面向世界科技前沿、面向国家重大需求、面向国民经济主战场，选择一批基础性、瓶颈性的技术攻关项目，推进政产学研合作攻关。

(2)支持企业选择合适创新策略。对于技术更新周期不太快的行业如机械加工、汽车等资本密集型产业，应鼓励企业采用引进—消化吸收—再创新的策略，如通过税收优惠政策鼓励企业对技术消化吸收的人力、资本投入，严格限制同类技术及装备的重复引进；对于技术生命周期更新快、消费者需求变化大的行业如集成电路、手机、计算机、软件、生物医药等技术密集型产业，应鼓励企业基于产学研合作基础上强化自主创新意识；对于国内技术与国外技术差距大的行业，采用财政补贴和税收优惠鼓励企业选择合同创新、技术许可证、R&D合作、战略联盟等不同合作创新形式(辜胜阻、李华、洪群联，2011)。

(3)推进大中小企业分工协作。美国源源不断的企业创新很大部分来源于中小企业，日本大企业强大的竞争力也来源于一大群“下包”企业的鼎力配合。要出台鼓励大中小企业分工协作的政策，如大企业向中小企业业务外包、技术支持、市场营销、创新合作等方面进行合作时，可以享有外包份额一定比例的税收减免优惠；政府采购业务中，大企业也必须切割一定比例给中小企业。落实习近平总书记2018年11月2日民营企业座谈会上“政府机构和国有企业都不能打白条，店大欺客不行”的要求，切实保障中小企业权利，防范大企业的在付款、费用等方面的“挤压”。鼓励大企业与中小企业组建生产联盟、供应链联盟、品牌联盟等。

(四)完善财税激励政策

企业创新行为是企业基于成本收益和风险等综合权衡考虑后的自主行为，是企业追求利润的结果，因而也是可以受到政府利益诱导而发生改变的。使用财税政策激励企业创新和发展新兴产业，也是发达国家及日韩等新兴国家的通常做法。

(1)创新企业财政补贴方式。完善政府支持企业技术创新的投入方式，由事前一次性投入转为过程跟踪投入，由“无偿投入”向“无偿补贴+有偿投入”的方式转变。探索建立市场办法配置政府科技资源的方式，加快建立以企业需求为主导，市场化甄选项目的科技管理体制，由市场决定技术创新立项、实施和评价。加大财政对于企业科技创新、员工培训、工艺革新、装备引进、管理革新等方面的项目配套补贴，建立支持企业创新方面的财政资金随 GDP 同比例增长的投入机制。鼓励和支持企业参与国家科技项目和重点实验室、工程中心建设。

(2)加强税收优惠。相比财政补贴，税收优惠具有普惠性更强、分配更公平等特征。加强对于企业节能减排、新产品研发、技术消化-吸收、科技人员奖励、员工培训、先进装备引进等方面的所得税减免，再投资退税，加速折旧等税收优惠，允许企业计提科技研发基金、管理革新准备金和技术创新风险准备金并可以在税前抵扣。抓紧推出更大规模的减税、更加明显的降费措施，进一步激发市场活力。

(3)强化政府采购支持。完善国产高新技术产品的“首购”政策，明确要求大额采购合同必须实施分割招标、一定比例分配给中小企业等。制定创新产品与服务远期约定政府购买的办法。建立自主创新医疗产品器械进入医院应用、纳入医保目录的快速审批制度。探索建立政府购买新业态新模式产品和服务的示范推广机制。采用政府购买服务的方式(如发放创新券、咨询券等)，支持企业管理咨询服务机构，向小微企业、科技型企业等提供免费管理诊断服务。

(五)加大融资扶持力度

融资难是企业创新尤其是技术创新的最大障碍，进而阻碍了产业升级的顺利实现。对于中小企业发展而言，融资更是一个全球性难题。需要加大企业创新的融资扶持力度。

(1)完善多层次资本市场，为企业创新提供直接融资支持。进一步完善创业板市场，加快推进上海“科创板”，探索注册制、完善退市制、推进证券业务开放、严厉强化执法和监管。继续深化新三板发行与交易制度改革，提升对挂牌企业的融资服务功能。加快发展企业债券尤其是企业创新债券和中小企业集合债等债券品种，完善债券评级及监管制度。

(2)积极发展银行等对企业创新方面的融资支持，扩展间接融资渠道。积极发展科技金融、绿色金融，推进全周期金融服务。以硅谷银行为榜样，积极加快发展面向企业创新业务的中小社区银行或者科技银行，对其坏账比例、风险准备金计提等监管实施特殊的措施。明确各股份制银行、商业银行等对企业创新业务的贷款额度及比例，通过税收优惠减免鼓励城市商业银行积极向企业创新业务和中小企业的融资支持。完善多层次信用担保机制，强化政府信用担保，对于企业创新业务的贷款损失进行补偿。加快投贷联动、知识产权和技术成果抵押贷款等新型产品的发展。

(3)大力发展天使投资、股权投资和风险投资。通过所得税减免、再投资退税等措施鼓励全社会富裕人群对于风险投资项目的参与。引进社保资金、银行资金等，使用国家财政资金建立风险投资母基金。探讨建立政策性风险投资的担保基金或者跟进基金，加大全社会企业创新项目或新产品研发项目的信息筛选、发布及推介。深化管理模式创新，解决长期以来政府引导基金及产业基金“财务思维重、产业思维轻”、“产业发展与基金管理两张皮”。加快金融科技发展，推进区块链等安全平稳发展，防范金融风险。

（六）加强知识产权保护

健全完备的知识产权保护体系是企业创新的“保护神”，能够防范企业技术创新成果不被其他企业剽窃或者模仿从而降低其开发风险，激励企业安心进行前沿技术的研发。尤其是当前，我国需要由科技“跟跑”、“并跑”转向科技“领跑”，需要更多原创性技术创新，更需要加大知识产权保护。

（1）进一步完善知识产权立法。要在我国《科技进步法》的框架基础上，借鉴国际知识产权立法的常规经验和做法，允许企业参与，进一步完善相关配套法律的制定以及修订。

（2）不断强化知识产权执法工作。加大执法保护力度，严格惩处知识产权违法犯罪活动，提高其违法成本。适度降低专利申请门槛及相关费用标准，简化申报程序，降低被保护者的维权成本。建立健全知识产权违法侵权的快速处理机制，建立全国性的知识产权高级法院、增设地方知识产权法院、广泛设立一批知识产权巡回法庭。

（3）积极参与国际知识产权保护方面的交流与协作。积极吸收引进国外保护知识产权的良好做法，提升国内知识产权保护的能力和水平。联合国内相关产业协会及龙头企业，积极应对国外知识产权的司法活动，防范发达国家滥用知识产权保护形成对我国企业创新和产业升级的障碍。

（七）降低社会交易成本

无论是英美发达国家的新旧动能转换历史经验，还是我国产业升级的实证分析，都表明了优化市场竞争环境是推动企业创新进而促进产业升级、实现新旧动能转换的重要策略。但 OECD 2017 全球经济限制指数显示，中国经济限制程度在 68 个主要经济体中排名继续高居第四，其中：服务业限制程度排第三，制造业限制程度排第六。

（1）破除行业垄断。人为设置的行业垄断及行政垄断，不仅给社会经济带来了高昂的交易成本，而且阻碍了要素的自由流动，制约了企业创新的出现以及产业升级的实现。为此，要按照“法律上平等保护，市场上公平竞争，要素使用上同等对待”的要求，切实清理制约民资及民企的不合理市场准入限制。对于现存的垄断行业，要积极放低投资准入门槛，简化审批程序，探讨逐步从审批制向备案制转变，明确准入时限及准入绩效考核。推进垄断国企的政企改革和政资改革，引入市场竞争机制和构建公平监管体制，推进土地、财税等方面待遇公平化。

如公共服务、基础设施领域放开投资限制，将会极大激发新动能。尤其是服务业方面，管制多、国有比重高达70%以上(任泽平，2018)，规模小、2017年服务业占GDP比重仅51.6%(发达国家为70%左右)，结构差、金融及房地产业贡献了服务业比重提高的56.6%(杨伟民，2018)。未来要加快研发、咨询、商务等生产性服务业和医疗、教育、文化、体育等公共服务业发展。

(2)健全要素市场。要按照城乡一体、自由竞争、政府调控的原则，围绕建立“反映资源稀缺程度，市场供需要求，环境污染程度”的要素价格形成机制，推进全国要素市场统一和健全，切实破除行政垄断，着力降低土地、能源、通信、物流和融资五大基础性要素成本。建立差别化的资源要素价格形成机制和动态调整机制，对新经济领域的企业实行水电气网络频道等生产要素优先供给、优惠价格。

(3)推进法治建设。法治可以降低全社会交易成本，也能够让企业“轻装上阵”。要进一步深化放管服改革，构建新常态下“亲清”政商关系，让企业家减少不必要的商务应酬，将更多精力放在研究科技发展方向、市场消费者需求的技术创新和管理创新上来，从而更好地推进新旧动能转换。

(4)健全社会信用体制。现代经济是一种竞争经济，更是一种信用经济。要以政府为主导，整合银行、税务、司法等社会部门相关信息，加快推进企业“红黑榜”和信用信息联合惩奖机制建立，加大对不诚信企业及人员的惩罚，构建良好的社会信任合作环境。

(八)提升市场消费需求

市场需求不仅是推动企业技术创新的重要动力，也是企业创新影响产业升级、新旧动能转换的重要途径。发达国家及新兴工业化国家在产业升级中无疑都极为重视对本国市场需求的开发，以实现能够长期、持久形成消费需求的拉动机制。

(1)完善收入分配体制。按照“提高劳动者报酬在初次分配中的比重，居民收入在国民收入分配中的比重”的要求，大力提高低收入阶层收入，改革收入分配结构。动态提高个税起征标准，适时推出遗产税、房产保有税等所得税项目，加强对垄断国企等部门及高收入行业的收入调整。拓宽居民投资渠道，大力增加居民财产性收入。改革慈善事业管理体制，大力扶持民间慈善事业发展，鼓励慈善的“第三分配”来调整居民收入分配。

(2)健全社会保障体系。当前，教育、医疗和住房严重透支了居民的消费能力。要进一步加大财政对于居民教育、医疗、养老、就业、住房等社会保障项目的支出比重。按照公共服务均等化的理念，着力推进城乡间、地区间、行业间的社会保障服务的均等化。在当前基本建立社会保障体系的基础上，进一步提高社会保障的标准，尤其是医疗等领域中政府的支出部分，减轻居民负担。大力发展廉租房等社会保障住房，让广大进城人员能够“有所居”，减轻购房负担。

(3)加强消费者权益保护。积极借鉴国外政府保护消费者合法权益的相关制度法规，严厉打击违法犯罪活动，提高违法企业侵权成本。加强消费者权益的相关知识普及，提高消费者维权意识和维权能力。建立快速侵权处理机制，降低消费者维权成本。

(4)培育中高端消费。贯彻党的十九大报告提出的“在中高端消费等领域培育新增长点、形成新动能”要求，依托国家中心城市打造一批国际消费中心，加快培育中高端新型消费业态、强化中高端消费产品供给、扩大免税退税政策试点范围，满足人民日益增长的美好生活需要。借鉴韩国“身土不二”经验，① 推动本土消费品提质升级、倡导民众消费本土产品。

(5)加快城镇化推进。继续深化改革户籍制度以及土地制度，

① 韩国在倡导国货时提出的口号，指韩国的产品最适合韩国人的身体，所以一切消费品都要坚持采用国货。

让农民工及农民能够自由在二线城市以下定居并获得相应的城市公共服务。按照均衡城镇化理念，大力扶持中小城市发展以及城市群发展，防止“大城市病”。积极引进民间资本参与城镇化建设，发行城镇建设债券，以解决城镇化资金不足问题。着力解决农民工及其子女的教育、医疗、住房等问题，让新进城人员能够安居乐业。

五、国内外新旧动能转换的趋势展望

新旧动能转换是客观规律，也是历史趋势。所有经济体无论主动、被动，都经历着新旧动能转换，有些经济体转换顺利，成功迈入新的发展台阶，有些举步维艰、进展缓慢，还有些转换失败，彻底掉入“低收入陷阱”和“中等收入陷阱”。因而，展望未来国内外新旧动能转换趋势对于指导我们的实践具有重要意义。

（一）全球新旧动能转换外部环境前景堪忧

当前，萨默斯、克鲁格曼、达斯等许多国外知名经济学家对未来全球增长前景并不看好，提出了世界经济“新平庸”（New Mediocre）、全球经济“大停滞时代”（Age of Stagnation）、“百年衰退”（Centennial Slump）、“长期停滞”（Secular Stagnation）等观点。《2018 年全球风险报告》调查显示，59%的调查对象认为风险正在不断增加，93%的受访者认为主要大国间的政治或经济对抗将变得更为激烈，未来持续的不平等和不公平、各国国内和国际的政治紧张、环境风险以及面对网络攻击的脆弱性都大大增加了全球新旧动能转换的外部风险（世界经济论坛，2018）。①

在全球经济对贸易增长的依存度已达到 2017 年 51.9%的背景下，美国政府广泛挑起贸易摩擦，特别是掀起中美贸易对抗，可能导致全球经贸秩序紊乱、信心减退，进而使全球经济落入“衰退陷阱”（如表 6.5 所示）。② 从长期来看，2019—2060 年，全球经济增

---

① 世界经济论坛．2018 年全球风险报告[R]．2018-01-17.

② 中华人民共和国国务院新闻办公室．关于中美经贸摩擦的事实与中方立场[R]．新华通讯社，2018-09-24.

长趋势最大的特征就是增速持续下滑(OECD，2018)。与此同时，经济衰退导致民粹政治在全球范围内广泛兴起，截至2017年底欧洲有10个政府存在一个或多个独裁民粹主义政党。① 贸易保护、投资限制、政治对抗等将极大恶化知识与技术的传播、新兴产业的培育壮大、人才等高端生产要素的自由流动和企业间自由竞争的环境。

表6.5　　美国挑起贸易摩擦对全球经济的影响

预测机构	贸易战对全球经济的影响
世界贸易组织	若关税回到关税总协定/世界贸易组织之前的水平，全球经济将立即收缩2.5%，全球贸易量削减60%以上
国际货币基金组织	增加关税的措施将导致全球经济增速下降大约0.5%
巴克莱资本	全球经济增速下降0.6%，全球通胀率上升0.7%
标准普尔	全球经济增速或下滑1%
英国央行	如果美国和所有贸易伙伴的关税提高10%，美国国内生产总值可能降低2.5%，全球经济可能降低1%
法国央行	一国对进口加征10%关税，将使其贸易伙伴国的出口下降13%~25%

资料来源：世界贸易组织、国际货币基金组织、巴克莱资本、标准普尔、英国央行、法国央行数据等。

(二)全球新科技革命正孕育新一轮产业变革

虽然国际政治、经济环境并不理想，但是科技正沿着其自身规律发展，有望孕育推动新一轮产业变革，为我国新旧动能转换带来机遇。习近平总书记认为，“世界正处在科技创新突破和科技革命的前夜，一些重要的科学问题和关键核心技术发生革命性突破的先

① 叶桢. 民粹主义暗涌的根源：全球最富有1%拥有的财富超过100万亿美元[N]. 华尔街见闻，2018-09-26.

兆已日益显现”。当前，人工智能、大数据、云计算、区块链等一些重大颠覆性技术创新正在创造新产业新业态(如表 6.6 所示)，信息技术、生物技术、制造技术、新材料技术、新能源技术广泛渗透到几乎所有领域，带动了以绿色、智能、泛在为特征的群体性重大技术变革，工业化与信息化、智能化深度融合，未来全球新一轮产业变革正在加速到来，传统产业产业正在发生颠覆性改变、新兴产业正在蓬勃生长，新旧动能转换迎来历史性机遇。

表 6.6 **未来科技与产业变革展望**

来源	新兴科技趋势	研究单位/作者
《2016—2045 年新兴科技趋势——领先预测综合报告》	机器人与自主系统、增材制造、大数据分析、人体机能增强系统、移动和云计算、医疗进步、网络空间、能源、智慧城市、物联网、食物与水技术、量子计算、社交媒体使能(Social Empowerment)、先进数码产品、混合实境(即虚拟现实与增强现实)、气候变化技术、先进材料、新型武器、太空、合成生物、工作性质的变化、教育、隐私、交通和物流等 24 个核心科技趋势	2016 年，美国陆军聘请未来侦察战略与分析公司(Future Scout，LLC.)对过去 5 年的 690 项科技趋势预测整合分析
《第四次工业革命：转型的力量》	可植入技术、数字化身份、视觉成为新的交互界面、可穿戴设备联网、普适计算、便携式超级计算机、全民无限存储、万物互联、数字化家庭、智慧城市、运用大数据进行决策、无人驾驶汽车、人工智能与决策、人工智能与白领工作、机器人与服务、比特币与区块链、共享经济、政府与区块链、3D 打印与制造业、3D 打印与人类健康、3D 打印与消费品、定制人类、神经技术等 23 个技术变革	2016 年，世界经济论坛创始人兼执行主席克劳斯·施瓦布预测到 2025 年可能会发生

续表

来源	新兴科技趋势	研究单位/作者
《影响未来的新科技新产业》	大数据、区块链、脑科学、深度学习、无人驾驶汽车、石墨烯、物联网、精准医疗、量子通信、机器人、AR/VR/MR/XR 等 11 个未来科技	2016 年，中国社会科学院工业经济研究所未来产业研究组对国内外科技趋势的分析
《麦肯锡说未来20 年大机遇》	下一代基因组科学、高级材料学、储能、先进的油气开采技术、再生能源、先进的机器人、自动化或半自动化交通、3D 打印、移动互联网、物联网、云计算、知识性工作的自动化等 12 个破坏性技术	2016 年，麦肯锡研究院调研 100 多个国家得出的价值万亿美元的颠覆性技术
《未来二十年将兴起的 88 个微型产业》	无人驾驶技术、无人机、地面无人机、无人机指挥中心、传感器技术、3D 打印、建筑工艺、加密货币、VR/AR、人工智能、区块链等 11 项源技术突破会带来 88 个微型产业	2017 年，未来学家托马斯·弗雷预测
《人类 2.0：在硅谷探索科技未来》	大数据、人工智能、物联网、纳米技术、虚拟现实、社交媒体、3D 打印、太空探索、区块链、生物科技等 10 项最有潜力塑造科技乃至人类未来的新技术	2017 年，《硅谷百年史——伟大的科技创新与创业历程》作者、“最懂”硅谷的人皮埃罗·斯加鲁菲预测
《2018 埃森哲技术展望》	公民 AI(人工智能)、泛现实(VR/AR/XR 等沉浸式现实)、真数据(大数据)、大合作(构建支持规模化生态系统的技术架构)、智联网(智能系统通达内外，智联万物)等 5 大趋势	2018 年，埃森哲，未来 3 年技术趋势

续表

来源	新兴科技趋势	研究单位/作者
《未来 20 年（2018—2038）的 50 个技术预测》	量子霸权、5G 网络、家庭机器人、私人太空任务、无人机航班、自动驾驶汽车、虚拟旅游、AI 通过图灵测试、零碳排放、医学纳米机器人、脑植入、阿凡达机器人、通过治疗实现长寿、智慧城市等 50 项技术预测	2018 年，奇点大学创始人彼得·戴曼迪斯预测

资料来源：整理自 APRIL. Emerging Science and Technology Trends: 2016-2045——A Synthesis of Leading Forecasts[R]. 2016；[德]克劳斯·施瓦布．第四次工业革命：转型的力量[M]. 北京：中信出版社，2016；中国社会科学院工业经济研究所未来产业研究组．影响未来的新科技新产业[M]. 北京：中信出版社，2016；[美]理查德·多布斯，詹姆斯·马尼卡，华强森．2016 年麦肯锡说未来 20 年大机遇[M]. 广州：广东人民出版社，2016；[美]皮埃罗·斯加鲁菲．人类 2.0：在硅谷探索科技未来[M]. 北京：中信出版社，2017；埃森哲．2018 年技术展望（中文版）[R]. 2018；李鑫．未来 20 年(2018—2038)的 50 个技术预测[N]. 搜狐科技，2018-09-14.

（三）新兴国家崛起推动全球经济增长动力格局多元化

研究发现，崛起的新兴市场、技术加速变革、人口结构变化和全球互联是未来 20 年可能改变世界的 4 种力量（理查德·多布斯等，2016）。① 《联合国人口展望（2017）》报告显示，2017—2050 年，预计全球一半以上的人口增长来自非洲（撒哈拉以南非洲贡献 12.9 亿人）；其次为亚洲（印度、巴基斯坦、印度尼西亚等国贡献 9 亿人）；再次为拉丁美洲和加勒比海地区、北美洲和大洋洲，人口增长较为缓和；欧洲是人口负增长的地区。② 人口红利背后所代

① ［美］理查德·多布斯，詹姆斯·马尼卡，华强森．2016 年麦肯锡说未来 20 年大机遇[M]. 广州：广东人民出版社，2016.

② 李秉新．联合国《世界人口展望》2017 年修订版报告：全球老龄化趋势难逆转[N]. 人民日报，2017-06-30.

表的廉价劳动力优势、强大消费能力及市场，对于全球经济增长意义重大。可以讲，未来经济增长的动力来源将会更多来自新兴市场国家。如2000年以来，撒哈拉非洲以南地区、南亚地区GDP年均增长4.81%、6.65%，属于全球经济增长最快的地区。随着这些地区承接全球产业转移、加速进入工业化进程，作为重要的消费市场、出口及投资对象，可以预见其将创造巨大的新发展动能，也能在全球经济增长份额中的比重将不断攀升。有研究显示，到2060年，印度和中国在全球经济产出中将各占比在1/5与1/4之间，OECD国家占43%，金砖六国(巴西、俄罗斯、印度、印度尼西亚、中国和南非)的生活水平可以达到OECD平均水平(OECD，2018)。①

(四)企业间竞争迎来规则颠覆性趋势

当前，产业跨界融合成为新趋势，新的科技使用让中小企业能够与大企业同台竞技，也增强了企业打入新市场、新行业领域的意愿和能力，尤其是资本的力量使得许多"颠覆性"的创新创业企业实现了"跨界打劫、颠覆世界"(如360杀毒免费直接颠覆了杀毒软件市场、微信的兴起破坏了中国移动3家电信营运商的市场、余额宝出现甚至一度威胁到银行存款和公募基金、滴滴快车动摇了出租车行业规则、美团外卖直接改写了快餐零售的运营模式、淘宝兴起一度造成服装鞋帽等小零售商业萧条)。大型机构经常觉得自己处于一种猝不及防的境地，无法足够迅速地找到自己的业务支点，使得几乎每个领域的大型企业都变得脆弱起来(理查德·多布斯等，2016)。② 这一切导致新经济出现了"三破"特征，破界(产业日趋融合渗透，使得产业、组织及国家边界日趋模糊)、破介(互联网大规模协同和去中心化，大大削弱甚至正在消灭传统中介)、破戒

① OECD. the long view: scenarios for the world economy to 2060[D]. OECD economic pollicy paper, 2018(22).

② [美]理查德·多布斯，詹姆斯·马尼卡，华强森.2016年麦肯锡说未来20年大机遇[M]. 广州：广东人民出版社，2016：185.

(新经济快速迭代颠覆，消费者越发追求个性，旧规则旧戒律失效)。[①] GE《全球创新风向标 2018 调查》显示，74%的中国商界领袖将“带来颠覆式创新的创意”视为企业经营的第一大困难，比 2014 年调查结果高出了 13 个百分点。在此背景下，如何使用新的技术来应对规则颠覆性趋势已成为发达国家企业的普遍选择。最新研究显示，VR/AR、AI、3D/4D 打印、众包、基于计算机支持的协同设计等新技术在美欧公司普遍使用，甚至建立了全天候的知识工厂；[②] 为适时跟踪消费者需求变化，北美和英国公司广泛运用营销技术堆栈，[③] 2017 年的数字营销支出增长 44%，达到 520 亿美元。中国企业也在迅速跟进，埃森哲 2018 年调查显示，目前中国近 7%企业通过数字化转型成为行业“转型领军者”。[④]

(五)中国新旧动能转换将为全球贡献更大力量

中国内需市场是全球最大的消费市场之一，中等收入人群已达 4 亿人(世界银行标准，年入 2.5 万~25 万元人民币即为中等收入群体)，能够为产业升级提供市场支撑；拥有高素质人才队伍，科技人力资源超过 8000 万人，每年培养的工程师相当于美国、欧洲、日本和印度的总和；完整的工业体系和供应链体系，是世界上唯一拥有联合国产业分类中全部工业门类(39 个工业大类、191 个中类、525 个小类)的国家；[⑤] 拥有完善的基础设施，如高铁运营里程占全球 70%；拥有不断提升的创新能力，2017 年 R&D 经费投入接近美国的 60%、强度 2.11%达到中等发达国家水平，世界知识

---

① 王喜文. 新产业政策[M]. 北京：新华出版社，2017：9.

② 王进. 工业 4.0 进行时：未来协作方式的变革[N]. 资本实验室，2018-09-22.

③ 营销技术堆栈是一组基于技术的工具(如 SaaS 平台、传统软件、社交媒体工具等)，营销人员可以通过多种渠道高效和有效地执行营销活动。

④ 埃森哲，工信部国家工业信息安全发展研究中心. 中国企业数字转型指数[R]. 2018.

⑤ 张银平. 中国版“工业 4.0”新常态下中国工业发展之路[N]. 中国工业报，2015-04-02.

产权组织“2018全球创新指数”排名中，中国由2016年的第22名升至第17名，113家中国企业进入“2017全球创新1000强”榜单，仅次于美国、日本。① 在这种能力及基础条件下，中国的新动能趋势强劲。如截至2018年前三季度，全球共359家独角兽企业，中国占149家居第一(如表6.7所示)。虽然面临着人口过快老龄化冲击、基础研究投入不足、知识产权保护不够等短板，但在坚持“五大发展理念”前提下，通过深化改革开放、继续完善社会主义市场经济体制，我国最终会加速新旧动能转换、进入高质量发展阶段。未来十年，我国TFP(全要素生产率)对经济增长的贡献将从过去平均30%上升到2027年的45%，消费贡献将达到65%、服务业比重接近65%(刘世锦，2018)。② 预计中国占全球经济产出将在2030年左右达到27%的峰值，到2060年占20%～25%(OECD，2018)。

表6.7　**当前全球独角兽企业分布情况(截至2018年前三季度)**

国别	中国	美国	印度	英国	印度尼西亚	德国	以色列	其他	合计
数量	149	146	13	13	4	4	5	25	359
占比	41.5%	40.7%	3.6%	3.6%	1.1%	1.1%	1.4%	7.0%	100%

注：所谓独角兽企业，是指估值在10亿美元以上的初创企业。独角兽企业被视为新经济发展的一个重要风向标，主要分布在高科技领域。

资料来源：Crunchbase Data。

参考文献

[1][加]瓦科拉夫·斯米尔．国家繁荣为什么离不开制造业[M]．李凤海，刘寅龙，译．北京：机械工业出版社，2017.

[2][美]皮埃罗·斯加鲁菲，等．人类2.0：在硅谷探索科技未来

① 中华人民共和国国务院新闻办公室．关于中美经贸摩擦的事实与中方立场[R]．新华通讯社，2018-09-24.

② 刘世锦．中国经济增长十年展望(2018—2027)：中速平台与高质量发展[M]．北京：中信出版社，2018：67.

[M]. 北京：中信出版社，2017.
[3][德]赫尔曼·西蒙. 隐形冠军——未来全球化的先锋[M]. 张帆，等，译. 北京：机械工业出版社，2017.
[4][美]理查德·多布斯，詹姆斯·马尼卡，华强森. 2016年麦肯锡说未来20年大机遇[M]. 谭浩，译. 广州：广东人民出版社，2016.
[5][德]克劳斯·施瓦布. 第四次工业革命：转型的力量[M]. 北京：中信出版社，2016.
[6][澳]萨蒂亚吉特·达斯. 大停滞？全球经济的潜在危机与机遇[M]. 王志欣，王海，译. 北京：机械工业出版社，2016.
[7]刘世锦. 中国经济增长十年展望(2018—2027)：中速平台与高质量发展[M]. 北京：中信出版社，2018.
[8]林毅夫，张军等. 产业政策总结、反思与展望[M]. 北京：北京大学出版社，2018.
[9]辜胜阻. 转型时代的创业与创新[M]. 北京：人民出版社，2017.
[10]刘鹤. 两次全球大危机的比较研究[M]. 北京：中国经济出版社，2017.
[11]王喜文. 新产业政策[M]. 北京：新华出版社，2017.
[12]赵琳. 中国产业政策变革[M]. 北京：中国财经出版传媒集团，中国财政经济出版社，2017.
[13]黄汉权，等. 新时期中国产业政策转型：理论与实践[M]. 北京：中国社会科学出版社，2017.
[14]郑有贵. 中华人民共和国经济史(1949—2012)[M]. 北京：当代中国出版社，2016.
[15]中国社会科学院工业经济研究所未来产业研究组. 影响未来的新科技新产业[M]. 北京：中信出版社，2016.
[16]城市中国计划. 大势——世界科技革命与产业变革趋势及其影响[M]. 北京：中国计划出版社，2015.
[17]迟福林. 转型抉择2020：中国经济转型升级的趋势与挑战[M]. 北京：中国经济出版社，2015.

[18]黄群慧，贺俊，等．真实的产业政策——发达国家促进工业发展的历史经验与最新实践[M]．北京：经济管理出版社，2015.

[19]孙彦红．欧盟产业政策研究[M]．北京：社会科学文献出版社，2012：126.

[20]Chen，Yongwei，Xu，Duo，The Impact of the “Artificial Intelligence Revolution” on Employment：Review and Prediction [J]Social Science Electronic Publishing，2018.

[21]王晓东．充分发挥科教优势，加快产业动能转换，推动湖北经济高质量发展[N]．荆楚连线，2018-04-27.

[22]杨威．企业创新促进产业升级的理论与实践[D]．武汉大学学位论文，2013.

[23]陈永伟．人工智能与经济学：关于近期文献的一个综述[J]．东北财经大学学报，2018(3)：6-21.

后　记

“一切理论都是灰色的，唯生命之树常青”。这是歌德《浮士德》中的经典语句，后为马克思所引用，也是我大学政治经济学第一课留下的最深刻印象，至今仍偶尔会浮现于脑海。感谢武汉大学的培养，让我进入了经济学研究领域，在工作中能学以致用，并到现在仍然保持着学术上的热情及敏锐，能够参与到学术前沿热点研究和实践工作思考中去。

诚挚感谢单位工作平台的支撑，以及许多领导和同事们的大力指导、帮助，在东湖开发区，我浸润了中国最前沿的集成电路、光纤通信、专利导航、军民融合等产业技术，以及“中国互联网第四极”的双创激情；在湖北省发改委，我更深刻地感受到区域发展的不平衡、不充分，以及从更高层次上对政策规划制定、政策执行上的理解，尤其是直接参与了湖北省新旧动能转换的相关工作，让我收获了许多比理论更鲜活、更有生命力的实践经历。

衷心感谢导师谆谆教诲，帮助我拨开每一次人生选择十字路口上的迷雾；感谢各位老师的知识传授和释疑解惑，让我总能体悟许多、收获许多。

深深地感谢我的家人，他们是我完成本书最大的动力源泉。没有他们帮助承担我的许多家庭分内工作，这本书是不可能面世的。

感谢武汉大学区域经济研究中心的资助。研究过程中，本书参考和吸收了诸多专家学者们的最新研究成果，并尽可能在注释及参考文献中列出，这里对他们表示由衷的敬意和谢意。在此，对所有关心、指导、支持和帮助本书写作、出版的朋友表示衷心感谢。

限于研究能力和人生阅历，研究有待深入、观点不尽成熟，作为一本“业余”专著，更多只是“一家之言”，期待大方之家批评指教。

心怀感恩，砥砺前行；以梦为马，不负韶华。

杨　威

2018 年 11 月 15 日